DSGVO

Verordnung (EU) 2016/679
Datenschutz-Grundverordnung
In der Version
ABl. L 119, 04.05.2016;
ber. ABl. L 127, 23.05.2018

Copyright © 2018 Michael F. Ochsenfeld

Zusammenstellung, Prüfungsschema, Stichwörter, Layout
by bull+fox GmbH, Hildesheim
Alle Rechte vorbehalten.
ISBN: 9781726835589

Hinweise

Alle Artikel der Datenschutzgrundverordnung (DSGVO) sind mit den passenden Erwägungsgründen (EG) verknüpft. Die Zuordnung ist vom Gesetzgeber nicht vorgenommen worden.
Die EG sind mit Überschriften versehen worden um die Verwendung zu erleichtern. Aus diesem Grund sind in den EG auch die Sätze nummeriert.

Die DSGVO und die EG sind mit ca. 1300 Stichwörtern versehen worden, damit der Zugriff auf die einschlägigen Regelungen effizienter erfolgen kann. Alle Öffnungsklauseln der DSGVO sind im Stichwortverzeichnis enthalten.

Die vom Gesetzgeber erfolgten Änderungen der DSGVO sind eingearbeitet; eine offizielle konsolidierte Fassung der DSGVO existiert nicht. Der Text ist auf dem Stand der Änderungen vom 23. Mai 2018 (Verordnung (EU) 2016/679 (ABl. L 119, S. 1–88); Berichtigung der Verordnung (EU) 2016/679 (ABl. L 314 vom 22. November 2016, S. 72); Berichtigung der Verordnung (EU) 2016/679 (ABl. L 127 vom 23. Mai 2018, S. 2–8).

Die Klammerzusätze bei den einzelnen Stichworten verweisen auf den jeweiligen Artikel (Art.) der DSGVO (abgedruckt ab Seite 77) bzw. auf die Erwägungsgründe der DSGVO (EG) (abgedruckt ab Seite 194). Rechtsbündig sind die Seitenzahlen abgedruckt.

Stichwortverzeichnis

Stichwortverzeichnis

Akkreditierungsstelle
  Benennung (Art. 43 Abs. 1) 131
  nationale (Art. 43 Abs. 1 S. 2 lit b) 131
Akten
  technologieneutraler Schutz (EG 15 S. 2) 199
Aktensammlungen
  technologieneutraler Schutz (EG 15 S. 2) 199
Angemessenheitsbeschluss 134–36
  Altbeschlüsse (Art. 45 Abs. 9) 136
  fehlender ~ (EG 114) 256
  geeignete Garantien (EG 108 S. 2) ... 252
  Kompensation (EG 108 S. 1) 252
  Information über ~
  (Art. 13 Abs. 1 lit. f) 95
  (Art. 14 Abs. 1 lit. f) 97
  Inhalt (EG 103 S. 1) . 249
  Kriterien (EG 104 S. 1) 249
  Kriterien, weitere (EG 105 S. 1) 250
  negativer ~ (EG 107 S. 1) 251
  Überprüfung
    durch Kommission (Art. 45 Abs. 3 S. 1) 135
    durch Kommission (EG 106 S. 4) ... 251
  Überwachung
    durch Kommission (EG 106 S. 3) ... 251
  Veröffentlichung der Drittländer im Amtsblatt der EU (Art. 45 Abs. 8) ... 136
  Widerruf (Art. 45 Abs. 5 S. 1) 135
Anwalt
  Datenschutz-Folgenabschätzung (EG 91 S. 5) 244
Anwendungsbereich
  Gerichte (EG 20 S. 1) 202
  juristische Personen (EG 14 S. 1) 198
  Justizbehörden (EG 20 S. 1) 202
  Kleinstunternehmen (EG 13 S. 3) 198
  räumlicher (Art. 3) 78
    Anbieten von Waren oder Dienstleistungen
      (Art. 3 Abs. 2 lit. a) *78*
      (EG 23 S. 1) 203
    Beobachten von betr. Personen (Art. 3 Abs. 2 lit. b) 78

Beobachten von Verhalten (EG 24) 204
diplomatische und konsularische Vertretungen (EG 25) 204
Niederlassung (Art. 3 Abs. 2)................78
Niederlassungsprinzip (EG 22 S. 1) 203
sachlicher (Art. 2 Abs. 1)........................77
anonyme Daten (EG 26 S. 6).............205
Archiv (EG 158 S. 1) 281
Ausnahmen
(Art. 2 Abs. 2) 77
(EG 16 S. 1) 199
Verstorbene
(EG 158 S. 1) 281
(EG 27) 205
zeitlicher (EG 171 S. 2) 286

Arbeitnehmer ....*Siehe* **Beschäftigte**

Archivzwecke
Ausnahme von den Rechten gem. Art. 15, 16, 18 und 21 (Art. 89 Abs. 3) 181
Garantien, geeignete (Art. 89 Abs. 1 S. 1) 181
(EG 156 S. 1) 279
Geltung der Verordnung (EG 158 S. 1).......280
Verarbeitung besonderer Kategorien personenbezogener Daten (Art. 9 Abs. 2 lit. j) 91

Arzneimittel (Art. 9 Abs. 2 lit. i)...............91

Arzt

Datenschutz-Folgenabschätzung (EG 91 S. 5).........244

Aufsichtsbehörde......144–54
~ für Kirchen usw. (Art. 91 Abs. 2) 182
Abhilfebefugnisse (Art. 58 Abs. 2 lit a-j) 151
Amtshilfe, gegenseitige (Art. 61 Abs. 1 S. 1) 156
Amtshilfeersuchen (EG 133 S. 2) 266
Anzeigerecht (Art. 58 Abs. 5) 153
Aufgaben
(Art. 57 Abs. 1 lit. a-v) 149
(EG 123 S. 1) 260
(EG 129 S. 1) 263
Ausstattung
(Art. 52 Abs. 4).....145
notwendige (EG 120 S. 1) 258
Befugnisse
(EG 122 S. 1) 259
(EG 129 S. 4) 263
Öffnungsklausel (Art. 90 Abs. 1) 182
Regelung
bzgl. Berufsgeheimnis (Art. 90 Abs. 1 S. 1) 182
bzgl. Geheimhaltung (Art. 90 Abs. 1 S. 1) 182
bei mehreren Niederlassungen in der Union (EG 124 S. 1)........................260
Beschlussentwurf für federführende ~ (EG 127 S. 5) 262
Beschwerden

Bearbeitung (EG 122 S. 3) 260
Einrichtungen, Organisationen und Verbände (EG 142 S. 2) 270
Verfahren (Art. 60 Abs. 7 S. 2) 155
Beschwerderecht
Information über ~ *(Art. 13 Abs. 2 lit. d)* *96*
betroffene ~
Definition (Art. 4 Nr. 22) 82
Datenschutzüberprüfungen (Art. 58 Abs. 1 lit. b) 151
Definition (Art. 4 Nr. 21) 82
Errichtung (Art. 51 Abs. 1 i.V.m. Art. 54 Abs. 1 lit a) 144
Errichtung (EG 117 S. 1) 258
federführende
Beschlüsse (EG 125 S. 1) 261
Beschlüsse, Umsetzung (EG 126 S. 1) 261
Bestimmung (EG 124 S. 1) 260
Einigung mit Verantwortlichen (EG 131 S. 1) ... 265
Einspruchsverfahren (Art. 60 Abs. 5 S. 1) 155
Konsens (Art. 60 Abs. 1 S. 1) 154
Unterrichtung durch ~ (EG 127 S. 2) ... 262
Zusammenarbeit mit Aufsichtsbehörde (EG 130 S .2) ... 264
Zuständigkeit

Ausnahmen (EG 128 S. 1) *263*
Zuständigkeit (Art. 56) 148
Finanzkontrolle (Art. 52 Abs. 6) 145
Geldbuße (Art. 58 Abs. 2 lit. i) 152
Genehmigungsbefugnisse (Art. 58 Abs. 3 lit a-j) 152
Gestattung Untersuchungsbefugnisse (Art. 62 Abs. 3 S. 1 Hs. 1) 158
grenzüberschreitende Fälle (EG 138 S. 2) 267
Haushaltsplan (EG 120 S. 2) 258
Jahresbericht (Art. 59 S. 1) 153
zusätzliche Behörden (Art. 59 S. 2) 154
Kohärenzverfahren
Inhalt (EG 135 S. 1) 266
Konsultation durch Verantwortlichen Art. 36 Abs. 1) 122
Konsultation im Gesetzgebungsverfahren (EG 60) 246
Maßnahmen
einstweilige (EG 137 S. 2) 267
gemeinsame (Art 62 Abs. 1 S. 1)
Recht zur Teilnahme (Art. 62 Abs. 2 S. 1) *158*
gemeinsame (Art 62 Abs. 1) 158
rechtsverbindliche (EG 129 S. 7) ... 264

mehrere ~ (EG 119 S. 1) 258
mehrere ~ (Art. 51 Abs. 3 i.V.m. Art. 68 Abs. 4)..........................144
Meldung Datenschutzverletzung
　Frist (Art. 33 Abs. 1 Satz 1, 2) 117
　Inhalt (Art. 33 Abs. 3 lit. a-d)..............117
Mitglieder
　Amtsenthebung (Art. 53 Abs. 4).........146
　Amtszeit (Art. 53 Abs. 3) 146
　Anforderungen (EG 121 S 1)............259
　Erfahrung (Art. 53 Abs. 2)..............146
　Ernennung
　　transparentes Verfahren (Art. 53 Abs. 1) 146
　　Verfahren (EG 121 S. 1)...............259
　Nebentätigkeiten *(Art. 52 Abs. 3) ..145 (EG 121 S 2) 259*
　Qualifikation und sonstige Voraussetzungen (Art. 54 Abs. 1 lit. b) 146
　Qualifikaton (Art. 53 Abs. 2)..............146
　Sachkunde (Art. 53 Abs. 3)..............146
　Unabhängigkeit *(Art. 52 Abs. 2) ..145*
　Verschwiegenheit (Art. 54 Abs. 2 S. 1) 147
nationale Rechtsvorschriften

(Art. 54 Abs. 1 lit. a) 146
Nichtbefolgung Anweisung gem. Art. 58 Abs. 2
　Geldbuße (Art. 83 Abs. 6)..............177
Personal
　(EG 121 S. 3) 259
　Unabhängigkeit (Art. 52 Abs. 5).........145
Recht zur Einleitungs eines gerichtlichen Verfahren (Art. 58 Abs. 5) 153
Rechtsbehelfe (Art. 58 Abs. 4) 153
Sensibilisierungsmaßnahmen (EG 132) 265
Stellungnahmen (Art. 58 Abs. 3 lit. b).........152
Teilnahme an Maßnahmen anderer ~ (EG 134 S. 1)....266
Überprüfung (EG 118) 258
Unabhängigkeit
　(Art. 52 Abs. 1).....145
　Gewährleistung (EG 121 S. 2)...........259
Unterstützung anderer ~ (EG 133 S. 2).......266
Untersuchungsbefugnisse
　(Art. 58 Abs. 1 lit a-f
　Öffnungsklausel (Art. 58 Abs. 1 lit. f)....................151
　(Art. 58 Abs. 1 lit a-f) 151
Verfahren gegen eine ~ (EG 143 S. 7).......270
Rechtshängigkeit, mehrfache.........272

Verfahren, verwandte (EG 144 S. 3)... 272
Verfahrensrecht (Art. 58 Abs. 4)............... 153
Verpflichtung zur Konsultation durch Verantwortlichen Art. 36 Abs. 5)............ 123
Vertretung der betroffenen Person (EG 142 S. 1)...... 269
Zugang zu Daten, die einem Berufsgeheimnis unterliegen (EG 164 S. 1)..................... 283
Zusammenarbeit
mit anderen ~ (Art. 51 Abs. 2).............. 144
mit betroffenen ~(EG 125 S. 2)........... 261
mit der federführenden ~
(Art. 60 Abs. 1 S. 2) *154*
mit federführenden ~ (EG 130 S. 1)... 264
zusätzliche Befugnisse (Art. 58 Abs. 6)... 153
zuständig für Hauptniederlassung (EG 36 S. 6) 209
Zuständigkeit
besondere (EG 127 S. 1).................... 262
örtliche (EG 127 S. 1) 262
räumliche (Art. 55 Abs. 1) 147
Zuständigkeit (Art. 51 Abs. 1)................. 144

Auftragsverarbeiter. 108–33
Aufsichtsbehörde
Anordnung (Art. 58 Abs. 2 lit. g)...... 152
Anweisung (Art. 58 Abs. 2 lit. c, d, e) 152
Verwarnung (Art. 58 Abs. 2 lit. b)..... 152
Warnung (Art. 58 Abs. 2 lit. a 151
Definition (Art. 4 Nr. 8) 80
Einhaltung genehmigter Verhaltensweisen (Art. 35 Abs. 8)... 121
Ersuchen um Konsultation (Art. 36 Abs. 2 S. 1).......... 122
Haftung (Art. 82 Abs. 5) 175
Hinweise, ergänzende (EG 81 S. 1) 238
Information bei Verstoß gegen Datenschutzbestimmungen (Art. 28 UAbs. 2) 112
Inspektion (Art. 28 Abs. 3 lit. h)................ 112
Klagen gegen den ~ (Art. 79 Abs. 2 S. 1) 173
Öffnungsklausel (Art. 28 Abs. 3 lit. a Hs. 2)111
Öffnungsklausel (Art. 32 Abs. 4)................ 117
Rechtsinstrument, anderes (Art. 28 Abs. 3) 111
Rückgabe personenbezogener Daten (EG 82 S. 5) 239
Standardvertragsklauseln (Art. 28 Abs. 6)... 113
Standardvertragsklauseln (EG 82 S. 4) 239

Subauftragsverarbeitung auf gesetzlicher Grundlage (Art. 28 Abs. 4 S. 1)..........113
technische und organisatorische Maßnahmen (Art. 28 Abs. 1)................111
Unterauftragsverarbeiter (Art. 28 Abs. 2)...111
unterstellte natürliche Personen (Art. 32 Abs. 4)................117
Unterstützung des Verantwortlichen (Art. 28 Abs. 3 lit. f) 112
Verantwortlichkeit bei Verstoß (Art. 28 Abs. 10)........................114
Verarbeitung auf gesetzlicher Grundlage (Art. 28 Abs. 3 S. 1)..........111
Verarbeitung nur auf dokumentierte Weisung (Art. 28 Abs. 3 lit. a).........111
Verarbeitungsverbot (Art. 58 Abs. 2 lit. f) 152
Verhaltensweisen, genehmigte (Art. 28 Abs. 5)................113
verpflichtende Verarbeitung (Art. 29, Art. 32 Abs. 4).....114
Verschwiegenheit (Art. 28 Abs. 3 lit. b)....112
Vertrag (Art. 28 Abs. 3) 111
Vertreter in der Union (Art. 27 Abs. 1) ...110

Vertreter, Benennung (EG 80 S. 1)..........237
Verzeichnis der Verarbeitungstätigkeiten (Art. 30 Abs. 2) 115
Bestandteile (Art. 30 Abs. 2 lit. a-d) ..115
Weisung an unterstellte Person (Art. 29)...114
weitere ~ (Art. 28 Abs. 2)........................111
weiterer Auftragsverarbeiter (Art .28 Abs. 3 S. 1) 113
Zertifizierung (Art. 28 Abs. 5) 113
Zusammenarbeit mit der Aufsichtsbehörde (Art. 31)...............116
Zuteilung der Verantwortlichkeiten (EG 79) 237

Auskunft
automatisierte Entscheidung (Art. 15 Abs. 1 lit. h).........100
Beschränkung (EG 73 S. 1).....................233
Beschwerderecht (Art. 15 Abs. 1 lit. f).....100
Datenübermittlung in Drittland
geeignete Garantien (Art. 15 Abs. 2) 100
Einschränkung der Verarbeitung (Art. 15 Abs. 1 lit. e)...........99
elektronisches Format (Art. 15 Abs. 3)....100
Empfänger (Art. 15 Abs. 1 lit. c) 99

Drittländer (Art. 15 Abs. 1 lit. c) 99
internationale Organisation (Art. 15 Abs. 1 lit. c) .. 99
Entgelt (Art. 15 Abs. 3) 100
exzessive Anträge (Art. 12 Abs. 5 S. 2) 94
Frist (Art. 12 Abs. 3 S. 1) 93
Fristverlängerung (Art. 12 Abs. 3 S. 2) 93
Fristverlängerung (Art. 12 Abs. 3 S. 2) Mitteilung der Gründe (Art. 12 Abs. 3 S. 3) 93
häufige Wiederholung (Art. 12 Abs. 5 S. 2) 94
Hinweis auf Beschwerde (Art. 12 Abs. 4) 94
Hinweis auf gerichtlichen Rechtsbehelf (Art. 12 Abs. 4) 94
Kosten (Art. 12 Abs. 5 S. 1) 94
personenbezogene Daten Kategorien (Art. 15 Abs. 1 lit. b) 99
Kopie (Art. 15 Abs. 3 S. 1) 100
Profiling (Art. 15 Abs. 1 lit. h) 100
Recht auf Berichtigung Auskunft über *(Art. 15 Abs. 1 lit. e)* 99
Recht auf Löschung Aufkunft über *(Art. 15 Abs. 1 lit. e)* 99

Speicherdauer (Art. 15 Abs. 1 lit. d)........... 99
Verarbeitungszweck (Art. 15 Abs. 1 lit. a) 99
Voraussetzungen (Art. 15 Abs. 1) 99
Widerspruchsrecht (Art. 15 Abs. 1 lit. e) 99
Zweck (Art. 15 Abs. 1 lit. a) 99

Auskunftsrecht
Information über ~ (Art. 13 Abs. 2 lit. b) 95
(Art. 14 Abs. 1 lit. c) 97

Ausschuss ....*Siehe auch* **europäischer Datenschutzausschuss**
Aufgaben (Art. 70 Abs. 1 S. 2 lit. a-y) 166
(EG 139 S. 1) 268
Beschlüsse Mehrheiten (Art. 72 Abs. 1) 169
Jahresbericht (Art. 71 Abs. 1) 169
Kohärenzverfahren Stellungnahme (EG 136 S. 1) 267
Streitigkeiten der Aufsichtsbehörden (EG 136 S.2) ... 267
Leitlinien für Verarbeitungsvorgänge (EG 77 S. 2) 236
Mitglieder (EG 139 S. 4) 268
Rechtspersönlichkeit (EG 139 S. 2) 268
Sekretariat (Art. 75 Abs. 1) 170

Stellungnahme im Kohärenzverfahren (Art. 64 Abs. 1 S. 1) 160
stellvertretende Vorsitzende Amtszeit (Art. 73 Abs. 1) 169
stellvertretende Vorsitzende (Art. 73 Abs. 1) 169
Streitbeilegung durch verbindlichen Beschluss (Art. 65 Abs. 1 S. 1) 162
Teilnahme der Kommission (Art. 68 Abs. 5) 165
Unabhängigkeit (Art. 69 Abs. 1) 165
Vertretung durch Vorsitz (Art. 68 Abs. 2) ...165
Vetraulichkeit der Beratungen (Art. 76 Abs. 1) 171
Vorsitzende Amtszeit (Art. 73 Abs. 1) 169
Aufgaben (Art. 74 Abs. 1) 170
Vorsitzende (Art. 73 Abs. 1) 169
Zusammensetzung (Art. 68 Abs. 1) 165
automatisierte Entscheidung
Auskunft (Art. 15 Abs. 1 lit. h) 100
Information über ~ (Art. 13 Abs. 2 lit. f)96 (Art. 14 Abs. 2 lit. g) 98
Begriffsbestimmungen ...78–84

Behörden (Art. 6 Abs. 1 UAbs. 2) 86
Behörden (EG 31 S. 1) ...206
berechtigtes Interesse
Abwägung (EG 47 S. 1) 215
Beispiele (EG 47 S. 2) 216
Direktwerbung (EG 47 S. 7) 216
Information über ~ (Art. 14 Abs. 2 lit. b)......97
Nachweis Interessenabwägung (EG 69 S. 2).........231
Berichtigung
Information über ~ (Art. 13 Abs. 2 lit. b) 95
(Art. 14 Abs. 2 lit. c) 97
Recht auf ~ (Art. 16 S. 1) 100
Berufsgeheimnis (Art. 9 Abs. 3) 91
berufsständischen Regeln (Art. 23 Abs. 1 lit. g) ..107
Beschäftigte
Datenschutz (Art. 88 Abs. 1) 180
Beschäftigtendaten
Einwilligung (EG 155) 278
Kollektivvereinbarungen Spezifikationen (Art. 88 Abs. 1).........180
Verarbeitung (Art. 88 Abs. 1) 180
Beschäftigtendatenschutz (Art. 88 Abs. 1) 180
Anforderung an nationale Vorschriften (Art. 88 Abs. 2) 180

nationale Vorschriften
Mitteilung an
Kommission (Art.
88 Abs. 3) 180
Beschwerderecht
Auskunft über ~
(Art. 15 Abs. 1 lit. f)
.... 100
Hinweis bei Auskunft
(Art. 12 Abs. 4) 94
Information über ~
(Art. 13 Abs. 2 lit. d)
.... 96
(Art. 14 Abs. 2 lit. e)
.... 98
besondere personenbezogene Daten
Arbeitsmedizin (Art. 9
Abs. 2 lit. h) 90
Arbeitsrecht (Art. 9 Abs.
2 lit. b) 89
Beurteilung
Arbeitsfähigkeit (Art.
9 Abs. 2 lit. 2) 90
Garantien, geeignete
(Art. 9 Abs. 2 lit. d)90
Gerichte (Art. 9 Abs. 2
lit. f) 90
Gesundheitsvorsorge
(Art. 9 Abs. 2 lit. h)90
Kollektivvereinbarung
(Art. 9 Abs. 2 lit. b)89
lebenswichtige
Interessen (Art. 9
Abs. 2 lit. c) 90
öffentliche Daten (Art. 9
Abs. 2 lit. e) 90
öffentliches Interesse
(Art. 9 Abs. 2 lit i). 91
Sozialschutz (Art. 9 Abs.
2 lit. b) 89
Verarbeitung
Geltendmachung
Rechtsansprüche

(Art. 9 Abs. 2 lit. f)
.... 90
Öffnungsklausel (Art.
9 Abs. 2 lit. g) 90
Verbot (Art. 9 Abs. 1)
.... 89
*Ausnahmen (EG 52
S. 1-3) 220*
Voraussetzung (Art. 9
Abs. 3) 91
zusätzliche
Bedingungen (Art.
9 Abs. 4) 91
Verarbeitung nationale
Rechtsgrundlage (Art.
9 Abs. 2 lit. g) 90
Verarbeitungszwecke
(EG 53 S. 1) 221
Veröffentlichung durch
betroffene Person
(Art. 9 Abs. 2 lit. e)90
Betriebsvereinbarung
spezifischere
Vorschriften
Beschäftigtendaten
(Art. 88 Abs. 1) ... 180
spezifischere
Vorschriften
Beschäftigtendaten
(EG 155) 278
betroffene Person
Ausübung der Rechte
exzessiver Charakter
(Art. 12 Abs. 5 S.
3) 94
unbegründeter Antrag
(Art. 12 Abs. 5 S.
3) 94
Verweigerung (Art. 12
Abs. 2) 93
Ausübung der Rechte
(Art. 12 Abs. 2) 93
Beschwerde bei einer
Aufsichtsbehörde
(EG 141 S. 1) 269
Information

Bildsymbole (Art. 12 Abs. 7 S. 1) 94
Mitteilung der Rechte (12 Abs. 1 S. 1)......93
Vertretung bei Beschwerde (EG 142 S. 1) 269
Vertretung durch Einrichtung, Organisation, Vereinigung (Art. 80 Abs. 1) 173

Betroffenenrechte
Ausübung
exzessiver Charakter (Art. 12 Abs. 5 S. 3) 94
unbegründeter Antrag (Art. 12 Abs. 5 S. 3) 94
Verweigerung (Art. 12 Abs. 2) 93
Zweifel an der Identität (Art. 12 Abs. 6) 94
Ausübung (Art. 12 Abs. 2) 93
Beschränkungen Öffnungsklausel (Art. 23 Abs. 1) 106
Beschränkungen (Art. 23 Abs. 1) 106
Frist (Art. 12 Abs. 3 S. 1) 93
Identifikation der betroffenen Person (Art. 12 Abs. 2) 93
Information
Bildsymbole (Art. 12 Abs. 7 S. 1) 94
Modalitäten der Ausübung (EG 59 S. 1) 224

Bildsymbole

Information (Art. 12 Abs. 7 S. 1) 94
maschinenlesbar (Art. 12 Abs. 7 S. 2) 94
standardisierte (12 Abs. 8) 94

Black-List
Datenschutz-Folgenabschätzung (Art. 35 Abs. 4) 120

Bußgeld ......*Siehe* **Geldbuße**

CERT ....*Siehe* **Computer Emergency Response Teams**

Chromosomen (EG 34) ..208

Computer Emergency Response Teams (EG 49 S. 1) 217

Computer Security Incident Response Teams (EG 49 S. 1) 217

Computer-Notdienste (EG 49 S. 1) 217

Cookie-Kennungen
Zuordnungungen (EG 30 S. 1 206

Corporate Binding Rules (EG 110) 253

CSIRT ....*Siehe* **Computer Security Incident Response Teams**

data protection by default
ergänzende Hinweise/Beispiele (EG 78 S. 2 236

Dateisystem
Definition (Art. 4 Nr. 6) 79
technologieneutraler Schutz (EG 15 S. 2 199

Daten
anonyme (EG 26 S. 5) 205

biometrische
(EG 51 S. 3, 4) 219
Definition (Art. 4 Nr.
14) 81
genetische
Definition (Art. 4 Nr.
13) 80
Gesundheitsdaten
Definition (Art. 4 Nr.
15) 81
Herkunft
Auskunft (Art. 15 Abs.
1 lit. g) 100
Kontrolle (EG 7 S. 2)
.... 195
personenbezogene. *Siehe*
personenbezogene
Daten
besonders sensible
(EG 51 S. 1) 219
Rückgabe durch
Auftragsverarbeiter
(EG 82 S. 5) 239
pseudonyme .... *Siehe*
Pseudonymisierung
pseudonyme (EG 26 S.
2) 204
sensible .... *Siehe*
personenbezogene
Daten/besondere
Kategorien
Sicherheit (EG 7 S. 3)
.... 195

**Datenminimierung (Art. 5
Abs. 1 lit. c) 84**

Datenschutz
Anforderungen an
Rechtsrahmen (EG 7
S. 1) 195
Grundrecht (EG 1 S. 2)
.... 193
Herausforderung (EG 6
S. 1) 194

Datenschutzausschuss

Europäischer .... *Siehe*
Europäischer
Datenschutzausschuss

**Datenschutzbeauftragter
.... 123–26**
Abberufung (Art. 38
Abs. 3 S. 2) 125
Aufgaben (Art. 39 Abs.
1 lit a-e) 125
Benachteiligung (Art. 38
Abs. 3 S. 2) 125
Benennung, notwendige
(Art. 37 Abs. 1 lit a-c)
.... 123
betroffene Person (Art.
38 Abs. 4) 125
Dienstleistungsvertrag
(Art. 37 Abs. 6) ... 124
Einbeziehung (Art. 38
Abs. 1) 124
europäischer
Stellungnahme vom
07.03.2012 (EG
172) 286
externer (Art. 37 Abs. 6)
.... 124
Fachwissen (EG 97 S. 2)
.... 247
Geheimhaltung (Art. 38
Abs. 5) 125
Interessenkonflikt (Art.
38 Abs. 6) 125
interner (Art. 37 Abs. 6)
.... 124
Kontaktdaten
Information über ~
(Art. 13 Abs. 1 lit. b)
.... *95*
Mitteilung an
Aufsichtsbehörde
(Art. 37 Abs. 7) 124
Veröffentlichung (Art.
37 Abs. 7) 124
Name, Kontaktdaten

Information über
(Art. 14 Abs. 1 lit. b)
...........................97
Öffnungsklausel (Art. 37
   Abs. 4)................124
Stellung (Art. 38 Abs. 1)
  124
Unabhängigkeit (EG 97
   S. 3)...................247
Unternehmensgruppe
   (Art. 37 Abs. 2) ...123
Unterstützung (Art. 38
   Abs. 2)................124
Unterstützung des
   Verantwortlichen (EG
   97 S. 1)................247
Vertraulichkeit
   (Art 38 Abs. 5).......125
Öffnungsklausel (Art
   38 Abs. 5)...........125
Weisungsfreiheit (Art.
   38 Abs. 3 S. 1).....124
Zurverfügungstellen
   erforderlicher
   Ressourcen (Art. 38
   Abs. 2).................124

**Datenschutz-
Folgenabschätzung**
   Anwalt (EG 91 S. 5).244
   Arzt (EG 91 S. 5).....244
   Auftragsverarbeiter (EG
   95).........................246
   Ausnahmen (Art. 35
   Abs. 10)................121
   Ausweitung (EG 92) 244
   Behörden (EG 93)....245
   Black-List (Art. 35 Abs.
   4)..........................120
   Erforderlichkeit (Art. 35
   Abs. 1 S. 1)..........119
   Fallgruppen (Art. 35
   Abs. 3 lit a-c).......120
   Fallgruppen (EG 91 S. 1
   ff.).......................243
   Inhalt (Art. 35 Abs. 7 lit
   a-d).....................120
   Konsultation
   Aufsichtsbehörde
   (EG 94 S. 1).........245
   Rat des
   Datenschutzbeauftrag
   ten (Art. 35 Abs. 2)
  120
   Regelungen, weitere (EG
   90 S. 1) 243
   Video (EG 91 S. 3)...244
   weitere Hinweise (EG
   84 S. 1) 240
   White-List (Art. 35 Abs.
   5 S. 1) 120

**datenschutzfreundliche
Voreinstellungen**
   ergänzende Hinweise
   (EG 78 S. 2 236

Datenschutzniveau (EG 10)
   Behinderung durch
   Unterschiede (EG 9
   S. 3) 196
   unionsweite gleichwertig
   (EG 10 S. 1).........196

**Datenschutzsiegel und -
prüfzeichen**
   (Art. 42 Abs. 1 S. 1).130
   Zweck (EG 100).......248

Datenschutzüberprüfungen
   Aufsichtsbehörde (Art.
   58 Abs. 1 lit. b)....151

Datenschutzverletzung
   Abschaffung allgemeine
   Meldepflicht (EG 89
   S. 1) 243
   Benachrichtigung der
   betroffenen
   Person(EG 86 S. 1)
  241

Beschränkung der Mitteilung (EG 73 S. 1) 233
Dokumentation (Art. 33 Abs. 5 S. 1) 118
Überprüfung durch Aufsichtsbehörde (Art. 33 Abs. 5 S. 2) 118
Folgen, mögliche (EG 85 S. 1) 240
Maßnahmen zur Feststellung (EG 87 S. 1) 242
Meldefrist bei der Aufsichtsbehörde (EG 85 S. 2) 241
Meldepflicht bei der Aufsichtsbehörde(EG 85 S. 2) 241
Regelung Verfahren (EG 88 S. 1) 242

Datenschutzvorkehrungen
geeignete (Art. 24 Abs. 2) 108

Datenschutzvorschriften
verbindliche interne Definition (Art. 4 Nr. 20) 82
Mindestinhalt (Art. 47 Abs. 2 lit. a-e . 138–40
verbindliche interne (Art. 47 Abs. 1) ... 138
verbindliche, interne (EG 110) 253

Datensicherheitsrisiken
Bewertung (EG 84 S 3) 239

Datentransportabilität (Art. 20 Abs. 1) 103

Datenübermittlung .. 133–44
allgemeine Grundsätze (Art. 44 S. 1) 133
aufgrund geeigneter Garantien (Art. 46 Abs. 1) 136
bei fehlendem Angemessenheitsbeschluss (EG 114) 256
Drittland (Art. 44 S. 1) 133
Drittland (EG 101 S. 4) 248
Einwilligung (EG 111 S. 1) 254
in Drittland
Wahrnehmung der Datenschutzrecht (EG 116 S. 1)...257
Zusammenarbeit der Behörden (EG 116 S. 5) 257
internationale Abkommen (EG 102 S. 1) 249
Internationale Organisation (Art. 44 S. 1) 133
internationale Organisation (EG 101 S. 4) 248
öffentliches Interesse (EG 112 S. 1) 254
statistische Zwecke (EG 113 S. 3) 256
völkerrechtliche Übereinkünfte (EG 102 S. 2) 249
Weiterübermittlung (Art. 44 S. 1) 134
zur Erfüllung der Aufgaben nach den Genfer Konventionen (EG 112 S. 5) 255
zwingende Forschungszwecke (EG 113 S. 3) 256

zwingendes berechtigtes Interesse (EG 113 S 1)..........................255
Datenübertragbarkeit
Beschränung (EG 73 S. 1).........................233
Entwicklung interoperabler Formate (EG 68 S. 2) 229
Information über ~ (Art. 13 Abs. 2 lit. b) 96
(Art. 14 Abs. 2 lit. c) 97
Datenverarbeitung ......*Siehe* Verarbeitung
Datenverkehr
Harmonisierung (EG 3) 193
Dauer der Speicherung
Information über (14).97
Definitionen (Art. 4)...78–84
Denial of service-Angriffe (EG 49 S. 2) 217
Desoxyribonukleinsäure (EG 34) 208
Dienste der Informationsgesellschaft
(Art. 17 Abs. 1 lit. f).101
(Art. 21 Abs. 5) 105
(Art. 8) 88
Definition (Art. 4 Nr. 25).............................83
Dienstleistungen
Angebote für Personen in der Union (EG 24 S. 3) 203
Direktwerbung
(Art. 21 Abs. 2) 105
Widerspruch (Art. 21 Abs. 2)...............105
Widerspruch (EG 70 S. 1)..........................231

Dokumente
amtliche Zugang (Art. 86) ...179
Dokumente, amtliche
Zugang (EG 154 S. 1) 277
Doppelbestrafung, Verbot der ~ (EG 149 S. 3) 275
Dringlichkeitsverfahren
Dauer der Maßnahmen (Art. 66 Abs. 1 S. 1) 163
Dritter
Definition (Art. 4 Nr. 10).............................80
Drittland
Angemessenheitsbeschluss (Art. 45 Abs. 1 S. 1)...........................134
Information über ~ (Art. 13 Abs. 1 lit. f)95
Information über~ (Art. 14 Abs. 1 lit. f)97
unzulässige Übermittlung oder Offenlegung (Art. 48) 141
Verlangen der Übermittlung (Art. 48).........................141
DSGVO
Verhältnis zu speziellen nationalen Vorschriften (EG 10 S. 6) 197
Verstöße ....*Siehe* Sanktionen
Durchführungsrechtsakte
Änderungen und Erweiterungen genehmigter

Verhaltensregeln
(Art. 40 Abs. 9)... 128
Einschränkung der Verarbeitung
  Auskunft über~
    (Art. 15 Abs. 1 lit. e) 99
  Hinweis (EG 68 S. 3) 229
  Information über ~
    (Art. 13 Abs. 2 lit. b) 95
    (Art. 14 Abs. 2 lit. c) 97
  Mitteilungspflicht (Art. 19) 103
  Voraussetzungen (Art. 18 Abs. 1 lit. a-d) 102
Einspruch
  Definition (Art. 4 Nr. 24) 83
Einwilligung 227
  (Teil-)Unwirksamkeit
    (Art. 7 Abs. 2 S. 2) 88
  Altersgrenze (Art. 8 Abs. 1 S. 1) 88
  Änderung (Art. 8 Abs. 1 S. 3) 89
  Anforderungen (EG 42 S. 1) 213
  angemessene Garantien (EG 71 S. 4) 232
  Aufforderung, elektronisch (EG 32 S. 6) 207
  ausdrücklich (Art. 9 Abs. 2 lit. a) 89
  automatisierte Entscheidung (Art. 22 Abs. 2 lit c) 106
  Bedingung für die Verarbeitung (Art. 7 Abs. 1) 88
  bei Einschränkung der Verarbeitung (Art. 18 Abs. 2) 103
  Beschäftigtendaten (EG 155) 278
  besondere Kategorien personenbezogener Daten (EG 51 S. 6) 220
  Datenübermittlung (EG 111 S. 1) 254
  Definition (Art. 4 Nr. 11) 80
  Einwilligungsfähigkeit (Art. 8 Abs. 1 S. 1) 88
  Erklärung (Art. 4 Nr. 11) 80
  Erklärung (EG 32 S. 1) 207
  Ersuchen um (Art. 7 Abs. 2 S. 1) 88
  Erteilung nicht möglich (Art. 9 Abs. 2 lit. c) 90
  Freiwilligkeit
    Beurteilung (Art. 7 Abs. 4) 88
    Erbringung Dienstleistung (Art. 7 Abs. 4) 88
    Erfüllung Vertrag (Art. 7 Abs. 4).... 88
    Sicherstellung (EG 43 S. 1) 213
  Freiwilligkeit (EG 42 S. 5) 213
  für mehrere Zwecke (EG 32 S. 5) 207
  Grenzen der ~ in die Verarbeitung besondere personenbezogene Daten (Art. 9 Abs. 2 lit. a) 89

Information (EG 42 S. 4) 213
Kind (Art. 8 Abs. 1 S. 1)..88
Recht auf Berichtigung (EG 65 S. 3).............228
Träger der elterlichen Verantwortung (Art. 8 Abs. 2)....89
Träger elterlicher Verantwortung (EG 38 S. 3).............211
Nachweis (Art. 7 Abs. 1) 88
Nachweis (EG 42 S. 1) 213
Öffentliche Gesundheit (EG 54 S. 1).........222
Präzisierung durch Verhaltensregeln (Art. 40 Abs. 2 lit. g) 126
pre ticked boXEs (EG 32 S. 3) 207
Profiling (EG 71 S. 3) 232
Recht auf Datenübertragbarkeit (Art. 20 Abs. 1 lit. a) 104
Recht auf Transportabilität (EG 67)........................229
Rechtmäßigkeit der Verarbeitung (EG 40) 212
schriftliche Erklärung (Art. 7 Abs. 2 S. 1) 88
Stillschweigen (EG 32 S. 3)..........................207
Übermittlung im öffentlichen Interesse ohne Angemessenheitsbeschluss (EG 112 S. 3).......................255
Übermittlung im öffentlichen Interesse (EG 112 S. 2).......255
Untätigkeit (EG 32 S. 3) 207
Verarbeitung besondere personenbezogene Daten (Art. 9 Abs. 2 lit. a)......................89
Verstoß gegen die Bedingungen (Art. 83 Abs. 5 lit. a).........177
Verstoß gegen DSGVO (Art. 7 Abs. 2 S. 2) 88
Widerruf (Art. 7 Abs. 3 S. 1)..88
Folgen (EG 65 S. 2) 228
Form (Art. 7 Abs. 3 S. 2) 88
Information über ~ *(Art. 13 Abs. 2 lit. c)* 96
Recht auf Löschung (Art. 17 Abs. 1 lit. b) 101
Rechtmäßigkeit der Verarbeitung (Art. 13 Abs. 2 lit. c)...96
Rechtmäßigkeit der Verarbeitung~ (Art. 14 Abs. 2 lit. d)...97
Wirksamkeit
Fortgeltung von Einwilligungen (EG 171 S. 3)............286
wissenschaftliche Forschung
Erteilung (EG 33 S. 2) 208

Wissenschaftliche Forschung (EG 161) 282
Zweckänderung (EG 50 S. 7) 218
Empfänger
Ausnahmen (Art. 4 Nr. 9 S. 2) 80
Definition (Art. 4 Nr. 9 S. 2) 80
Information über ~ (Art. 13 Abs. 1 lit. e) 95
(Art. 14 Abs. 1 lit. e) 97
EN-ISO/IEC 17065/2012 (Art. 43 Abs. 1 S. 2 lit. b) 131
Europäischer Datenschutzausschuss 165–71, *Siehe* Ausschuss
Personal (EG 140 S. 2) 268
Sekretariat (EG 140 S. 1) 268
Unabhängigkeit (EG 139 S. 8) 268
Europäischer Datenschutzbeauftragter
Stellungnahme vom 07.03.2012 (EG 172) 286
Evaluierung
Sicherheit der Verarbeitung (Art. 32 Abs. 1 lit. d) 116
Forschungszwecke
Ausnahme von den Rechten gem. Art. 15, 16, 18 und 21 (Art. 89 Abs. 2) 181
Garantien, geeignete (EG 156 S. 1) 279

Geltung der DSGVO (EG 159 S. 1) 281
im öffentlichen Interesse liegende ~ (Art. 17 Abs. 3 lit. d) 102
Register (EG 157 S. 4) 280
Verarbeitung besonderer Kategorien personenbezogener Daten (Art. 9 Abs. 2 lit. j) 91
Garantie
geeignete Bestandteile (Art. 46 Abs. 2 lit a-f) 137
Garantie, geeignete
Bestandteile (Art. 6 Abs. 4 lit. e) 87
Garantien
geeignete (Art. 42 Abs. 2) 130
geeignete für Archiv-, Forschungs-, Statistikzwecke (EG 156 S. 1) 279
Gefahren für die öffentliche Sicherheit (Art. 23 Abs. 1 lit. d) 107
Geldbuße
Aufsichtsbehörde Befugnisse (EG 150 S. 1) 275
Aufsichtsbehörde (Art. 58 Abs. 2 lit. i) 152
Bedingungen (Art. 83 Abs. 1) 175
bei Tatmehrheit (Art. 83 Abs. 3) 176
Bemessung (EG 148 S. 3) 274
Dänemark (EG 151 S. 1) 275

Estland (EG 151 S. 1)
..............................275
gegen Behörden (EG
150 S. 6) 275
gegen Behörden und
öffentliche Stellen
(Art. 83 Abs. 7) ...177
geringfügiger Verstoß
(EG 148 S. 2).......274
Katalogtaten (Art. 83
Abs. 4, 5)..............176
Kriterien (EG 150 S. 2-
5)...........................275
Obergrenze (EG 150 S.
2)...........................275
Sanktionen als Ersatz
(EG 148 S. 1).......274
Sanktionen, weitere (EG
150 S. 7) 275
Verfahren,
Rechtsbehelfe (Art.
83 Abs. 8) 177
zu berücksichtigende
Umstände (Art. 83
Abs. 2 S. 2)...........175

Gemeinsam Verantwortliche
Anlaufstelle für
betroffene Personen
(Art. 26 Abs. 1 S. 3)
..............................110
Definition (Art. 26) ..109
Vereinbarung (Art. 26
Abs. 1 S. 2, Abs. 2)
..............................110
Zuteilung der
Verantwortlichkeiten
(EG 79)................237

genehmigte Verhaltensregeln
Register (40).............128

Genetische Daten (EG 34)
..............................**208**

Gericht
Zuständigkeit
Klage gegen den
Verantwortlichen
oder
Auftragsverarbeiter
(Art. 79 Abs. 2 S.
1) 173
Zuständigkeit (Art. 81
Abs. 3).................174

Gerichtsbarkeit (EG 147)
..............................**273**

Gerichtsstand (EG 145) .272

Gesundheit (Art. 17 Abs. 3 lit. c) 102

Gesundheitsdaten
Beispiele (EG 35 S. 1)
..............................208
Definition (Art. 4 Nr.
15).........................81
Risiken (EG 75)........235
Verarbeitung (Art. 9
Abs. 4) 91
Verarbeitung (EG 53 S.
2)........................222

Gesundheitsdienstleistungen (Art. 4 Nr. 15) 81

Gesundheitsvorsorge (Art. 9 Abs. 2 lit h) 90

Gewinnabschöpfung (EG 149 S. 2) 274

Grundfreiheiten
Schutz (EG 2 S. 1)....193

Grundrecht
Abwägung (EG 4 S. 2)
..............................194
Schutz (EG 2 S. 2)....193

Grundrecht Datenschutz (EG 1 S. 2) 193

Grundsätze..................84–92

Grundsätze der Verarbeitung
Information (EG 39 S. 4)
..............................211

Löschung (EG 39 S. 10) 212
Rechtmäßigkeit (Art. 5 Abs. 1 lit. a) 84
Sicherheit (EG 39 S. 12) 212
Transparenz (Art. 5 Abs. 1 lit a) 84
Treu und Glauben (Art. 5 Abs. 1 lit. a) 84
Zweck (EG 39 S. 7) . 211
Haftung 171–78
Hauptniederlassung
    Auftragsverarbeiter (EG 36 S. 5) 209
    Bestimmung (EG 36 S 2) 209
    Definition (Art. 4 Nr. 16) 81
    Definition (EG 36 S. 1) 209
    Verantwortlicher (EG 36 S. 5) 209
    zuständige Aufsichtsbehörde (EG 36 S. 6) 209
Haushaltsausnahme (Art. 2 Abs. 2 lit. c) 77
Haushaltsausnahme (EG 18 S. 1) 200
Herkunft, rassische oder ethnische (EG 51 S. 2) 219
Identifizierbarkeit
    Feststellung (EG 26 S. 3) 204
    relative (EG 26 S. 4) 205
Identifizierung
    Norwendigkeit, fehlende (Art. 11 Abs. 1) 92
    zur Einhaltung der DSGVO (EG 57 S. 1) 223
Identitätsprüfung
    bei Auskunftsanspruch (EG 64 S. 1) 227
Implementierungskosten
    Sicherheit der Verarbeitung (Art. 32 Abs. 1) 116
Information
    Erteilung
        Entbehrlichkeit
            bereits erteilt (Art. 14 Abs. 5 lit. a) 98
            nationales Recht (Art. 14 Abs. 5 lit. c, d) 99
            Öffnungsklausel (Art. 14 Abs. 5 lit. c, d) 99
            Unmöglichkeit (Art. 14 Abs. 5 lit. b) 98
            Unverhältnismäßigkeit (Art. 14 Abs. 5 lit. b) 98
        Frist
            angemessene Frist (Art. 14 Abs. 3 lit. a) 98
            unverzüglich (Art. 12 Abs. 3 S. 1) . 93
        Fristverlängerung (Art. 12 Abs. 3 S. 2) ... 93
        Grundsätze der Verarbeitung (EG 39 S. 4) 211
        Kinder (Art. 12 Abs. 1 S. 1) 93
        Recht auf ~ (Art. 17 Abs. 3 lit. a) 102
        Regelungen, weitere (EG 60 S. 2) 225
        transparente (Art. 12 Abs. 1 S. 1) 93
        über Verarbeitung Abs. 1 S. 1) 93
        Übermittlung (Art. 12 Abs. 1 Satz 2) 93
        Zeitpunkt

bei Offenlegung an anderen Empfänger (Art. 14 Abs. 3 lit. c) 98

Erteilung bei Kommunikation mit betroffener Person (Art. 14 Abs. 3 lit. b) 98

Information der betroffenen Person

Frist (Art. 12 Abs. 4)..94

Informationsfreiheit (EG 153 S. 1) 276

Informationsgesellschaft

Dienste der ~ (Art. 8 Abs. 1 S. 1).............88

Informationspflicht

Ausnahme (Art. 11 Abs. 2 S. 2)92

Ausnahmen
(Art. 13 Abs. 4).......96
(EG 62 S. 1) 226

Daten bei betroffener Person erhoben (Art. 13 Abs. 1) 95

Daten nicht bei betroffener Person erhoben (Art. 14 Abs. 1)..........................96

Inhalt (EG 61 S. 1) ...225

Inkrafttreten (Art. 99 Abs. 1)....................................186

Integrität (Art. 5 Abs. 1 lit. f) 85

Interesse

berechtigtes

Information über ~
(Art. 13 Abs. 1 lit. d)
........................95
(Art. 14 Abs. 2 lit. b)
........................97

lebenswichtiges (Art. 6 Abs. 1 lit. d)...........86

öffentliches (Art. 6 Abs. 1 lit. e).....................86

Interesse, berechtigtes *Siehe* **berechtigtes Interesse**

internationale Organisation

Definition (Art. 4 Nr. 26)..........................84

Internationale Organisation

Information ~ (Art. 13 Abs. 1 lit. f)95

IP-Adressen (EG 30 S. 1 206

Jahresbericht

Aufsichtsbehörden (Art. 59 S. 1) 153

Joint Controllership ... *Siehe* **Art. 26 Gemeinsam Verantwortliche**

Journalismus

Auslegung des Begriffes (EG 154) 277

Justiz

Gewährung Unabhängigkeit (EG 20 S. 2) 202

Kennziffer

nationale -z.B. Stammzahl i.S.d. § 2 Nr. 8 E-GovG - (Art. 87 S. 1) 180

Kind

Einwilligung
Recht der Mitgliedstaaten (Art. 8 Abs. 3) 89
Widerruf (EG 65 S. 3 228

Einwilligung (Art. 8 Abs. 1 S. 1)............88

Information (Art. 12 Abs. 1 S. 1)............93

Persönlichkeits- oder Nutzerprofile (EG 38 S. 1) 210

Profiling (EG 71 S. 5) 232
Schutz personenbezogener Daten (EG 38 S. 1).......... 210
Werbezwecke (EG 38 S. 1) 210

Kirchen
Achtung des verfassungsrechtlichen Status (EG 165) 283
Anwendung eigener Datenschutzvorschriften (Art 91 Abs. 1) 182
Aufsicht (Art. 91 Abs. 2) 182

Klage auf Nichtigerklärung eines Beschlusses (EG 143 S. 1)...................... 270

kleine und mittlere Unternehmen
besondere Bedürfnisse (Art. 42 Abs. 1 S. 2) 130

Kleinstunternehmen
Anwendungsbereich der DSGVO (EG 13 S. 3) 198
besondere Bedürfnisse (Art. 42 Abs. 1 S. 2) 130
Definition (EG 13 S. 5) 198

Kohärenz 154–71

Kohärenzverfahren
Abweichungen (Art. 66 Abs. 1 S. 1) 163
Festlegung Standardvertragsklauseln (Art. 28 Abs. 8) 113
Zweck (Art. 63) 159

Kollektivvereinbarungen (Art. 88 Abs. 1).......... 180

Kommission
Befugnis zum Erlass von Rechtsakten (EG 166 S. 1)..................... 284
Durchführungsbefugnisse (EG 168 S. 1).... 284
Durchführungsrechtsakte, sofort geltende (EG 169) 285
Informationsaustausch mit den Aufsichtsbehörden (Art. 67 S. 1) 164
Prüfung Angemessenheit (Art. 45 Abs. 2) ... 134
Prüfung Wirkungsweise der DSGVO (Art. 97 Abs. 2)................. 185
Unterstützung durch Ausschuss (93 Abs. 1) 184
Vorlage Bericht (Art. 97 Abs. 1)................. 185
Vorschläge zur Änderung der DSGVO (Art. 97 Abs. 5)................. 186

Kommunikationsnetze
öffentliche zugängliche (Art. 95)............... 185

Landesverteidigung (Art. 23 Abs. 1 lit. b)................ 107

Lichtbilder (EG 51 S. 3) 219

Löschung
Beschränkung (EG 73 S. 1) 233
Grundsätze der Verarbeitung (EG 39 S. 10) 212
Information über ~

(Art. 13 Abs. 2 lit. b) 95
(Art. 14 Abs. 2 lit. c) 97
Mitteilungspflicht (Art. 19).........103
nach Unionsrecht usw. (Art. 17 Abs. 1 lit. e) 101
Öffnungsklausel (Ar.t 17 Abs. 1 lit. e).........101

Maßnahmen
technische und organisatorische *Siehe* technische und organisatorische Maßnahmen
vorvertragliche (6 Abs. 1 lit. b) 85

Medizinprodukte (Art. 9 Abs. 2 lit. i) 91

Meinungsäußerung
Einklang mit DSGVO (Art. 85 Abs. 1) ...178
Recht auf ~ (Art. 17 Abs. 3 lit. a).........102

Meinungsäußerungsfreiheit (EG 153 S. 1) 276

Mitteilung über Datenschutzverletzung
Beschränkung (EG 73 S. 1)............233

nationale Sicherheit (Art. 23 Abs. 1 lit. a) 106

nationale Vorschriften
Wahrung Kohärenz (EG 8)............195

ne bis in idem (Verbot der Doppelbestrafung (EG 149 S. 3) 275

Niederlassung
Anwendung DSGVO (Art. 3 Abs. 2) 78
Niederlassungsprinzip (EG 22 S. 1).........203
Voraussetzungen (EG 22 S. 2) 203

öffentliche Gesundheit
Definition, Auslegung (EG 54 S. 3).........222

öffentliche Gewalt
Ausübung (Art. 6 Abs. 1 lit. e).86
Kontroll-, Überwachungs- und Ordnungsfunktionen (Art. 23 Abs. 1 lit. h) 107

öffentliche Sicherheit (Art. 23 Abs. 1 lit. c)............107

Öffnungsklausel
Abweichungen und Ausnahmen von der DSGVO für besondere Verarbeitungssituationen (Art. 85 Abs. 2) 179
Altersgrenze für die Einwilligung eines Kindes (Art. 8 Abs. 1 S. 3) 89
Amtsverschwiegenheiten (Art. 54 Abs. 2)....147
Anzeigerecht der Aufsichtsbehörde (Art. 58 Abs. 5)....153
Arbeitnehmerdatenschutz (Art. 88) 180
Arbeits- und Sozialrecht als Rechtsgrundlage für die Verarbeitung sensibler Daten (Art. 9 Abs. 2 lit. b)........89

Auftragsverarbeiter (Art. 28 Abs. 3 lit. a Hs. 2) 111
Auftragsverarbeiter (Art. 32 Abs. 4) 117
Auftragsverarbeitung auf gesetzlicher Grundlage (Art. 28 Abs. 3 S. 1) 111
Ausnahmen von bestimmten Betroffenenrechten (Art. 89 Abs. 1, Abs. 3) 181
automatisierte Entscheidung (Art. 22 Abs. 2 lit. b) 106
Benennung Akkreditierungsstelle (Art. 43 Abs. 1) ... 131
Bennenung zusätzlicher Behörden, die den Tätigkeitsbericht der Aufsichtsbehörde erhalten (Art. 59 S. 2) 154
Beratungstätigkeit der Aufsichtsbehörde (Art. 57 Abs. 1 lit. c) 149
Beschränkung Betroffenenrechte (Art. 23 Abs. 1) ... 106
Beschränkung Übermittlung Drittland (Art. 49 Abs. 5) 143
Datenschutzbeauftragter Geheimhaltung (Art. 38 Abs. 5) 125
Vertraulichkeit (Art. 38 Abs. 5) 125

Datenschutzbeauftragter (Art. 37 Abs. 4) ... 124
Datenschutz-Folgenabschätung (Art. 35 Abs. 10) . 121
Datenübermittlung in Drittland (Art. 49 Abs. 1 lit. d i.V.m. Abs. 4) 142
Datenverarbeitung im Beschäftigungskontext (Art. 88) 180
Empfänger (Art. 4 Nr. 9 S. 2) 80
Entbehrlichkeit Informationserteilung (Art. 14 Abs. 5 lit. c, d) 99
Errichtung Aufsichtsbehörde (Art. 51 Abs. 1 i.V.m. Art. 54 Abs. 1 lit. a) 144
Errichtungaufsichtsbehörde (Art. 54 Abs. 1 lit. a-f 146
Finanzkontrolle der Aufsichtsbehörde (Art. 52 Abs. 6) ... 145
Geldbuße gegen Behörden und öffentliche Stellen (Art. 83 Abs. 7) ... 177
Grenzen der Einwilligung in die Verarbeitung sensibler Daten (Art. 9 Abs. 2 lit. a) 89
Herstellung Konformität mit dem Grundrecht auf freie Meinungsäußerung und

Informationsfreiheit, Art. 11 GRC (Art. 85 Abs. 1) 178
Löschung (Art. 17 Abs. 1 lit. e) 101
nationale Kennziffern (Art. 87) 179
nationale Rechtsgrundlage für die Verarbeitung sensibler Daten im Bereich der öffentlichen Gesundheit (Art. 9 Abs. 2 lit. i) 91
nationale Rechtsgrundlagen für die Verarbeitung sensibler Daten (Art. 9 Abs. 2 lit. h i.V.m. Abs. 3) 90
Pflicht zur Konsultation (Art. 36 Abs. 5) ... 123
Profiling (Art. 22 Abs. 2 lit. b) 106
Recht auf Löschung (Art. 17 Abs. 3 lit. b) 102
Vergessenwerden *(Art. 17 Abs. 3 lit. b)* *102*
Regelungen im Falle mehrerer Aufsichtsbehörden (Art. 51 Abs. 3 i.V.m. Art. 68 Abs. 4) 144
Sicherstellung der Ressourcen für die Aufsichtsbehörde (Art. 52 Abs. 4) ... 145
Stellungnahmen Aufsichtsbehörden (Art. 54 Abs. 3 lit. b) 153

Sub-Auftragsverarbeitung auf gesetzlicher Grundlage (Art. 28 Abs. 4 S. 1) 113
Übermittlung Daten an Drittland (Art. 49 Abs. 1 S. 1 lit. g).. 142
Unabhängigkeit des Personals der Aufsichtsbehörde (Art. 52 Abs. 5) 145
Untersuchungsbefugnisse der Aufsichtsbehörde (Art. 58 Abs. 1 lit. f) 151
Untersuchungsbefugnisse der Aufsichtsbehörden anderer Mitgliedstaaten (Art. 62 Abs. 3 S. 1 Hs. 2) 158
Verantwortlicher (Art. 4 Nr. 7) 80
Verarbeitung (Art. 6 Abs. 1 lit. c) 85
Verarbeitung genetische, biometrische oder Grundheitsdaten (Art. 9 Abs. 4) 91
Verarbeitung sensibler Daten (Art. 9 Abs. 2 lit. g) 90
Verbandsklagebefugnis (Art. 80 Abs. 2).... 173
Verbot der Verarbeitung strafrechtlich relevanter Daten (Art. 10 S. 1) 92
Verbot mit Erlaubnisvorbehalt

(Art. 6 Abs. 1 lit. c, e i.V.m. Abs. 2 und 3) 86
Verfahren für die Verhängung von Geldbußen (Art. 83 Abs. 8) 177
Verfahrensrecht und Rechtsbehehelfe gegen Aufsichtsbehörde (Art. 58 Abs. 4) ... 153
Verhaltensregeln (Art. 40 Abs. 1) 126
verpflichtende Datenverarbeitung (Art. 29, 32 Abs. 4) 114
Vertretung von betroffenen Personen durch Verbände (Art. 80 Abs. 1) 173
Zugang der Öffentlichkeit zu amtlichen Dokumenten (Art. 86) 179
zusätzliche Befugnisse der Aufsichtsbehörde (Art. 58 Abs. 6) ... 153
zusätzliche Sanktionen (Art. 84 Abs. 1) ... 178
Zuteilung Aufgaben an gemeinsam Verantwortliche (Art. 26 Abs. 1 S. 2) 110
Zweckbindung (Art. 6 Abs. 4) 87

Online- Dienst
Identitätsprüfung (EG 64) S. 1 227

Online-Kennungen

Identitätsprüfung (EG 64 S. 1) 227
Zuordnungen (EG 30 S. 1 206

Organisation
internationale
Definition (Art. 4 Nr. 26) 84

Patientenakte (EG 63 S. 2) **226**

Person
identifizierbar (Art. 4 Nr. 1) 78
Definition (Art. 4 Nr. 1) 78
identifiziert (Art. 4 Nr. 1) 78
juristische
Klage auf Nichtigerklärung eines Beschlusses (EG 143 S. 1)...270
Rechtsbehelf gegen Aufsichtsbehörde (Art. 78 Abs. 1) 172
natürliche
Klage auf Nichtigerklärung (EG 143 S. 1)...270
Rechtsbehelf gegen Aufsichtsbehörde (Art. 78 Abs. 1) 172

personenbezogene Daten
Austausch, unionsweit (EG 5 S. 1) 194
besondere Kategorien
Definition (Art. 9 Abs. 2) 89
Definition (Art. 4 Nr. 1) 78
Erhebung
bei der betroffenen Person (Art. 13 Abs. 1) 95

nicht bei der betroffenen Person (Art. 14 Abs. 1)..96
Fernzugang (63 S. 4) 227
freier Verkehr (Art. 1 Abs. 3) 76
genetische Daten (EG 34)...................... 208
Gewährleistung freier Datenverkehr (EG 3) 193
Internationale Zusammenarbeit zum Schutz (Art. 50 lit. a) 143
Kategorien
Information über ~ *(Art. 14 Abs. 1 lit. d)* *97*
Kopie (Art. 15 Abs. 3 S. 1) 100
nicht mehr für Identifizierung notwendig (Art. 11 Abs. 1) 92
Offenlegung gegenüber Behörden (EG 31 S. 1) 206
Pseudonymisierung (EG 26 S. 2) 204
Quellen
Information über~ *(Art. 14 Abs. 2 lit. f)* *98*
Schutz
Informationsfreiheit (EG 153 S. 1) ... 276
Meinungsäußerungsfreiheit (EG 153 S. 1) 276
Schutz (EG 4 S. 2 194
unrechtmäßige Verarbeitung (Art. 17 Abs. 1 lit. d) 101

Verarbeitung zu wissenschaftlichen Forschungszwecken (EG 157 S. 5) 280
Verletzung (Art. 33) .117
Verpflichtung zur Bereitstellung
Information über ~ (Art. 13 Abs. 2 lit. e) 96
Information über Folgen der Nichtbereitstellung (Art. 13 Abs. 2 lit. e) 96

persönliche oder familiäre Tätigkeiten (EG 18 S. 2 200
Profile (EG 30 S. 2) 206
Profiling
(Art. 22 Abs. 1) 105
Auskunft (Art. 15 Abs. 1 lit. h) 100
Auskunft über ~ (EG 63 S. 3) 227
Beispiele (EG 71 S. 2) 231
Definition (Art. 4 Nr. 4) 79
Information über ~ (Art. 13 Abs. 2 lit. f)96 (Art. 14 Abs. 2 lit. g) 98
Kind (EG 71 S. 5) 232
Leitlinie des Europäischen Datenschutzausschusses (EG 72 S. 2) 233
Widerspruch (Art. 21 Abs. 2) 105
Widerspruch (EG 70 S. 1) 231

Pseudonymisierung

als Bestandteil geeignete Garantie (Art. 6 Abs. 4 lit. e) 87
Anreize für
~maßnahmen (EG 29 S. 1) 205
Definition (Art. 4 Nr. 5) 79
EG 28 S. 1 205
Sicherheit der Verarbeitung (Art. 32 Abs. 1 lit a) 116

Quellen der personenbezogenen Daten
Information über ~ (Art. 14 Abs. 2 lit. f) 98

Rassentheorie (EG 51 S. 2) **219**

Rechenschaftspflicht
Pflicht des Verantwortlichen (Art. 5 Abs. 2) 85

Recht auf
Anfechtung der Entscheidung (Art. 22 Abs. 3) 106
Auskunft
Beschränkung (EG 73 S. 1) 233
Inhalt (Art. 15 Abs. lit. 1 a-h) 99
Profiling (EG 63 S. 3) 227
Zweck (EG 63 S. 1) 226
Berichtigung
Auskunft (Art. 15 Abs. 1 lit. e) 99
Berichtigung (Art. 16 S. 1) 100
Beschwerde bei einer Aufsichtsbehörde (Art. 77 Abs. 1) ... 171

Darlegung des eigenen Standpunkts (Art. 22 Abs. 3) 106
Datenübertragbarkeit Beschränkung (EG 73 S. 1) 233
Datenübertragbarkeit (Art. 20 Abs. 1) ... 103
Einschränkung der Verarbeitung (Art. 18) 102
Erwirkung des Eingreifens einer Person (Art. 22 Abs. 3) 106
freie Meinungsäußerung (Art. 17 Abs. 3 lit. a) 102
Information (Art. 17 Abs. 3 lit. a) 102
Löschung (Art. 17 Abs. 1) 101
Auskunft über ~
(Art. 15 Abs. 1 lit. e) *99*
Ausnahmen (Art. 17 Abs. 3) 102
Ausweitung (EG 66 S. 1) 228
Beschränkung (EG 73 S. 1) 233
Löschung 101
Öffnungsklausel (Art. 17 Abs. 3 lit. b) 102

Schutz
personenbezogener Daten
Ziel der DSGVO (Art. 1 Abs. 2) 76

Schutz
personenbezogener Daten
(EG 2 S. 1) 193

Schutz
personenbezogener
Daten
(EG 4 S. 2)............194
Transportabilität
Beschränkung (EG 73
S. 1)................233
Unterrichtung
Beschränkung (EG 73
S. 1)................233
Vergessenwerden
(Art. 17 Abs. 1).....101
Ausnahmen (Art. 17
Abs. 3 lit. b) 102
weitere Hinweise (EG
66 S. 1)............228
Vervollständigung (Art.
16 S. 2) 100
Widerspruch
Beschränkung (EG 73
S. 1)..................233
**Rechte der betroffenen
Person............93–108**
Rechtsakte
delegierte............**183–84**
(EG 166 S. 2)........284
Befugnis der
Kommission (92
Abs. 1)..............183
Prüfung durch
Kommission (Art. 98
S. 1) 186
**Rechtsansprüchen (Art. 17
Abs. 3 lit. e)................102**
Rechtsbehelf, gerichtlicher
Hinweis bei Auskunft
(Art. 12 Abs. 4) 94
Rechtsbehelfe............171–78
Rechtsgrundlage
Bezugnahme (EG 41 S.
1).........................212
Information über ~
(Art. 13 Abs. 1 lit. c)
.............................95

(Art. 14 Abs. 1 lit. c)
..............................97
Rechtshängigkeit
anderweitige (Art. 81
Abs. 1) 174
mehrfache (EG 144 S. 1)
...............................272
Regeln
berufsständische Regeln
(Art. 23 Abs. 1 lit. g)
................................107
Register
Datenschutzsiegel und -
prüfzeichen (Art. 42
Abs. 8) 131
genehmigte
Verhaltensregeln (40)
................................128
strafrechtliche
Verurteilungen (Art.
10 S. 2) 92
Verknüpfung von
Informationen (EG
157).......................280
religiöse Vereinigungen
Anwendung eigener
Datenschutzvorschrift
en (Art. 91 Abs. 1)
...............................182
Aufsicht (Art. 91 Abs. 2)
...............................182
**Ribonukleinsäure (EG 34)
....208**
**Richtigkeit (Art. 5 Abs. 1 lit.
d) 84**
Richtlinie (EU) 2016/680200
**Richtlinie 2000/31/EG (Art.
2 Abs. 4).........................77**
**Richtlinie 2000/31/EG (EG
21 S. 1) 202**
Richtlinie 2002/58/EG
(Art. 21 Abs. 5) 105
Verhältnis zur DSGVO
(EG 173 S. 2).......286

Richtlinie 2002/58/EG (Art. 95) 185
Richtlinie 2003/98/EG (EG 154 S. 5) 278
Richtlinie 2011/24/EU (EG 35 S. 2) 208
Richtlinie 93/13/EWG (EG 42 S. 3 213
Richtlinie 95/46/EG
    Aufhebung (Art. 94 Abs. 1) 184
Risiko
    Beurteilung (EG 77 S. 2) 235
    Ermittlung (EG 77 S. 1) 235
Sanktionen 171–78
    Gewinnabschöpfung (EG 150 S. 2) 274
    Regelungskompetenz der Mitgliedstaaten (EG 152 S. 2) 276
    strafrechtliche (EG 150 S. 2) 274
Sanktionen (Art. 84) 178
Schadensersatz
    Anspruch (Art. 82 Abs. 1) 174
    gesamtschuldnerische Haftung (EG 146 S. 7) 273
    Haftungsbefreiung (EG 146 S. 2) 272
    Rückgriffsverfahren (EG 146 S. 9) 273
    Schadensbegriff (EG 146 S. 3) 273
Schädigung persönenbezogener Daten (Art. 5 Abs. 1 lit. f) 85
Schlussbestimmungen . 184–87
Schutz

technologieneutral (EG 15 S. 1) 199
Schutz der Unabhängigkeit der Justiz (Art. 23 Abs. 1 lit. f) 107
Schutz personenbezogener Daten
    Voraussetzungen der Wirksamkeit (EG 11) 197
Schutz sonstiger wichtiger Ziele (Art. 23 Abs. 1 lit. e) 107
Schutz von Gerichtsverfahren (Art. 23 Abs. 1 lit. f) 107
Schutzniveau
    Beurteilung (Art. 32 Abs. 2) 116
    kein angemessenes (EG 169) 285
    Prüfung der Angemessenheit (Art. 45 Abs. 2) 134
sensible Daten ....*Siehe* personenbezogene Daten/besondere Kategorien
Sicherheit
    Grundsätze der Verarbeitung (EG 39 S. 12) 212
Sicherheit der Verarbeitung
    Evaluierung (Art. 32 Abs. 1 lit. d) 116
    Evaluierung der Wirksamkeit (Art. 32 Abs. 1 lit. d) 116
    Pseudonymisierung (Art. 32 Abs. 1 lit a) 116
    Überprüfung (Art. 32 Abs. 1 lit. d) 116
    Verfügbarkeit (Art 32 Abs. 1 lit c) 116

Verfügbarkeit (Art. 32
   lit. d) 116
Verschlüsselung (Art. 32
   Abs. 1 lit a) 116
**Speicherbegrenzung (Art. 5
   Abs. 1 lit. e) 85**
Speicherdauer
   Information über ~
   (Art. 13 Abs. 2 lit. a)
   95
   (Art. 14 Abs. 2 lit. a)
   97
Stand der Technik
   Sicherheit der
   Verarbeitung (Art. 32
   Abs. 1) 116
**Standard-
Datenschutzklauseln**
   Ergänzung durch
   vertragliche
   Verpflichtungen (EG
   109 S. 2) 253
   Verwendung in
   umfangreichen
   Verträgen (EG 109 S.
   1) 253
Standardvertragsklauseln
   Auftragsverarbeiter (EG
   82 S. 4) 239
   Festlegung durch
   Kommission (93 Abs.
   2 i.V.m. Art. 28 Abs.
   2) 184
   Festlegung durch
   Kommission (Art. 28
   Abs. 7) 113
Statistiken
   Vertraulichkeit (EG 163
   S. 1) 283
statistische Zwecke
   Ausnahme von den
   Rechten gem. Art. 15,
   16, 18 und 21 (Art. 89
   Abs. 2) 181
   Definition (EG 162 S. 2)
   282
   Garantien, geeignete
   (EG 156 S. 1) 279
   Verarbeitung besonderer
   Kategorien
   personenbezogener
   Daten (Art. 9 Abs. 2
   lit. j) 91
**statistische Zwecke (Art. 17
   Abs. 3 lit. d) 102**
**Straftaten (Art. 23 Abs. 1 lit
   d) 107**
**Strafvollstreckung (EG 19
   S. 1) 200**
Subsidiaritätsprinzip
   Tätigwerden der Union
   gem. Art. 5 EU (EG
   170 S. 1) 285
**Tätigkeitsbericht .... *Siehe*
   Jahresbericht**
**technische und
   organisatorische
   Maßnahmen**
   (Art. 24 Abs. 1 S. 1) . 108
   (Art. 32) 116
   Entscheidung über
   Eignung (Art. 25 Abs.
   1) 109
   Nachweis (EG 76 S. 2)
   234
   Sicherheit der
   Verarbeitung (Art. 32
   Abs. 1) 116
**TOM .*Siehe* Technische und
   organisatorische
   Maßnahmen**
Transparente Information
   (Art. 12 Abs. 1 S. 1) ... 93
   (Art. 12 Abs. 2) 93
Transparenz
   (Art. 5 Abs. 1 lit. a) 84

(EG 39 S. 2, 3) 211
Grundsätze der
 Verarbeitung (EG 39
 S. 3) 211
Information für Kinder
 (EG 58 S. 4) 224
Regelungen, weitere (EG
 58 S. 1) 224

Transportabilität
Beschränkung (EG 73 S.
 1) 233

Treu und Glauben
(Art. 5 Abs. 1 lit. a) 84
(Art. 6 Abs. 2) 86
(Art. 6 Abs. 3 S. 3) 87
Grundsätze der
 Verarbeitung (EG 39
 S. 1) 211

Übermittlung
angemessenes
 Schutzniveau (Art. 45
 Abs. 1 S. 1) 134
auf Grundlage eines
 Angemessenheitsbes
 chlusses (Art. 45 Abs.
 1 S. 1) 134
Daten .... *Siehe*
 Datenübermittlung
Drittland
 Ausnahmen von
  Verbot (Art. 49
  Abs. 1 S. 1 lit a-g)
  141–43
 Öffnungsklausel
  (Art. 49 Abs. 1 S.
  1 lit. g) 142
 Beschränkungen durch
  nationales Recht
  (Art. 49 Abs. 5) 143
 Internationale
  Übereinkünfte vor
  dem 24.05.2016
  (Art. 96) 185
in Unternehmensgruppe
 (EG 48 S. 1) 216

Überprüfung
Sicherheit der
 Verarbeitung (Art. 32
 Abs. 1 lit. d) 116

Unternehmen
Definition (Art. 4 Nr.
 18) 82

Unternehmensgruppe
Datenschutzbeauftragter
 (Art. 37 Abs. 2) ... 123
Definition (Art. 4 Nr.
 19) 82
Definition (EG 37 S. 1
 210
Hauptniederlassung (EG
 36 S. 9) 210
in Datenübermittlung
 (EG 48 S. 1) 216

Unterrichtung
Beschränkung (EG 73 S.
 1) 233
Regelungen, weitere (EG
 60 S. 1) 225

Verantwortliche
gemeinsam .... *Siehe*
 Gemeinsam
 Verantwortliche
 gemeinsam (Art. 26) 109

Verantwortlicher 108–33
Aufsichtsbehörde
 Anordnung (Art. 58
  Abs. 2 lit. g) 152
 Anweisung (Art. 58
  Abs. 2 lit. c, d, e)
  152
 Verwarnung (Art. 58
  Abs. 2 lit. b) 152
 Warnung (Art. 58 Abs.
  2 lit. a 151
Benennung eines
 Vertreters (EG 80 S.
 1) 237
Definition (Art. 4 Nr. 7)
 79

Einhaltung Pflichten
Verhaltensweisen,
genehmigte (EG 81
S. 2) 238
Haftung
(EG 74 S. 1) 234
Haftung
(Art. 82 Abs. 2 S. 1)
.... 174
Klagen gegen den ~
(Art. 79 Abs. 2 S. 1)
.... 173
Name, Kontaktdaten
Information über~
(Art. 13 Abs. 1 lit. a)
.... 95
Name,Kontaktdaten
Information über ~
(Art. 14 Abs. 1 lit. b)
.... 97
Öffnungsklausel (Art. 4
Nr. 7) 80
Rechenschaftspflicht
(Art. 5 Abs. 2) 85
Rollenzuweisung durch
Recht der Union oder
Mitgliedstaaten (Art.
4 Nr. 7) 80
Verantwortung
(Art. 24 Abs. 1 S. 1)
.... 108
(EG 74 S. 1) 234
Verarbeitungsverbot
(Art. 58 Abs. 2 lit. f)
.... 152
Vertreter in der Union
(Art. 27 Abs. 1) ... 110
Weisung an
Auftragsverarbeiter
(Art. 28 Abs. 3 lit.
a) 111
unterstellte Person
(Art. 29) 114
Zusammenarbeit mit der
Aufsichtsbehörde
(Art. 31) 116

Zuteilung der
Verantwortlichkeiten
(EG 79) 237
Verarbeitung...... *Siehe auch*
Datenverarbeitung
angemessene Sicherheit
(Art. 5 Abs. 1 lit. f) 85
auf Weisung (Art. 29)
.... 114
Außen- und
Sicherheitspolitik
(EG 16 S. 2) 199
Ausübung öffentlicher
Gewalt (Art. 6 Abs. 3
S. 2) 86
Ausübung öffentliches
Interesse (Art. 6 Abs.
3 S. 2) 86
automatisiert
(Art. 22 Abs. 1) 105
(EG 15 S. 2) 199
automatisierte Verfahren
(Art. 20 Abs. 1 lit b)
.... 104
berechtigtes Interesse
Widerspruch gegen die
Verarbeitung (EG
69 S. 1) 230
berechtigtes Interesse
(Art. 6 Abs. 1 lit. f) 86
besondere
personenbezogene
Daten
geeignete Garantien
(Art. 9 Abs. 2 lit. d)
.... 90
Geltendmachung
Rechtsansprüche
(Art. 9 Abs. 2 lit. f)
.... 90
Definition (Art. 4 Nr. 2)
.... 79
durch staatliche Stellen
(EG 55) 223
Einschränkung

Definition (Art. 4 Nr. 3) 79
Information über ~
(Art. 13 Abs. 2 lit. b) 95
(Art. 14 Abs. 2 lit. c) 97
Einwilligung (Art. 6 Abs. 1 lit. a) 85
Erfüllung Vertrag (Art. 6 Abs. 1 lit. b) 85 (EG 10)
nationale Vorschriften (EG 10 S. 3) 196
Erfüllung vorvertraglicher Maßnahmen (Art. 6 Abs. 1 lit. b) 85
fair und transparent (Art. 14 Abs. 2) 97
Genealogie (EG 160 S. 2) 282
Gesetz
Information über ~ (Art. 13 Abs. 2 lit. e) 96
grenzüberschreitende Definition (Art. 4 Nr. 23) 82
Grundsätze (EG 39 S. 1) 211
im Zusammenhang mit Wahlen (EG 55) .. 223
lebenswichtige Interessen (Art. 6 Abs. 1 lit. d) 86 (EG 46 S. 1) 215
Leitlinien des Ausschusses (EG 77 S. 2) 236
manuell (EG 15 S. 2) 199
nach Art. 6 Abs. 1 lit. c, e

spezifischere Bestimmung (Art. 6 Abs. 2) 86
nach Treu und Glauben (EG 45 S. 5 215
Nachweis Datenschutzkonformität (Art. 24 Abs. 1 S. 1) 108
öffentliche Gewalt
Verantwortlicher (EG 45 S. 6) 215
öffentliches Interesse (Art. 6 Abs. 1 lit. e) 86 (EG 10)
nationale Vorschriften (EG 10 S. 3) 196
Verantwortlicher (EG 45 S. 6) 215
Öffnungsklausel (Art. 6 Abs. 1 lit. c) 85
personenbezogene Daten besondere Kategorien (Art. 9 Abs. 1) 89
Recht der Mitgliedstaaten (Art. 6 Abs. 3 S. 1 lit. b) 86
rechtliche Verpflichtung (Art. 6 Abs. 1 lit. c)85
Rechtmäßigkeit (Art. 6 Abs. 1 lit. a) 85 (EG 39 S. 1) 211
Risiken (EG 75) 234
Schutzniveau (EG 84 S 3) 239
statistische Zwecke (EG 162 S. 1) 282
Transparenz (EG 39 S. 2) 211
unbefugte (Art. 5 Abs. 1 lit. f) 85
Unionsrecht (Art. 6 Abs. 3 S. 1 lit. a) 86

unrechtmäßig (Art. 17 Abs. 1 lit. d).........101
Verantwortung und Haftung (EG 74 S. 1) 234
Verbot der ~ strafrechtlich relevanter Daten (Art. 10 S. 1) 91
Ausnahmen (Art. 10 S. 1).......................92
Verhaltensregeln (EG 98 S. 1)..........247
Konsultation der Interessenträger (EG 99) 248
Vertrag
Information über ~ (Art. 13 Abs. 2 lit. e) 96
Vertragserfüllung (EG 44).......................214
Vorgaben durch Recht der Union oder Mitgliedstaaten (Art. 4 Nr. 7) 80
Vorgang (Art. 4 Nr. 2)79
Widerruf Einwilligung (Art. 17 Abs. 1 lit. b) 101
Widerspruch
Folgen (EG 65 S. 2) 228
zu wissenschaftlichen Forschungszwecken (EG 157 S. 5).......280
zur Erfüllung einer rechtlichen Verpflichtung
Anforderung an Rechtsgrundlage (EG 45 S. 1) 214
Zweck
(Art. 6 Abs. 3 S. 2)..86
Änderung

Information über ~ (Art. 13 Abs. 3) 96
Änderung (Art. 6 Abs. 4) 87
Information über ~ *(Art. 14 Abs. 1 lit. c)* 97
Verarbeitungen
vor dem 25.05.2018 (EG 171 S. 2) 286
Verarbeitungssituationen
besondere (Art. 85 Abs. 1)....................178–83
Verarbeitungstätigkeit
Kompatibilität von Regelungen durch Drittländern (EG 115 S. 1) 256
Verarbeitungszweck
Auskunft (Art. 15 Abs. 1 lit. a).....................99
Verbandsklage (Art. 80 Abs. 2)......................173
Verbot mit Erlaubnisvorbehalt (Art. 6 Abs. 1) 85
Vereinigungen, religiöse
Achtung des verfassungsrechtlichen Status (EG 165) 283
Verfolgung Straftaten (EG 19 S. 1) 200
Verfügbarkeit
Sicherheit in der Verarbeitung (Art 32 Abs. 1 lit c) 116
Vergessenwerden
(Art. 17 Abs. 1) 101
Öffnungsklausel (Art. 17 Abs. Abs. 3 lit. b) 102
Verhaltensregeln
(Art. 40 ff.) 126–33
Förderung der Ausarbeitung von ~

durch Mitgliedstaaten
(Art. 40 Abs. 1) ... 126
genehmigte
Einhaltung (Art. 32
Abs. 3) 117
genehmigte (Art. 24
Abs. 3) 108
Kleinstunternehmen
(Art. 40 Abs. 1) ... 126
mehrere Mitgliedstaaten
(Art. 40 Abs. 7) ... 128
Überwachung durch
akkreditierte Stelle
(Art. 41 Abs. 1) ... 129
Verbände (Art. 40 Abs.
2) 126
Verletzung des Schutzes personenbezogener Daten
Benachrichtigung der
betroffenen Person
(Art. 34 Abs. 1) ... 118
Beschluss der
Aufsichtsbehörde
(Art. 34 Abs. 4) 119
Entbehrlichkeit (Art.
34 Abs. 3 lit. a-c)
.... 118
Inhalt (Art. 34 Abs. 2)
.... 118
Definition (Art. 4 Nr.
12) 80
Dokumentation (Art. 33
Abs. 5 S. 1)
Überprüfung durch
Aufsichtsbehörde
(Art. 33 Abs. 5 S.
2) 118
Meldefrist (Art. 33 Abs.
1 Satz 1, 2) 117
Meldefrist bei der
Aufsichtsbehörde
(EG 85 S. 2) 241
Meldepflicht (Art. 33
Abs. 1 Satz 1) 117

Inhalt Art. 33 Abs. 3
lit. a-d 117
Meldepflicht bei der
Aufsichtsbehörde(EG
85 S. 2) 241
Verlust personenbezogener Daten (Art. 5 Abs. 1 lit. f)
.... 85
Verordnung (EG) Nr. 45/2001 (Art. 2 Abs. 3) 77
Verordnung (EG) Nr. 45/2001 (EG 17) 199
Verordnung (EG) Nr. 765/2008 131
Verordnung (EU) 2011/182 (EG 167 S. 2) 284
Verordnung (EU) 2012/1215 8 (EG 147) 273
Verordnung (EU) 2014/536 282
Verordnung (EU) Nr. 182/2011 (93 Abs. 1) 184
Verschlüsselung
als Bestandteil geeignete
Garantie (Art. 6 Abs.
4 lit. e) 87
Sicherheit der
Verarbeitung (Art. 32
Abs. 1 lit a) 116
Verschwiegenheitspflicht
Auftragsverarbeiter (Art.
28 Abs. 3 lit. b) 112
verstorbene Personen
keine Gültigkeit der
Verordnung (EG 158
S. 1) 281
Verstorbene, Daten (EG 27)
.... 205
Verstöße gegen die DSGVO
.... *Siehe* Sanktionen
Vertraulichkeit (Art. 5 Abs. 1 lit. f) 85

Vertreter
  Benennung (EG 80 S. 4)
 238
  Definition (Art. 4 Nr.
  17)..........................81
  in der Union (Art. 27
  Abs. 1)..................110
  Verantwortung und
  Haftung des
  Auftragsverarbeiters
  (EG 80 S. 4).........238
  Verantwortung und
  Haftung des
  Verantwortlichen (EG
  80).........................238
  Zusammenarbeit mit den
  Aufsichtsbehörden
  (EG 80 S. 5).........238
Vervollständigung personenbezogener Daten
  (Art. 16 S. 2)............100
Verzeichnis aller Verarbeitungstätigkeiten
  ergänzende Hinweise
  (EG 82 S. 1).........239
  Kleinunternehmen (Art.
  30 Abs. 5)............115
Verzeichnis aller Verarbeitungstätigkeiten (Art. 30)......................114
  Format (Art. 30 Abs. 3)
 115
  notwendige Angaben
  (Art. 30 Abs. 1 Satz 2
  lit. a-f)................114
  Zurverfügungstellung an
  Aufsichtsbehörde
  (Art. 30 Abs. 4) ...115
Verzeichnis der Verarbeitungstätigkeiten
  Kontrolle durch
  Aufsichtsbehörde
  (EG 82 S. 2).........239

Video
  Datenschutz-
  Folgenabschätzung
  (EG 91 S. 3).........244
Voreinstellungen
  datenschutzfreundliche
  (Art. 25 Abs. 2)....109
Vorgangsreihe (Art. 4 Nr. 2)
 79
vorvertragliche Maßnahmen (Art. 6 Abs. 1 lit. b)...........................85
Wahlen
  Verarbeitung (EG 55 223
Waren
  Angebote für Personen
  in der Union (EG 24
  S. 3) 203
Weiterübermittlung
  Angemessenheitsbeschlu
  ss (Art. 45 Abs. 1 S.
  1)...........................134
White-List
  Datenschutz-
  Folgenabschätzung
  (Art. 35 Abs. 5).....120
Widerruf Einwilligung (Art. 7 Abs. 3 S. 1).................88
Widerspruch
  Beschränkung (EG 73 S.
  1)...........................233
  Direktwerbung (EG 70
  S. 1) 231
  gegen Verarbeitung
  (Art. 21 Abs. 1).....104
  Einschränkung der
  Verarbeitung (Art.
  18 Abs. 1 lit. d).103
  gegen Verarbeitung (Art.
  17 Abs. 1 lit. c)....101
  mittels automatisierter
  Verfahren (Art. 21
  Abs. 5) 105
  Profiling (EG 70 S 1)231

Widerspruchsrecht
   Auskunft über ~
      (Art. 15 Abs. 1 lit. e)
      99
   Information über ~
      (Art. 14 Abs. 2 lit. c)
      97
   Information über ~ (Art.
      13 Abs. 2 lit. b) 96
wissenschaftlichen Forschung (EG 33 S. 2) **208**
Zerstörung personenbezogener Daten (Art. 5 Abs. 1 lit. f) **85**
Zertifizierungen **126–33**
   (Art. 42) 130–33
   Gültigkeitsdauer (Art. 42
      Abs. 7 S. 1) 131
   Stelle
      Akkreditierung (Art.
         43 Abs. 3 S. 1) . 132
   Stelle (Art. 42 Abs. 6)
      131
   Stelle (Art. 43 Abs. 1 S.
      1) 131
   Verfahren
      Einhaltung (Art. 32
         Abs. 3) 117
      genehmigtes (Art. 24
         Abs. 3) 108
      Zweck (EG 100) ... 248
   Verfahren (Art. 42 Abs.
      1 S. 1) 130
   Widerruf (Art. 58 Abs. 2
      lit. h) 152
Zugang zu amtlichen öffentlichen Dokumenten (EG 154 S. 1) **277**
Zusammenarbeit und Kohärenz **154–71**
Zweck
   Änderung

      (Art. 6 Abs. 4) 87
      (EG 50 S. 7) 218
   Information über ~
      (Art. 14 Abs. 4) 98
   Vereinbarkeit mit
      bisherigem Zweck
      (EG 50 S. 1) 218
   Auskunft (Art. 15 Abs. 1
      lit. a) 99
   erfüllt (Art. 17 Abs. 1 lit.
      a) 101
   festgelegt, eindeutig,
      legitim (Art. 5 Abs. 1
      lit. b) 84
   Forschung (Art. 21 Abs.
      6) 105
   Grundsätze der
      Verarbeitung (EG 39
      S. 7) 211
   Information über ~
      (Art. 14 Abs. 1 lit. c)
      97
   Art. 13 Abs. 1 lit. c) 95
   journalistischer
      Ausnahmen und
         Abweichungen
         (Art. 85 Abs. 2) 179
   künstlerischer
      Ausnahmen und
         Abweichungen
         (Art. 85 Abs. 2) 179
   legitim (Art. 6 Abs. 3
      Satz 3 a.E.) 87
   literarischer
      Ausnahmen und
         Abweichungen
         (Art. 85 Abs. 2) 179
   statistischer
      (Art. 21 Abs. 6) 105
      Definition (EG 162 S.
         2) 282
   keine Maßnahmen
      oder
      Entscheidungen
      gegenüber

einzelnen Personen (EG 162 S. 4) ...282
Verarbeitung (Art. 6 Abs. 3 S. 2)............86
wissenschaftlicher Ausnahmen und Abweichungen (Art. 85 Abs. 2) 179

Zweckbindung
Ausnahme (Art. 6 Abs. 4).........87
Öffnungsklausel (Art. 6 Abs. 4).............87
Grundsatz (Art. 5 Abs. 1 lit. b).84

I

Inhaltsverzeichnis

Inhalt

Stichwortverzeichnis 6
Inhalt 46
Prüfungsschema 57
   Aufbau 58
   Prüfungsschema 59
KAPITEL I Allgemeine Bestimmungen 77
   Artikel 1 Gegenstand und Ziele 77
   Artikel 2 Sachlicher Anwendungsbereich 78
   Artikel 3 Räumlicher Anwendungsbereich 79
   Artikel 4 Begriffsbestimmungen 79
KAPITEL II Grundsätze 85
   Artikel 5 Grundsätze für die Verarbeitung personenbezogener Daten 85
   Artikel 6 Rechtmäßigkeit der Verarbeitung 86
   Artikel 7 Bedingungen für die Einwilligung 89
   Artikel 8 Bedingungen für die Einwilligung eines Kindes in Bezug auf Dienste der Informationsgesellschaft 89
   Artikel 9 Verarbeitung besonderer Kategorien personenbezogener Daten 90
   Artikel 10 Verarbeitung von personenbezogenen Daten über strafrechtliche Verurteilungen und Straftaten 92
   Artikel 11 Verarbeitung, für die eine Identifizierung der betroffenen Person nicht erforderlich ist 93
KAPITEL III Rechte der betroffenen Person 94
   Abschnitt 1 Transparenz und Modalitäten 94
      Artikel 12 Transparente Information, Kommunikation und Modalitäten für die Ausübung der Rechte der betroffenen Person 94
   Abschnitt 2 Informationspflicht und Recht auf Auskunft zu personenbezogenen Daten 96
      Artikel 13 Informationspflicht bei Erhebung von personenbezogenen Daten bei der betroffenen Person 96
      Artikel 14 Informationspflicht, wenn die personenbezogenen Daten nicht bei der betroffenen Person erhoben wurden 97
      Artikel 15 Auskunftsrecht der betroffenen Person 100
   Abschnitt 3 Berichtigung und Löschung 101

Artikel 16 Recht auf Berichtigung.. 101
Artikel 17 Recht auf Löschung („Recht auf Vergessenwerden")
.... 102
Artikel 18 Recht auf Einschränkung der Verarbeitung 103
Artikel 19 Mitteilungspflicht im Zusammenhang mit der
Berichtigung oder Löschung personenbezogener Daten oder
der Einschränkung der Verarbeitung.................................... 104
Artikel 20 Recht auf Datenübertragbarkeit....................... 104
Abschnitt 4 Widerspruchsrecht und automatisierte
Entscheidungsfindung im Einzelfall... 105
Artikel 21 Widerspruchsrecht 105
Artikel 22 Automatisierte Entscheidungen im Einzelfall
einschließlich Profiling.. 106
Abschnitt 5 Beschränkungen 107
Artikel 23 Beschränkungen.. 107

KAPITEL IV Verantwortlicher und Auftragsverarbeiter 109

Abschnitt 1 Allgemeine Pflichten... 109
Artikel 24 Verantwortung des für die Verarbeitung
Verantwortlichen.. 109
Artikel 25 Datenschutz durch Technikgestaltung und durch
datenschutzfreundliche Voreinstellungen 109
Artikel 26 Gemeinsam Verantwortliche 110
Artikel 27 Vertreter von nicht in der Union niedergelassenen
Verantwortlichen oder Auftragsverarbeitern..................... 111
Artikel 28 Auftragsverarbeiter 112
Artikel 29 Verarbeitung unter der Aufsicht des
Verantwortlichen oder des Auftragsverarbeiters............. 115
Artikel 30 Verzeichnis von Verarbeitungstätigkeiten 115
Artikel 31 Zusammenarbeit mit der Aufsichtsbehörde........... 117
Abschnitt 2 Sicherheit personenbezogener Daten 117
Artikel 32 Sicherheit der Verarbeitung 117
Artikel 33 Meldung von Verletzungen des Schutzes
personenbezogener Daten an die Aufsichtsbehörde............ 118
Artikel 34 Benachrichtigung der von einer Verletzung des
Schutzes personenbezogener Daten betroffenen Person...... 119
Abschnitt 3 Datenschutz-Folgenabschätzung und vorherige
Konsultation 120
Artikel 35 Datenschutz-Folgenabschätzung......................... 120
Artikel 36 Vorherige Konsultation 123
Abschnitt 4 Datenschutzbeauftragter.. 124
Artikel 37 Benennung eines Datenschutzbeauftragten......... 124
Artikel 38 Stellung des Datenschutzbeauftragten................ 125
Artikel 39 Aufgaben des Datenschutzbeauftragten 126
Abschnitt 5 Verhaltensregeln und Zertifizierung................... 127

Artikel 40 Verhaltensregeln 127
Artikel 41 Überwachung der genehmigten Verhaltensregeln 129
Artikel 42 Zertifizierung 131
Artikel 43 Zertifizierungsstellen 132

KAPITEL V Übermittlungen personenbezogener Daten an Drittländer oder an internationale Organisationen 134

Artikel 44 Allgemeine Grundsätze der Datenübermittlung ... 134
Artikel 45 Datenübermittlung auf der Grundlage eines Angemessenheitsbeschlusses 135
Artikel 46 Datenübermittlung vorbehaltlich geeigneter Garantien 137
Artikel 47 Verbindliche interne Datenschutzvorschriften 139
Artikel 48 Nach dem Unionsrecht nicht zulässige Übermittlung oder Offenlegung 142
Artikel 49 Ausnahmen für bestimmte Fälle 142
Artikel 50 Internationale Zusammenarbeit zum Schutz personenbezogener Daten 144

KAPITEL VI Unabhängige Aufsichtsbehörden 145

Abschnitt 1 Unabhängigkeit 145
Artikel 51 Aufsichtsbehörde 145
Artikel 52 Unabhängigkeit 146
Artikel 53 Allgemeine Bedingungen für die Mitglieder der Aufsichtsbehörde 147
Artikel 54 Errichtung der Aufsichtsbehörde 147
Abschnitt 2 Zuständigkeit, Aufgaben und Befugnisse 148
Artikel 55 Zuständigkeit 148
Artikel 56 Zuständigkeit der federführenden Aufsichtsbehörde 149
Artikel 57 Aufgaben 150
Artikel 58 Befugnisse 152
Artikel 59 Tätigkeitsbericht 154

KAPITEL VII Zusammenarbeit und Kohärenz 155

Abschnitt 1 Zusammenarbeit 155
Artikel 60 Zusammenarbeit zwischen der federführenden Aufsichtsbehörde und den anderen betroffenen Aufsichtsbehörden 155
Artikel 61 Gegenseitige Amtshilfe 157
Artikel 62 Gemeinsame Maßnahmen der Aufsichtsbehörden 159
Abschnitt 2 Kohärenz 160
Artikel 63 Kohärenzverfahren 160

Artikel 64 Stellungnahme des Ausschusses 161
Artikel 65 Streitbeilegung durch den Ausschuss 163
Artikel 66 Dringlichkeitsverfahren 164
Artikel 67 Informationsaustausch 165
Abschnitt 3 Europäischer Datenschutzausschuss 166
Artikel 68 Europäischer Datenschutzausschuss 166
Artikel 69 Unabhängigkeit 166
Artikel 70 Aufgaben des Ausschusses.................................. 167
Artikel 71 Berichterstattung 170
Artikel 72 Verfahrensweise 170
Artikel 73 Vorsitz 170
Artikel 74 Aufgaben des Vorsitzes 171
Artikel 75 Sekretariat 171
Artikel 76 Vertraulichkeit 172

KAPITEL VIII Rechtsbehelfe, Haftung und Sanktionen.................172

Artikel 77 Recht auf Beschwerde bei einer Aufsichtsbehörde
.... 172
Artikel 78 Recht auf wirksamen gerichtlichen Rechtsbehelf
gegen eine Aufsichtsbehörde 173
Artikel 79 Recht auf wirksamen gerichtlichen Rechtsbehelf
gegen Verantwortliche oder Auftragsverarbeiter 173
Artikel 80 Vertretung von betroffenen Personen 174
Artikel 81 Aussetzung des Verfahrens 175
Artikel 82 Haftung und Recht auf Schadenersatz................. 175
Artikel 83 Allgemeine Bedingungen für die Verhängung von
Geldbußen 176
Artikel 84 Sanktionen 179

KAPITEL IX Vorschriften für besondere Verarbeitungssituationen
....179

Artikel 85 Verarbeitung und Freiheit der Meinungsäußerung
und Informationsfreiheit 179
Artikel 86 Verarbeitung und Zugang der Öffentlichkeit zu
amtlichen Dokumenten 180
Artikel 87 Verarbeitung der nationalen Kennziffer................ 180
Artikel 88 Datenverarbeitung im Beschäftigungskontext 181
Artikel 89 Garantien und Ausnahmen in Bezug auf die
Verarbeitung zu im öffentlichen Interesse liegenden
Archivzwecken, zu wissenschaftlichen oder historischen
Forschungszwecken und zu statistischen Zwecken 182
Artikel 90 Geheimhaltungspflichten.................................... 183
Artikel 91 Bestehende Datenschutzvorschriften von Kirchen
und religiösen Vereinigungen oder Gemeinschaften 183

KAPITEL X Delegierte Rechtsakte und Durchführungsrechtsakte 184
    Artikel 92 Ausübung der Befugnisübertragung 184
    Artikel 93 Ausschussverfahren 185

KAPITEL XI Schlussbestimmungen 185
    Artikel 94 Aufhebung der Richtlinie 95/46/EG 185
    Artikel 95 Verhältnis zur Richtlinie 2002/58/EG 186
    Artikel 96 Verhältnis zu bereits geschlossenen Übereinkünften
    186
    Artikel 97 Berichte der Kommission 186
    Artikel 98 Überprüfung anderer Rechtsakte der Union zum
    Datenschutz 187
    Artikel 99 Inkrafttreten und Anwendung 187

Erwägungsgründe 193
    EG 1 – Datenschutz als ein Grundrecht 194
    EG 2 – Wahrung der Grundrechte und -freiheiten 194
    EG 3 – Harmonisierung und Datenverkehr 194
    EG 4 – Beachtung weiterer Rechte, Freiheiten und Grundsätze
    194
    EG 5 – Austausch personenbezogener Daten 195
    EG 6 – Gewährleistung eines hohen Datenschutzniveaus trotz
    Zunahme des Datenaustausches 195
    EG 7 – Kontrolle und Sicherheit 196
    EG 8 – Ergänzungen durch nationales Recht 196
    EG 9 – Behinderung durch Unterschiede im Schutzniveau 196
    EG 10 – Unionsweites Datenschutzniveau 197
    EG 11 – Gleiche Befugnisse, gleiche Sanktionen 198
    EG 12 – Ermächtigung Parlament und Rat 198
    EG 13 – Berücksichtigung der Unternehmensgröße 198
    EG 14 – Keine Anwendung für juristische Personen 199
    EG 15 – Technologieneutraler Schutz 200
    EG 16 – Ausnahmen Geltungsbereich 200
    EG 17 - Verordnung (EG) Nr. 45/2001 200
    EG 18 - Haushaltsausnahme 201
    EG 19 – Keine Anwendung in der Strafverfolgung 201
    EG 20 – Unabhängigkeit der Judikative 203
    EG 21 - Richtlinie 2000/31/EG 203
    EG 22 – Niederlassungsprinzip 204
    EG 23 – Angebote für Personen in der Union 204
    EG 24 – Beobachtung von Personen in der Union 205
    EG 25 – Diplomatische oder konsularische Vertretungen 205
    EG 26 – Anonyme Daten 205
    EG 27 - Verstorbene 206

EG 28 - Pseudonymisierung 206
EG 29 – Anreize für Pseudonymisierungsmaßnahmen 206
EG 30 – Online-Kennungen 207
EG 31 - Behörden 207
EG 32 - Einwilligung 208
EG 33 – Wissenschaftliche Forschung 208
EG 34 – Genetische Daten 209
EG 35 - Gesundheitsdaten 209
EG 36 - Hauptniederlassung 210
EG 37 - Unternehmensgruppe 211
EG 38 - Kinder 211
EG 39 – Grundsätze der Verarbeitung 212
EG 40 – Rechtmäßigkeit der Verarbeitung 213
EG 41 – Bezugnahme auf Rechtsgrundlagen 213
EG 42 –Einwilligung, Nachweis und Anforderungen 214
EG 43 – Einwilligung, Sicherstellung der Freiwilligkeit 214
EG 44 – Verarbeitung für Vertragszwecke 215
EG 45 - Rechtmäßigkeit der Verarbeitung personenbezogener
Daten, Behörden 215
EG 46 – Lebenswichtige Interessen 216
EG 47 – Berechtigtes Interesse 216
EG 48 – Datenübermittlung innerhalb einer
Unternehmensgruppe 217
EG 49 – Netz- und Informationssicherheit 218
EG 50 - Zweckänderung 218
EG 51 - Sensible Daten, Lichtbilder 220
EG 52 –Ausnahmen vom Verbot der Verarbeitung besonderer
Kategorien personenbezogener Daten 221
EG 53 – Gesundheitsbezogene Zwecke 222
EG 54 – Öffentliche Gesundheit 223
EG 55 – Staatliche Stellen 224
EG 56 - Wahlen, politische Parteien 224
EG 57 - Identifizierung 224
EG 58 - Grundsatz der Transparenz 225
EG 59 – Ausübung von Betroffenenrechte 225
EG 60 - Unterrichtungs- und Informationspflicht 226
EG 61 - Inhalt der Informationspflicht 226
EG 62 - Ausnahmen von der Informationspflicht 227
EG 63 - Auskunftsrecht 227
EG 64 - Identitätsprüfung 228
EG 65 - Recht auf Berichtigung, Recht auf Vergessenwerden,
Einwilligung im Kindesalter 228
EG 66 - Recht auf Vergessenwerden 229
EG 67 - Beschränkung der Verarbeitung 230
EG 68 - Transportabilität 230

EG 69 - Widerspruchsrecht..231
EG 70 - Widerspruchsrecht bei Direktwerbung.......................232
EG 71 - Profiling -..232
EG 72 - Profiling - Europäischer Datenschutzausschuss............234
EG 73 - Beschränkungen..234
EG 74 - Verantwortung und Haftung....................................235
EG 75 - Risiken durch die Verarbeitung personenbezogener Daten
....235
EG 76 - Beurteilung der Risiken 236
EG 77 - Ermittlung der Risiken...236
EG 78 - Maßnahmen zur Sicherstellung des Datenschutzes 237
EG 79 - Zuteilung der Verantwortlichkeiten...........................238
EG 80 - Benennung eines Vertreters 238
EG 81 - Auftragsverarbeiter...239
EG 82 - Verzeichnis der Verarbeitungstätigkeiten...................240
EG 83 - Schutzniveau 240
EG 84 - Datenschutz-Folgeabschätzung 241
EG 85 - Meldepflicht..241
EG 86 - Benachrichtigung der Betroffenen (EG 85)..................242
EG 87 - Maßnahmen zur Sicherstellung der Feststellung einer
Datenschutzverletzung..243
EG 88 - Anforderungen an Meldungen 243
EG 89 - Entfall der allgemeinen Meldepflicht........................243
EG 90 - Datenschutz-Folgenabschätzungen 244
EG 91 - Datenschutz-Folgenabschätzungen (Fallgruppen)........244
EG 92 - Datenschutz-Folgenabschätzungen bei umfangreicher
Tätigkeit..245
EG 93 - Datenschutz-Folgenabschätzungen durch Behörden ...246
EG 94 - Unterstützung durch Aufsichtsbehörden....................246
EG 95 - Datenschutz-Folgeabschätzungen - Auftragsverarbeiter
....247
EG 96 - Konsultation der Aufsicihtsbehörden 247
EG 97 - Personelle Unterstützung 247
EG 98 - Verhaltensregeln für Verbände usw. 248
EG 99 - Konsultation bei Erstellung von Verhaltensregeln........248
EG 100 - Zertifizierungsverfahren, Datenschutzsiegel.............249
EG 101 - Drittländer, internationale Organisationen 249
EG 102 - Internationale Abkommen.......................................250
EG 103 - Angemessenheitsbeschluss 250
EG 104 - Angemessenheitsbeschluss - Kriterien 250
EG 105 - Angemessenheitsbeschluss - weitere Kriterien 251
EG 106 - Angemessenheitsbeschluss - Überwachung...............252
EG 107 - negativer Angemessenheitsbeschluss 252
EG 108 - Fehlender Angemessenheitsbeschluss 253
EG 109 - Standard-Datenschutzklauseln 254

EG 110 - Corporate Binding Rules (CBR) 254
EG 111 - Zulässigkeit Datenübermittlungen 255
EG 112 - Datenübermittlungen zur Wahrung öffentlicher
Interessen 255
EG 113 – Übermittlungen zur Wahrung zwingender berechtigter
Interessen 256
EG 114 - Übermittlungen in Drittland bei fehlendem
Angemessenheitsbeschluss 257
EG 115 - Regelungen von Drittländern 257
EG 116 - Zusammenarbeit Datenschutzaufsichtsbehörden 258
EG 117 - Errichtung von Aufsichtsbehörden 259
EG 118 - Überprüfung Aufsichtsbehörden 259
EG 119 - Mehrere Aufsichtsbehörden in einem Mitgliedsstaat 259
EG 120 - Ausstattung der Aufsichtsbehörden 259
EG 121 - Anforderungen an die Aufsichtsbehörden 260
EG 122 - Aufsichtsbehörde, Befugnisse 260
EG 123 - Aufsichtsbehörde, Zusammenarbeit mit der Kommission
.... 261
EG 124 - Federführende Aufsichtsbehörde............................. 261
EG 125 - Beschlüsse der federführenden Aufsichtsbehörde 262
EG 126 – Gemeinsame Beschlüsse der federführenden
Aufsichtsbehörde und den betroffenen Aufsichtsbehörden 262
EG 127 - Sonderzuständigkeiten einer Aufsichtsbehörde......... 263
EG 128 - Federführende Behörden, Ausnahmen 264
EG 129 - Aufsichtsbehörden, Aufgaben und Befugnisse........... 264
EG 130 - Aufsichtsbehörde, Zusammenarbeit mit federführender
Aufsichtsbehörde 265
EG 131 - Aufsichtsbehörde, Einigung mit einem Verantwortlichen
.... 266
EG 132 - Aufsichtsbehörden, Sensibilisierungsmaßnahmen..... 266
EG 133 - Aufsichtsbehörden, gegenseitige Unterstützung 267
EG 134 - Aufsichtsbehörden, gegenseitige Unterstützung 267
EG 135 - Kohärenzverfahren... 267
EG 136 - Kohärenzverfahren, Stellungnahme des Ausschusses 268
EG 137 - Aufsichtsbehörde, einstweilige Maßnahmen............. 268
EG 138 - Anwendung Kohärenzverfahren............................... 268
EG 139 - Europäischer Datenschutzausschuss......................... 269
EG 140 - Europäischer Datenschutzausschuss, Sekretariat 269
EG 141 - Beschwerderecht einer betroffenen Person 270
EG 142 - Vertretung der Betroffenen durch Einrichtung,
Organisationen oder Verbände.. 270
EG 143 - Rechtsmittel, Rechtsbehelfe...................................... 271
EG 144 - Mehrfache Rechtshängigkeit..................................... 272
EG 145 - Gerichtsstand.. 273
EG 146 - Schadensersatz 273

EG 147 - Gerichtsbarkeit 274
EG 148 - Geldbußen 275
EG 149 - Sanktionen 275
EG 150 - Verhängung von Geldbußen durch Aufsichtsbehörde 276
EG 151 - Sonderregelungen für Dänemark und Estland 276
EG 152 - Regelungskompetenz der Mitgliedstaaten 277
EG 153 - Schutz der freien Meinungsäußerung und
Informationsfreiheit 277
EG 154 - Zugang zu amtlichen Dokumenten 278
EG 155 - Beschäftigtendaten 279
EG 156 - Archiv-, Forschungs-, Statistikzwecke 280
EG 157 - Register 281
EG 158 - Archivzwecke 281
EG 159 - Forschungszwecke 282
EG 160 - Forschungszwecke, Genealogie 283
EG 161 - Wissenschaftliche Forschung 283
EG 162 - Statistische Zwecke 283
EG 163 - Amtliche Statistiken 284
EG 164 - Berufsgeheimnisse 284
EG 165 - Kirchen, religiöse Vereinigungen 284
EG 166 - Delegierte Rechtsakte durch die Kommission 285
EG 167 - Delegierte Durchführungsbefugnisse der Kommission
.... 285
EG 168 - Standardvertragsklauseln 285
EG 169 - Sofort geltende Durchführungsrechtsakte 286
EG 170 - Subsidiaritäts- und Verhältnismäßigkeitsprinzip 286
EG 171 - Richtlinie 95/46/EG, Fortgeltung von Einwilligungen . 287
EG 172 - Stellungnahme des Europäischen
Datenschutzbeauftragten 287
EG 173 - Richtlinie 2002/58/EG 287

Prüfungsschema

Prüfungsschema

Bevor ein Pilot sein Flugzeug startet, nimmt er sich die Checkliste und geht die vermerkten Prüfungspunkt akribisch durch – auch wenn er dieses schon hundertmal gemacht hat und eigentlich genau weiß, was er als nächstes prüfen soll.
Wenn sich an der Technik oder den Prozessen seiner Maschine irgendetwas ändert, erhält er vom Hersteller eine aktualisierte Checkliste und nimmt künftig diese.

Den Flugkapitän ersetzt die Checkliste natürlich nicht. Der Pilot muss mit seiner ganzen Erfahrung und seinem immer wieder trainierten Können und dem immer wieder aktualisierten Wissen das Flugzeug sicher fliegen und landen.

Wie die Checkliste für den Piloten ist das Prüfungsschema gemeint. Es erleichtert die strukturierte Arbeit mit der DSGVO, dem BDSG und der ePrivacy VO. Es ersetzt aber nicht das eigene Beurteilen eines Sachverhaltes und das Mitdenken. Das dafür notwendige Wissen muss immer wieder aktualisiert werden und immer wieder trainiert werden, damit die Arbeit gelingt.

Um das Schema nicht zu überfrachten, sind nicht alle Themen der DSGVO bzw. des BDSG bzw. der ePrivacy VO (ePV) aufgenommen worden. Es fehlen bestimmte Bereiche bzw. Prüfpunkte (z.B. zur Bestellung eines Datenschutzbeauftragten, Maschine-Maschine-Kommunikation) oder wurden bewusst kurz gehalten (z.B. Prüfung der technischen und organisatorischen Maßnahmen).
Das Schema konzentriert sich auf die Verarbeitung personenbezogener Daten durch (Privat-)Unternehmen. Die Verarbeitung durch Behörden (inkl. Polizei und Justiz) fehlt daher vollständig.

Das Schema sollte also kritisch genutzt werden und nach eigenem Gutdünken ergänzt, verändert und verbessert werden.

Für eine effiziente Arbeit eignet es sich aber schon jetzt recht gut.

Aufbau

1. Anwendbarkeit
    1.1. Zeitlich
    1.2. Sachlich
    1.3. Räumlich
2. Voraussetzungen der Verarbeitung
    2.1. Allgemeine Voraussetzungen
        2.1.1. Zweck
        2.1.2. Rechtmäßigkeit
        2.1.3. Treu und Glauben
        2.1.4. Transparenz
        2.1.5. Datenaktualität
        2.1.6. Speicherdauer
        2.1.7. Schutz vor Verlust pp.
        2.1.8. Datenminimierung
        2.1.9. Auftragsverarbeitung
        2.1.10. Gemeinsam Verantwortliche
    2.2. Weitere Voraussetzungen
        2.2.1. Datenschutzfolgeabschätzung
        2.2.2. Informationspflichten
        2.2.3. Löschpflichten
        2.2.4. Mitbestimmung Betriebsrat/Personalrat
3. Ergebnis der Prüfung

Prüfungsschema

1.	Anwendbarkeit der DSGVO/BDSG/ePV auf den zu beurteilenden Sachverhalt anwendbar?
1.1.	**Zeitliche Anwendbarkeit**

1.1.1.	Ist die **DSGVO** zeitlich anwendbar?
1.1.1.1	EG 171 DSGVO: Verarbeitungen, die vor dem 25.05.2018 bereits begonnen wurden, müssen innerhalb von zwei Jahren nach Inkrafttreten der DSGVO (also bis zum 25.05.2018) mit der DSGVO in Einklang gebracht werden, sonst drohen ggf. Bußgelder usw.
1.1.1.2	EG 171 DSGVO: Verarbeitungen, die auf Einwilligungen beruhen (Art. 6 Abs. 1 lit. a DSGVO), die vor dem 25.05.2018 erteilt wurden, können fortgeführt werden, wenn die (alte) Einwilligung nach der Richtlinie 95/46/EG bzw. dem BDSG 2003 wirksam erteilt wurde und auch der DSGVO entspricht
1.1.2.	Zeitliche Anwendbarkeit **BDSG?**
1.1.3.	Zeitliche Anwendbarkeit **ePrivacy VO**

1.2	**Sachlicher Anwendungsbereich**
1.2.1	Ist die **DSGVO** sachlich anwendbar (Art. 2 Abs. 1 DSGVO)?
1.2.1.1.	Sind **personenbezogene Daten** i.S.d. Art. 4 Nr. 1 DSGVO betroffen?

- Bezieht sich die Information auf eine natürliche Person?
- Kann mit der Information eine Person identifiziert (ggf. mit weiteren Informationen oder mit Hilfe von Dritten) werden?
- Betrifft die Information besondere Kategorien personenbezogener Daten i.S.d. Art 9 Abs. 1 DSGVO?

- Sind die Informationen in einem Dateisystem i.S.d. Art. 4 Nr. 6 DSGVO gespeichert oder soll dieses erfolgen (Art. 2 Abs. 1 DSGVO)?

1.2.1.2. Erfolgt eine **Verarbeitung** i.S.d. Art. 4 Nr. 2 DSGVO?

1.2.1.3. Liegt eine **Ausnahme** vor, so dass die DSGVO nicht anwendbar ist?

- wenn für die Verarbeitung das Unionrecht nicht anwendbar ist (z.B. Verteidigung, Geheimdienst usw.) (Art. 2 Abs. 2 lit. a DSGVO, vergl. §§ 85 ff. BDSG);
- wenn die Daten von Behörden zum Zwecke der Verhütung, Ermittlung, Aufdeckung oder Verfolgung von Straftaten usw. verarbeitet werden (Art. 2 Abs. 2 lit. b und d DSGVO, vergl. §§ 45 ff. BDSG);
- wenn die Verarbeitung zur Ausübung ausschließlich persönlicher oder familiärer Tätigkeiten erfolgt (Art. 2 Abs. 2 lit. c DSGVO);
- wenn die Verarbeitung durch Organe, Einrichtungen, Ämter oder Agenturen der Union erfolgt, ist nicht die DSGVO, sondern die die VO (EG) 45/2001 anwendbar (Art. 2 Abs. 3 DSGVO)

1.2.2. Ist das **BDSG** sachlich anwendbar?

1.2.2.1. § 1 Abs. 1 Satz 1 BDSG für öffentliche Stellen pp

1.2.2.2. § 1 Abs. 1 Satz 2 für nichtöffentliche Stellen

1.2.2.3. Achtung!
Nach § 1 Abs. 2 BDSG ist das BDSG subsidiär, d.h. andere Rechtsvorschriften über den Datenschutz gehen vor

1.2.3.	Ist die ePV sachlich anwendbar?
1.2.3.1.	Erfolgt eine Verarbeitung elektronischer Kommunikationsdaten i.S.d. Art. 4 Abs. 3 lit. a ePV (Art. 2 Abs. 1 ePV)
1.2.3.2.	Ausnahme nach Art. 2 lit. a-d ePV?
1.3.	**Ist der räumliche Anwendungsbereich betroffen?**
1.3.1.	Räumlicher Anwendungsbereich der **DSGVO** (Art. 3 DSGVO)

Die DSGVO ist anwendbar, wenn die Verarbeitung

- für oder durch eine Niederlassung des Verantwortlichen in der EU erfolgt, oder
- wenn sich die Niederlassung des Verantwortlichen nicht in der EU befindet, aber durch den Verantwortlichen
- Waren/Dienstleistungen an Personen in der EU angeboten werden, oder
- das Verhalten von Personen in der EU durch den Verantwortlichen beobachtet wird

1.3.2.	Räumlicher Anwendungsbereich des **BDSG** betroffen?
1.3.3.	Räumlicher Anwendungsbereich der **ePV** betroffen, Art. 3 Abs. 1 ePV?
1 ZE	**(Zwischen-)Ergebnis zur Anwendbarkeit DSGVO/BDSG/ePV**
1 ZE1	Wenn die DSGVO/BDSG/ePV auf den zu beurteilenden Sachverhalt **anwendbar** ist, sind ggf. zusätzlich nationale oder unionsrechtliche Sondernormen zu berücksichtigen (z.B. SGB usw.)
1 ZE2	Wenn DSGVO/BDSG/ePV ganz oder teilweise **nicht anwendbar** ist oder keine Regelungen trifft (ggf. „Öffnungsklauseln"), ist ggf. prüfen, ob andere unionsrechtliche oder

nationale Sondernormen bzw. das BDSG anwendbar sind (Hinweis: bei privaten Unternehmen sind die §§ 45 ff. BDSG i.d.R. nicht anwendbar!).

2.	**Voraussetzungen der Verarbeitung**
2.1.	Sind die **allgemeinen Voraussetzungen** für die Rechtmäßigkeit der Verarbeitung berücksichtigt worden?

2.1.1.   Ist der **Zweck** bzw. sind die Zwecke der Verarbeitung konkret festgelegt, eindeutig und legitim (Art. 5 Abs. 1 lit. b DSGVO)?

2.1.1.1.   Ist die Verarbeitung für den definierten Zweck erforderlich?

2.1.1.2.   Liegt eine Ausnahme der Zweckbindung vor und ist eine Zweckänderung möglich?

- im öffentlichen Interesse liegende Archivzwecke, für wissenschaftliche oder historische Zwecke oder für statistische Zwecke nach Art. 89 DSGVO (Art. 5 Abs. 1 lit. b DSGVO), oder
- andere - nicht abschließend in Art. 6 Abs. 4 DSGVO aufgeführte - Zwecke nach umfangreicher Abwägung nach Art. 6 Abs. 4 lit. a-e DSGVO)
- die Geltendmachung, Ausübung oder Verteidigung von Rechtsansprüchen des Verantwortlichen (Art. 9 Abs. 2 lit. f DSGVO, Art. 21 Abs. 1 Satz 2 DSGVO)
- Wenn eine Zweckänderung nach Art 6 Abs. 4 DSGVO nicht vorliegt: Ist der Zweck der Weiterverarbeitung mit dem ursprünglichen Zweck kompatibel (Art. 6 Abs. 4 lit a-e DSGVO)

2.1.2.   Erfolgt die Verarbeitung auf **rechtmäßige Weise** (Art. 5 Abs. 1 lit. a DSGVO)?

◆   **Einwilligung**

2.1.2.1. Erfolgt die Verarbeitung auf Grundlage einer wirksamen Einwilligung (Art. 6 Abs. 1 lit. a DSGVO)?

2.1.2.1.1. Wurde der Betroffene vorher über die Verarbeitung und den Zweck der Verarbeitung in verständlicher Form und einfacher Sprache **informiert** (Art. 4 Nr. 11, Art. 7 Abs. 2 DSGVO, Art. 13 Abs. 1 lit. c DSGVO, Art. 14 Abs. 1 lit. c DSGVO)?

- Hat der Arbeitgeber die betroffene Person über den Zweck der Verarbeitung in Textform informiert (§ 26 Abs. 2 Satz 4 BDSG)?
- Hat der Arbeitgeber die betroffene Person über das Widerrufsrecht nach Art. 7 Abs. 3 DSGVO in Textform informiert (§ 26 Abs. 2 Satz 4 BDSG)?

2.1.2.1.2. Ist die Einwilligung für den konkreten Zweck erteilt worden (Art. 6 Abs. 1 lit. a DSGVO) und erfolgt die Verarbeitung auch nur für diesen von der Einwilligung erfassten Zweck (Art. 5 Abs. 1 lit. b DSGVO) und ist berücksichtigt, dass eine Zweckänderung bei einer Verarbeitung auf Grund einer Einwilligung nicht zulässig ist?

2.1.2.1.3. Wurde die Einwilligung **freiwillig** erteilt?

- Werden/wurden für die Erteilung der Einwilligung Vorteile versprochen?
- Treten bei Verweigerung der Erteilung der Einwilligung Nachteile für die betroffene Person ein?
- Wurde bei der Beurteilung der Freiwilligkeit die im Arbeitsverhältnis bestehende Abhängigkeit berücksichtigt (§ 26 Abs. 2 Satz 1 BDSG)?
- Wurde die Einwilligung **im Beschäftigungsverhältnis** erteilt?

    Achtung!
    Wenn die Einwilligung für Zwecke

des Beschäftigungsverhältnisses (Begründung, Durchführung oder Beendigung) erteilt, ist grundsätzlich die Schriftform erforderlich (§ 26 Abs. 2 Satz 3 BDSG) sofern nicht wegen besonderer Umstände eine andere Form angemessen ist.

- Wurde die Einwilligung im **Zusammenhang mit der Verarbeitung von Kommunikation/-s, -daten, -metadaten** erteilt?

  Achtung:
  Weitere Bestimmungen zur Einwilligung in der ePB (Art. 6 Abs. 2 lit. c, Abs. 3, Art. 9 i.V.m. Art. 4 Nr. 11, 7 DSGVO ePV)

2.1.2.1.4 Kann in der Einwilligungserklärung ohne Zweifel das Einverständnis des Betroffenen mit der konkreten Verarbeitung gesehen werden (Art. 4 Nr. 11 DSGVO)?

2.1.2.1.5. Erfolgt die konkrete **Verarbeitung der personenbezogenen Daten zu anderen Zwecken**, ohne dass eine Zweckänderung möglich ist/war, als von der Einwilligung umfasst? Wenn ja, ist die Verarbeitung rechtswidrig (Art. 6 Abs. 4 Satz 1 DSGVO), da die Einwilligung nur für einen oder mehrere bestimmte Zwecke erteilt wurde.

2.1.2.1.6. Ist für den Betroffenen der **Widerruf** der Einwilligung jederzeit und genauso einfach wie die Erteilung der Einwilligung möglich (Art. 7 Abs. 3 Satz 4 DSGVO)?

2.1.2.1.7. Sind die besonderen Anforderungen an eine Einwilligung in die Verarbeitung von **sensiblen Daten** (Art. 9 Abs. 1, Abs. 2 lit. a DSGVO, § 26 Abs. 3 BDSG) eingehalten?

2.1.2.1.8. Sind die besonderen Anforderungen an eine Einwilligungserteilung von **Kindern** berücksichtigt (Art. 8 DSGVO, EG 38 DSGVO)?

2.1.2.1.9. Kann die Erteilung der Einwilligung von dem Verantwortlichen **nachgewiesen** werden (Art. 7 Abs. 1, Art. 5 Abs. 2 DSGVO)?

◆ **Vertrag**

2.1.2.2. Erfolgt die Verarbeitung zur **Erfüllung eines Vertrages** zwischen dem Verantwortlichen und der betroffenen Person (Art. 6 Abs. 1 lit. b DSGVO)?

2.1.2.2.1 Ist oder wird der Betroffene Vertragspartei des Verantwortlichen?

2.1.2.2.2. Ist der Vertrag nicht nichtig, z.B. wegen
- Verstoß gegen gesetzliches Verbot, § 134 BGB
- Verstoß gegen Formvorschriften, § 125 BGB
- Sonstige Vorschriften?

2.1.2.3. Ist die Verarbeitung zur Durchführung des Vertrages oder für vorvertragliche Maßnahmen, die von dem Betroffenen angefragt werden/wurden, erforderlich?

2.1.2.4. Erfolgt die Verarbeitung elektronischer Kommunikations(meta)daten gem. Art. 6 ePV?

- Durchführung oder Übermittlung der Kommunikationsdaten
- Aufrechterhaltung oder Sicherstellung der Sicherheit
- Erkennung von Sicherheitslücken, technischen Defekten oder Fehlern,
- Einhaltung verbindlicher Dienstqualitätsanforderungen
- Rechnungserstellung
- Erkennung oder Beendigung missbräuchlicher oder betrügerischer Nutzungen
- usw.

◆ **Erfüllung einer rechtlichen Verpflichtung**

2.1.2.3 Art. 6 Abs. 1 lit. c DSGVO: Erfolgt die

Verarbeitung zur Erfüllung einer rechtlichen Verpflichtung im öffentlichen Interesse (Art. 6 Abs. 3 Satz 4 DSGVO), die sich für den Verantwortlichen aus nationalem Recht oder Unionsrecht ergibt (Art. 6 Abs. 3 Satz 1 lit. a, b DSGVO)?

◆ **Lebenswichtige Interessen**

2.1.2.4. Art. 6 Abs. 1 lit. d DSGVO: Ist die Verarbeitung erforderlich um lebenswichtige Interessen zu schützen (z.B. Verarbeitung personenbezogener Daten durch einen Notarzt)?

◆ **Öffentliches Interesse/öffentliche Gewalt**

2.1.2.5. Art. 6 Abs. 1 lit. e DSGVO: Erfolgt die Verarbeitung im öffentlichen Interesse oder in Ausübung öffentlicher Gewalt?

2.1.2.5.1. Ist der Betroffene auf das besondere Widerspruchsrecht nach Art. 21 Abs. 1 Satz 1 DSGVO hingewiesen worden (Art. 21 Abs. 4 DSGVO)?

2.1.2.5.2. Ist die Rechtgrundlage nach Art. 6 Abs. 3 Satz 1 DSGVO in nationalem oder Unionsrecht festgelegt?

◆ **Berechtigtes Interesse**

2.1.2.6. Art. 6 Abs. 1 lit. f DSGVO: Ist die Verarbeitung zur Wahrung der berechtigten Interessen des Verantwortlichen erforderlich und ist führt die Interessenabwägung zu dem Ergebnis, dass die Interessen des Verantwortlichen überwiegen?

2.1.2.6.1. Wurde der Betroffene über die berechtigten Interessen, die von dem Verantwortlichen verfolgt werden, informiert (Art. 13 Abs. 1 lit. d, Art. 14 Abs. 2 lit. b DSGVO)?

2.1.2.6.2. Ist eine Interessenabwägung erfolgt?
Sind bei der Interessenabwägung die Grundrechte und Grundfreiheiten der betroffenen Person, insbesondere aus Art. 7 und 8 Grundrechtscharta berücksichtigt?

Art. 7: Achtung Privat- und Familienleben, Wohnung und Kommunikation
Art. 8: Schutz der personenbezogenen Daten, Verarbeitung nur nach Treu und Glauben für festgelegte Zwecke auf legitimer Grundlage

2.1.2.6.3. Ist die Abwägung dokumentiert (Art. 5 Abs. 2 DSGVO)?

2.1.2.6.4. Ist der Betroffene auf das besondere Widerspruchsrecht nach Art. 21 Abs. 1 Satz 1 DSGVO hingewiesen worden (Art. 21 Abs. 4 DSGVO)?

◆ **Betriebsvereinbarung**

2.1.2.7. Erfolgt die Verarbeitung zur Ausübung oder Erfüllung der sich aus einer (freiwilligen) Betriebsvereinbarung ergebenden Rechte und Pflichten des Betriebsrates (§ 26 Abs. 1 Satz 1 und Abs. 4 BDSG, § 88 BetrVG)?

2.1.2.7.1. Hat das zuständige Gremium gehandelt?
- Betriebsrat
- Gesamtbetriebsrat
- Konzernbetriebsrat

2.1.2.7.2. Ist der Grundsatz der Zuständigkeitstrennung bei den Regelungsgegenständen beachtet worden?

2.1.3. Erfolgt die Verarbeitung nach Treu und Glauben (Art. 5 Abs. 1 lit. a DSGVO)?

2.1.3.1. Erfolgt keine Erhebung durch verborgene Technik (heimliche Videoüberwachung, Spyware usw.)?

2.1.3.2. Werden die Daten nur zu dem Zweck verarbeitet für die sie erhoben wurden (z.B. Verwendung von Videomaterial, dass zu Abwehr und Aufklärung von Straftaten aufgezeichnet wurde, wird zur Leistungskontrolle verwendet)?

2.1.4. Erfolgt die Verarbeitung für den Betroffenen in transparenter Art und Weise (Art. 5 Abs. 1

	lit. a DSGVO)?
2.1.5.	Sind die verarbeiteten Daten richtig und auf dem neusten Stand (Art. 5 Abs. 1 lit. d. DSGVO)?
2.1.6.	Werden die Daten nur so lange gespeichert, wie dieses erforderlich ist (Art. 5 Abs. 1 lit. e DSGVO, Art. 6 ePV „für die erforderlicher Dauer")?
2.1.7.	Werden die Daten so verarbeitet, dass sie vor unbefugter oder unrechtmäßiger Verarbeitung oder vor Verlust oder Zerstörung geschützt werden (Art. 5 Abs. 1 lit. f DSGVO)?
2.1.7.1	Sind die erforderlichen technischen Maßnahmen vorhanden (Art. 32 DSGVO, vergl. auch § 64 BDSG1, Art. 12 ff. ePV)?
2.1.7.2.	Sind die erforderlichen organisatorischen Maßnahmen vorhanden (Art. 32 DSGVO, vergl. auch § 64 BDSG2)? Erfolgt die Verarbeitung nach einem dokumentierten und nachvollziehbaren Rollen- und Berechtigungskonzept? Sind die Personen, welche mit der Verarbeitung betraut sind, auf das Datengeheimnis verpflichtet (vergl. auch § 53 BDSG3)?

---

[1] § 64 BDSG ist nach § 45 S. 1 BDSG nur für die Verarbeitung personenbezogener Daten durch die für die Verhütung, Ermittlung, Aufdeckung, Verfolgung oder Ahndung von Straftaten oder Ordnungswidrigkeiten zuständigen **öffentlichen Stellen** und deren (ggf. nicht-öffentlichen) Auftragsverarbeiter (§ 45 S. 5 BDSG) anwendbar. Auf § 64 BDSG wird hier lediglich als Orientierungshilfe referenziert.

[2] Vergl. FN 1

[3] § 53 BDSG ist nach § 45 S. 1 BDSG nur für die Verarbeitung personenbezogener Daten durch die für die Verhütung, Ermittlung, Aufdeckung, Verfolgung oder Ahndung von Straftaten oder Ordnungswidrigkeiten zuständigen **öffentlichen Stellen** und deren (ggf. nicht-öffentlichen) Auftragsverarbeiter (§ 45 S. 5 BDSG) anwendbar. Auf § 53 BDSG wird hier lediglich als Orientierungshilfe referenziert.

	Erfolgt eine ausreichende Dokumentation durch den Verantwortlichen (Art. 5 Abs. 2 DSGVO)?
2.1.8.	Werden nur die für die Zweckerreichung erforderlichen Daten verarbeitet (Datenminimierung, Art. 5 Abs. 1 lit c DSGO)
2.1.9.	Erfolgt die **Verarbeitung der personenbezogenen Beschäftigtendaten auf Weisung** des Verantwortlichen durch Dritte (sog. Auftragsverarbeitung Art. 28 DSGVO)?
2.1.9.1.	Erfolgt die Verarbeitung nur mit geeigneten Auftragsverarbeitern (Art. 28 Abs. 1 DSGVO)?
2.1.9.2.	Werden weitere (Sub-)Auftragsverarbeiter nur mit Genehmigung in Anspruch genommen?
2.1.9.3.	Ist ein Vertrag (oder ein anderes Rechtsinstrument) zwischen dem Verantwortlichen und dem Auftragsverarbeiter vereinbart?
2.1.9.4.	Enthält diese Vereinbarung die notwendigen Bestandteile des Art. 28 Abs. Abs. 3 lit. a – h DSGVO?
2.1.9.5.	Hat der Betriebsrat die Möglichkeit, Einblick in den Auftragsverarbeitungsvertrag zu nehmen (§ 80 Abs. 1 Nr. 1, Abs. 2 BetrVG)?
2.1.9.6.	Hat der Betriebsrat die Möglichkeit, selbst die Geeignetheit des Auftragsverarbeiters zu prüfen (§ 80 Abs. 1 Nr. 1 BetrVG)?
2.1.10.	Erfolgt die **Verarbeitung personenbezogener Beschäftigtendaten gemeinsam mit Dritten** (Art. 26 DSGVO)?
2.1.10.1.	Legen zwei oder mehr Verantwortliche gemeinsam die Zwecke der Verarbeitung und die dafür notwendigen Mittel fest?
2.1.10.2.	Ist eine Vereinbarung nach Art. 26 Abs. 1 Satz

	2 DSGVO abgeschlossen worden und genügt diese Vereinbarung den Anforderungen des Art. 26 Abs. 1 Satz 2, Abs. 2 Satz 1 DSGVO?
2.1.10.3.	Werden die wesentlichen Teile der Vereinbarung den betroffenen Personen und dem Betriebsrat zur Verfügung gestellt (Art. 26 Abs. 2 Satz 2 DSGVO)?
2.1 ZE	**(Zwischen-)Ergebnis zu den allgemeinen Voraussetzungen der Verarbeitung:**
	Sind die allgemeinen Voraussetzungen nicht erfüllt/eingehalten, ist eine Verarbeitung ggf. rechtswidrig. Eine Verarbeitung kann mit Bußgeld und weiteren staatlichen Strafen/Sanktionen belegt sein oder zu Schadensersatzansprüchen Dritter führen.
	Sind die allgemeinen Voraussetzungen erfüllt bzw. eingehalten, sind die weiteren (besonderen) Voraussetzungen zu prüfen.
2.2.	**Sind die weiteren Voraussetzungen für die konkrete Verarbeitung eingehalten?**
2.2.1.	Ist eine Datenschutzfolgenschätzung erforderlich (Art.35 DSGVO)?
2.2.1.1.	Wurde eine neues Verfahren zur Verarbeitung personenbezogener Daten implementiert oder ein bestehendes Verfahren wesentlich geändert?
2.2.1.2.	Erfolgt durch die Verarbeitung eine systematische und umfassende Bewertung persönlicher Aspekte natürlicher Personen um damit eine Grundlage für eine Entscheidung zu erhalten (Art. 35 Abs. 3 lit a DSGVO)?
2.2.1.3.	Werden umfangreich sensible Daten im Sinne von Art. 9 Abs. 1 DSGVO verarbeitet (Art. 35 Abs. 3 lit. b DSGVO)?
2.2.1.4.	Werden umfangreich personenbezogene Daten über strafrechtliche Verurteilungen oder Straftaten gem. Art. 10 DSGVO verarbeitet (Art. 35 Abs. 3 lit. b DSGVO)?

2.2.1.5. Ist die Verarbeitung auf einer Whitelist der Aufsichtsbehörden genannt und ist deshalb keine Datenschutzfolgenabschätzung erforderlich (Art. 35 Abs. 5 DSGVO)?

2.2.1.6. Ist die Verarbeitung auf einer Blacklist der Aufsichtsbehörden genannt und ist deshalb eine Datenschutzfolgenabschätzung erforderlich (Art. 35 Abs. 4 DSGVO)?

2.2.1.7. Hat die Verarbeitung voraussichtlich ein hohes Risiko für die Rechte und Freiheiten der Betroffenen zur Folge (EG 75 DSGVO)?

2.2.1.8. Können hohe physische, materielle oder immaterielle Schäden eintreten?

2.2.1.9. Kann die Verarbeitung führen zu
- einer Diskriminierung
- einem Identitätsdiebstahl oder -betrug
- einem finanziellen Verlust
- einer Rufschädigung
- einem Verlust der Vertraulichkeit von Daten, die einem Berufsgeheimnis (vergl. § § 203 StGB) unterliegen?
- Arzt, Zahnarzt usw.
- Rechtsanwalt
- Steuerberater
- Kranken-, Unfall- oder Lebensversicherung
- u.a.

2.2.1.10. Wurde die erforderliche Datenschutzfolgenabschätzung vor der erstmaligen Verarbeitung durchgeführt?

2.2.1.11. Wurde sichergestellt, dass die erkannten Risiken bewältigt werden (Art. 35 Abs. 7 lit. d DSGVO)?

2.2.1.12. Wurden der Betriebsrat, die Schwerbehindertenvertretung usw. einbezogen (Art. 35 Abs. 9 DSGVO)?

2.2.2. Sind die allgemeinen Informationen nach Art.

13, 14 DSGVO erfolgt?

2.2.2.1. Ist die Information bei der Erhebung der personenbezogenen Daten entsprechend dem Katalog des Art. 13 DSGVO erfolgt?

2.2.2.2. Ist die Information bei der Erhebung der personenbezogenen Daten entsprechend dem Katalog des Art. 14 DSGVO innerhalb angemessener Frist längstens jedoch innerhalb eines Monats nach Erlangung der Daten bzw. bei erstmaliger Kommunikation

2.2.3. Erfolgt eine Datenlöschung (Art. 17 DSGVO) oder Einschränkung der Verarbeitung (Art. 18 DSGVO) zum richtigen Zeitpunkt bzw. nach Ablauf des richtigen Zeitraumes?

2.2.4. Unterliegt die personenbezogene Verarbeitung der Beschäftigtendaten der Mitbestimmung des Betriebsrates und wurde dieser beteiligt?

2.2.4.1. Nach § 87 Abs. 1 Nr. 1 BetrVG (Ordnung und Verhalten)

2.2.4.2. Nach § 87 Abs. 1 Nr. 6 BetrVG (Verhaltens- oder Leistungskontrolle durch Technik)

2.2.4.3. Nach § 94 BetrVG bei Personalfragebögen?

2.2.4.4. Nach anderen Regelungen des BetrVG?

2.2.4.5. Ist die Mitwirkung des Betriebsrates in einer anderen Betriebsvereinbarung mit dem Arbeitgeber vereinbart (z.B. in einer Rahmenbetriebsvereinbarung)?

2.2. ZE (Zwischen-)Ergebnis zu den weiteren (besonderen) Voraussetzungen der Verarbeitung

Sind die weiteren (besonderen) Voraussetzungen nicht erfüllt/eingehalten, ist eine Verarbeitung ggf. rechtswidrig. Eine Verarbeitung kann mit Bußgeld und weiteren staatlichen Strafen/Sanktionen belegt sein oder zu Schadensersatzansprüchen Dritter führen.

	Sind die allgemeinen Voraussetzungen erfüllt/eingehalten, sind die weiteren (besonderen) Voraussetzungen zu prüfen.
	Ggf. ist die vorgenommene Verarbeitung ohne rechtliche Wirkungen bzw. kann nicht als Beweismittel verwendet werden (z.B. Ergebnisse einer heimlichen Videoüberwachung)
	Usw.
3	**Ergebnis der Prüfung? Verarbeitung rechtmäßig?**

Notizen

DSGVO

VERORDNUNG (EU) 2016/679

DES EUROPÄISCHEN PARLAMENTS UND DES RATES

(Datenschutzgrundverordnung – DSGVO)

vom 27. April 2016

zum Schutz natürlicher Personen bei der Verarbeitung personenbezogener Daten, zum freien Datenverkehr und zur Aufhebung der Richtlinie 95/46/EG (Datenschutz-Grundverordnung)

in der Version des
ABl. L 119, 04.05.2016;
ber. ABl. L 127, 23.05.2018

KAPITEL I Allgemeine Bestimmungen

Artikel 1 Gegenstand und Ziele

(1) Diese Verordnung enthält Vorschriften zum Schutz natürlicher Personen bei der Verarbeitung personenbezogener Daten und zum freien Verkehr solcher Daten.

(2) Diese Verordnung schützt die Grundrechte und Grundfreiheiten natürlicher Personen und insbesondere deren Recht auf Schutz personenbezogener Daten.

(3) Der freie Verkehr personenbezogener Daten in der Union darf aus Gründen des Schutzes natürlicher Personen bei der Verarbeitung personenbezogener Daten weder eingeschränkt noch verboten werden.

Korrespondierende Erwägungsgründe:
1, 2, 3, 4, 5, 6, 7, 8, 9, 10, 11, 12, 13

Artikel 2 Sachlicher Anwendungsbereich

(1) Diese Verordnung gilt für die ganz oder teilweise automatisierte Verarbeitung personenbezogener Daten sowie für die nichtautomatisierte Verarbeitung personenbezogener Daten, die in einem Dateisystem gespeichert sind oder gespeichert werden sollen.

(2) Diese Verordnung findet keine Anwendung auf die Verarbeitung personenbezogener Daten
   a) im Rahmen einer Tätigkeit, die nicht in den Anwendungsbereich des Unionsrechts fällt,
   b) durch die Mitgliedstaaten im Rahmen von Tätigkeiten, die in den Anwendungsbereich von Titel V Kapitel 2 EUV fallen,
   c) durch natürliche Personen zur Ausübung ausschließlich persönlicher oder familiärer Tätigkeiten,
   d) durch die zuständigen Behörden zum Zwecke der Verhütung, Ermittlung, Aufdeckung oder Verfolgung von Straftaten oder der Strafvollstreckung, einschließlich des Schutzes vor und der Abwehr von Gefahren für die öffentliche Sicherheit.

(3) Für die Verarbeitung personenbezogener Daten durch die Organe, Einrichtungen, Ämter und Agenturen der Union gilt die Verordnung (EG) Nr. 45/2001*. Die Verordnung (EG) Nr. 45/2001 und sonstige Rechtsakte der Union, die diese Verarbeitung personenbezogener Daten regeln, werden im Einklang mit Artikel 98 an die Grundsätze und Vorschriften der vorliegenden Verordnung angepasst.

(4) Die vorliegende Verordnung lässt die Anwendung der Richtlinie 2000/31/EG** und speziell die Vorschriften der Artikel 12 bis 15 dieser Richtlinie zur Verantwortlichkeit der Vermittler unberührt.

---

* Verordnung (EG) Nr. 45/2001 des Europäischen Parlaments und des Rates vom 18. Dezember 2000 zum Schutz natürlicher Personen bei der Verarbeitung personenbezogener Daten durch die Organe und Einrichtungen der Gemeinschaft und zum freien Datenverkehr (ABl. Nr. L 008 vom 12/01/2001 S. 1 – 22)

** Richtlinie 2000/31/EG des Europäischen Parlaments und des Rates vom 8. Juni 2000 über bestimmte rechtliche Aspekte der Dienste der Informationsgesellschaft, insbesondere des elektronischen Geschäftsverkehrs, im Binnenmarkt ("Richtlinie über den elektronischen Geschäftsverkehr") (ABl. Nr. L 178 vom 17/07/2000 S. 1 – 16)

Korrespondierende Erwägungsgründe:
13, 14, 15, 16, 17, 18, 19, 20, 21, 27

Artikel 3 Räumlicher Anwendungsbereich

(1) Diese Verordnung findet Anwendung auf die Verarbeitung personenbezogener Daten, soweit diese im Rahmen der Tätigkeiten einer Niederlassung eines Verantwortlichen oder eines Auftragsverarbeiters in der Union erfolgt, unabhängig davon, ob die Verarbeitung in der Union stattfindet.

(2) Diese Verordnung findet Anwendung auf die Verarbeitung personenbezogener Daten von betroffenen Personen, die sich in der Union befinden, durch einen nicht in der Union niedergelassenen Verantwortlichen oder Auftragsverarbeiter, wenn die Datenverarbeitung im Zusammenhang damit steht

  a) betroffenen Personen in der Union Waren oder Dienstleistungen anzubieten, unabhängig davon, ob von diesen betroffenen Personen eine Zahlung zu leisten ist;

  b) das Verhalten betroffener Personen zu beobachten, soweit ihr Verhalten in der Union erfolgt.

(3) Diese Verordnung findet Anwendung auf die Verarbeitung personenbezogener Daten durch einen nicht in der Union niedergelassenen Verantwortlichen an einem Ort, der aufgrund Völkerrechts dem Recht eines Mitgliedstaats unterliegt.

Korrespondierende Erwägungsgründe:
22, 23, 24, 25

Artikel 4 Begriffsbestimmungen

Im Sinne dieser Verordnung bezeichnet der Ausdruck:

  1. „personenbezogene Daten" alle Informationen, die sich auf eine identifizierte oder identifizierbare natürliche Person (im Folgenden „betroffene Person") beziehen; als identifizierbar wird eine natürliche Person angesehen, die direkt oder indirekt, insbesondere mittels Zuordnung zu einer Kennung wie einem Namen, zu einer Kennnummer, zu Standortdaten, zu einer Online-Kennung oder zu einem oder mehreren besonderen Merkmalen, die Ausdruck der physischen, physiologischen, genetischen, psychischen, wirtschaftlichen, kulturellen

oder sozialen Identität dieser natürlichen Person sind, identifiziert werden kann;
2. „Verarbeitung" jeden mit oder ohne Hilfe automatisierter Verfahren ausgeführten Vorgang oder jede solche Vorgangsreihe ?im Zusammenhang mit personenbezogenen Daten wie das Erheben, das Erfassen, die Organisation, das Ordnen, die Speicherung, die Anpassung oder Veränderung, das Auslesen, das Abfragen, die Verwendung, die Offenlegung durch Übermittlung, Verbreitung oder eine andere Form der Bereitstellung, den Abgleich oder die Verknüpfung, die Einschränkung, das Löschen oder die Vernichtung;
3. „Einschränkung der Verarbeitung„ die Markierung gespeicherter personenbezogener Daten mit dem Ziel, ihre künftige Verarbeitung einzuschränken;
4. „Profiling" jede Art der automatisierten Verarbeitung personenbezogener Daten, die darin besteht, dass diese personenbezogenen Daten verwendet werden, um bestimmte persönliche Aspekte, die sich auf eine natürliche Person beziehen, zu bewerten, insbesondere um Aspekte bezüglich Arbeitsleistung, wirtschaftliche Lage, Gesundheit, persönliche Vorlieben, Interessen, Zuverlässigkeit, Verhalten, Aufenthaltsort oder Ortswechsel dieser natürlichen Person zu analysieren oder vorherzusagen;
5. „Pseudonymisierung" die Verarbeitung personenbezogener Daten in einer Weise, dass die personenbezogenen Daten ohne Hinzuziehung zusätzlicher Informationen nicht mehr einer spezifischen betroffenen Person zugeordnet werden können, sofern diese zusätzlichen Informationen gesondert aufbewahrt werden und technischen und organisatorischen Maßnahmen unterliegen, die gewährleisten, dass die personenbezogenen Daten nicht einer identifizierten oder identifizierbaren natürlichen Person zugewiesen werden;
6. „Dateisystem" jede strukturierte Sammlung personenbezogener Daten, die nach bestimmten Kriterien zugänglich sind, unabhängig davon, ob diese Sammlung zentral, dezentral oder nach funktionalen oder geografischen Gesichtspunkten geordnet geführt wird;
7. „Verantwortlicher" die natürliche oder juristische Person, Behörde, Einrichtung oder andere Stelle, die allein oder gemeinsam mit anderen über die Zwecke und Mittel der Verarbeitung von personenbezogenen Daten entscheidet; sind die Zwecke und Mittel dieser

Verarbeitung durch das Unionsrecht oder das Recht der Mitgliedstaaten vorgegeben, so kann der Verantwortliche beziehungsweise können die bestimmten Kriterien seiner Benennung nach dem Unionsrecht oder dem Recht der Mitgliedstaaten vorgesehen werden;

8. „Auftragsverarbeiter" eine natürliche oder juristische Person, Behörde, Einrichtung oder andere Stelle, die personenbezogene Daten im Auftrag des Verantwortlichen verarbeitet;

9. [1]„Empfänger" eine natürliche oder juristische Person, Behörde, Einrichtung oder andere Stelle, der personenbezogene Daten offengelegt werden, unabhängig davon, ob es sich bei ihr um einen Dritten handelt oder nicht. [2]Behörden, die im Rahmen eines bestimmten Untersuchungsauftrags nach dem Unionsrecht oder dem Recht der Mitgliedstaaten möglicherweise personenbezogene Daten erhalten, gelten jedoch nicht als Empfänger; die Verarbeitung dieser Daten durch die genannten Behörden erfolgt im Einklang mit den geltenden Datenschutzvorschriften gemäß den Zwecken der Verarbeitung;

10. „Dritter" eine natürliche oder juristische Person, Behörde, Einrichtung oder andere Stelle, außer der betroffenen Person, dem Verantwortlichen, dem Auftragsverarbeiter und den Personen, die unter der unmittelbaren Verantwortung des Verantwortlichen oder des Auftragsverarbeiters befugt sind, die personenbezogenen Daten zu verarbeiten;

11. „Einwilligung" der betroffenen Person jede freiwillig für den bestimmten Fall, in informierter Weise und unmissverständlich abgegebene Willensbekundung in Form einer Erklärung oder einer sonstigen eindeutigen bestätigenden Handlung, mit der die betroffene Person zu verstehen gibt, dass sie mit der Verarbeitung der sie betreffenden personenbezogenen Daten einverstanden ist;

12. „Verletzung des Schutzes personenbezogener Daten„ eine Verletzung der Sicherheit, die, ob unbeabsichtigt oder unrechtmäßig, zur Vernichtung, zum Verlust, zur Veränderung, oder zur unbefugten Offenlegung von beziehungsweise zum unbefugten Zugang zu personenbezogenen Daten führt, die übermittelt, gespeichert oder auf sonstige Weise verarbeitet wurden;

13. „genetische Daten„ personenbezogene Daten zu den ererbten oder erworbenen genetischen Eigenschaften einer natürlichen Person, die eindeutige Informationen

über die Physiologie oder die Gesundheit dieser natürlichen Person liefern und insbesondere aus der Analyse einer biologischen Probe der betreffenden natürlichen Person gewonnen wurden;

14. „biometrische Daten,, mit speziellen technischen Verfahren gewonnene personenbezogene Daten zu den physischen, physiologischen oder verhaltenstypischen Merkmalen einer natürlichen Person, die die eindeutige Identifizierung dieser natürlichen Person ermöglichen oder bestätigen, wie Gesichtsbilder oder daktyloskopische Daten;

15. „Gesundheitsdaten,, personenbezogene Daten, die sich auf die körperliche oder geistige Gesundheit einer natürlichen Person, einschließlich der Erbringung von Gesundheitsdienstleistungen, beziehen und aus denen Informationen über deren Gesundheitszustand hervorgehen;

16. „Hauptniederlassung,,

    a) im Falle eines Verantwortlichen mit Niederlassungen in mehr als einem Mitgliedstaat den Ort seiner Hauptverwaltung in der Union, es sei denn, die Entscheidungen hinsichtlich der Zwecke und Mittel der Verarbeitung personenbezogener Daten werden in einer anderen Niederlassung des Verantwortlichen in der Union getroffen und diese Niederlassung ist befugt, diese Entscheidungen umsetzen zu lassen; in diesem Fall gilt die Niederlassung, die derartige Entscheidungen trifft, als Hauptniederlassung;

    b) im Falle eines Auftragsverarbeiters mit Niederlassungen in mehr als einem Mitgliedstaat den Ort seiner Hauptverwaltung in der Union oder, sofern der Auftragsverarbeiter keine Hauptverwaltung in der Union hat, die Niederlassung des Auftragsverarbeiters in der Union, in der die Verarbeitungstätigkeiten im Rahmen der Tätigkeiten einer Niederlassung eines Auftragsverarbeiters hauptsächlich stattfinden, soweit der Auftragsverarbeiter spezifischen Pflichten aus dieser Verordnung unterliegt;

17. „Vertreter,, eine in der Union niedergelassene natürliche oder juristische Person, die von dem Verantwortlichen

oder Auftragsverarbeiter schriftlich gemäß Artikel 27 bestellt wurde und den Verantwortlichen oder Auftragsverarbeiter in Bezug auf die ihnen jeweils nach dieser Verordnung obliegenden Pflichten vertritt;

18. „Unternehmen,, eine natürliche oder juristische Person die eine wirtschaftliche Tätigkeit ausübt, unabhängig von ihrer Rechtsform, einschließlich Personengesellschaften oder Vereinigungen, die regelmäßig einer wirtschaftlichen Tätigkeit nachgehen;

19. „Unternehmensgruppe,, eine Gruppe, die aus einem herrschenden Unternehmen und den von diesem abhängigen Unternehmen besteht;

20. „verbindliche interne Datenschutzvorschriften,, Maßnahmen zum Schutz personenbezogener Daten, zu deren Einhaltung sich ein im Hoheitsgebiet eines Mitgliedstaats niedergelassener Verantwortlicher oder Auftragsverarbeiter verpflichtet im Hinblick auf Datenübermittlungen oder eine Kategorie von Datenübermittlungen personenbezogener Daten an einen Verantwortlichen oder Auftragsverarbeiter derselben Unternehmensgruppe oder derselben Gruppe von Unternehmen, die eine gemeinsame Wirtschaftstätigkeit ausüben, in einem oder mehreren Drittländern;

21. „Aufsichtsbehörde,, eine von einem Mitgliedstaat gemäß Artikel 51 eingerichtete unabhängige staatliche Stelle;

22. „betroffene Aufsichtsbehörde,, eine Aufsichtsbehörde, die von der Verarbeitung personenbezogener Daten betroffen ist, weil

   a) der Verantwortliche oder der Auftragsverarbeiter im Hoheitsgebiet des Mitgliedstaats dieser Aufsichtsbehörde niedergelassen ist,

   b) diese Verarbeitung erhebliche Auswirkungen auf betroffene Personen mit Wohnsitz im Mitgliedstaat dieser Aufsichtsbehörde hat oder haben kann oder

   c) eine Beschwerde bei dieser Aufsichtsbehörde eingereicht wurde;

23. „grenzüberschreitende Verarbeitung" entweder

   a) eine Verarbeitung personenbezogener Daten, die im Rahmen der Tätigkeiten von Niederlassungen eines Verantwortlichen oder eines

Auftragsverarbeiters in der Union in mehr als einem Mitgliedstaat erfolgt, wenn der Verantwortliche oder Auftragsverarbeiter in mehr als einem Mitgliedstaat niedergelassen ist, oder

b) eine Verarbeitung personenbezogener Daten, die im Rahmen der Tätigkeiten einer einzelnen Niederlassung eines Verantwortlichen oder eines Auftragsverarbeiters in der Union erfolgt, die jedoch erhebliche Auswirkungen auf betroffene Personen in mehr als einem Mitgliedstaat hat oder haben kann;

24. „maßgeblicher und begründeter Einspruch" einen Einspruch gegen einen Beschlussentwurf im Hinblick darauf, ob ein Verstoß gegen diese Verordnung vorliegt oder ob beabsichtigte Maßnahmen gegen den Verantwortlichen oder den Auftragsverarbeiter im Einklang mit dieser Verordnung steht, wobei aus diesem Einspruch die Tragweite der Risiken klar hervorgeht, die von dem Beschlussentwurf in Bezug auf die Grundrechte und Grundfreiheiten der betroffenen Personen und gegebenenfalls den freien Verkehr personenbezogener Daten in der Union ausgehen;

25. „Dienst der Informationsgesellschaft eine Dienstleistung im Sinne des Artikels 1 Nummer 1 Buchstabe b der Richtlinie (EU) 2015/1535[4] des Europäischen Parlaments und des Rates";

---

[4] Art. 1 Abs. 1 Nr. 1 Buchstabe b der RiLi 2015/1535: Dienst" eine Dienstleistung der Informationsgesellschaft, d. h. jede in der Regel gegen Entgelt elektronisch im Fernabsatz und auf individuellen Abruf eines Empfängers erbrachte Dienstleistung.
„Im Sinne dieser Definition bezeichnet der Ausdruck
  i. „im Fernabsatz erbrachte Dienstleistung" eine Dienstleistung, die ohne gleichzeitige physische Anwesenheit der Vertragsparteien erbracht wird;
  ii. „elektronisch erbrachte Dienstleistung" eine Dienstleistung, die mittels Geräten für die elektronische Verarbeitung (einschließlich digitaler Kompression) und Speicherung von Daten am Ausgangspunkt gesendet und am Endpunkt empfangen wird und die vollständig über Draht, über Funk, auf optischem oder anderem elektromagnetischem Wege gesendet, weitergeleitet und empfangen wird;
  iii. „auf individuellen Abruf eines Empfängers erbrachte Dienstleistung" eine Dienstleistung die durch die Übertragung von Daten auf individuelle Anforderung erbracht wird."

26. „internationale Organisation" eine völkerrechtliche Organisation und ihre nachgeordneten Stellen oder jede sonstige Einrichtung, die durch eine zwischen zwei oder mehr Ländern geschlossene Übereinkunft oder auf der Grundlage einer solchen Übereinkunft geschaffen wurde.

Korrespondierende Erwägungsgründe:
15, 16, 24, 26, 27, 28, 29, 30, 31, 32, 33, 34, 35, 36, 37

KAPITEL II Grundsätze

Artikel 5 Grundsätze für die Verarbeitung personenbezogener Daten

(1) Personenbezogene Daten müssen

    a) auf rechtmäßige Weise, nach Treu und Glauben und in einer für die betroffene Person nachvollziehbaren Weise verarbeitet werden („Rechtmäßigkeit, Verarbeitung nach Treu und Glauben, Transparenz");

    b) für festgelegte, eindeutige und legitime Zwecke erhoben werden und dürfen nicht in einer mit diesen Zwecken nicht zu vereinbarenden Weise weiterverarbeitet werden; eine Weiterverarbeitung für im öffentlichen Interesse liegende Archivzwecke, für wissenschaftliche oder historische Forschungszwecke oder für statistische Zwecke gilt gemäß Artikel 89 Absatz 1 nicht als unvereinbar mit den ursprünglichen Zwecken („Zweckbindung");

    c) dem Zweck angemessen und erheblich sowie auf das für die Zwecke der Verarbeitung notwendige Maß beschränkt sein („Datenminimierung");

    d) sachlich richtig und erforderlichenfalls auf dem neuesten Stand sein; es sind alle angemessenen Maßnahmen zu treffen, damit personenbezogene Daten, die im Hinblick auf die Zwecke ihrer Verarbeitung unrichtig sind, unverzüglich gelöscht oder berichtigt werden („Richtigkeit");

e) in einer Form gespeichert werden, die die Identifizierung der betroffenen Personen nur so lange ermöglicht, wie es für die Zwecke, für die sie verarbeitet werden, erforderlich ist; personenbezogene Daten dürfen länger gespeichert werden, soweit die personenbezogenen Daten vorbehaltlich der Durchführung geeigneter technischer und organisatorischer Maßnahmen, die von dieser Verordnung zum Schutz der Rechte und Freiheiten der betroffenen Person gefordert werden, ausschließlich für im öffentlichen Interesse liegende Archivzwecke oder für wissenschaftliche und historische Forschungszwecke oder für statistische Zwecke gemäß Artikel 89 Absatz 1 verarbeitet werden („Speicherbegrenzung");

f) in einer Weise verarbeitet werden, die eine angemessene Sicherheit der personenbezogenen Daten gewährleistet, einschließlich Schutz vor unbefugter oder unrechtmäßiger Verarbeitung und vor unbeabsichtigtem Verlust, unbeabsichtigter Zerstörung oder unbeabsichtigter Schädigung durch geeignete technische und organisatorische Maßnahmen („Integrität und Vertraulichkeit");

(2) Der Verantwortliche ist für die Einhaltung des Absatzes 1 verantwortlich und muss dessen Einhaltung nachweisen können („Rechenschaftspflicht").

Korrespondierende Erwägungsgründe:
39

Artikel 6 Rechtmäßigkeit der Verarbeitung

(1) Die Verarbeitung ist nur rechtmäßig, wenn mindestens eine der nachstehenden Bedingungen erfüllt ist:

a) Die betroffene Person hat ihre Einwilligung zu der Verarbeitung der sie betreffenden personenbezogenen Daten für einen oder mehrere bestimmte Zwecke gegeben;

b) die Verarbeitung ist für die Erfüllung eines Vertrags, dessen Vertragspartei die betroffene Person ist, oder zur Durchführung vorvertraglicher Maßnahmen erforderlich, die auf Anfrage der betroffenen Person erfolgen;

c) die Verarbeitung ist zur Erfüllung einer rechtlichen Verpflichtung erforderlich, der der Verantwortliche unterliegt ;

d) die Verarbeitung ist erforderlich, um lebenswichtige Interessen der betroffenen Person oder einer anderen natürlichen Person zu schützen;

e) die Verarbeitung ist für die Wahrnehmung einer Aufgabe erforderlich, die im öffentlichen Interesse liegt oder in Ausübung öffentlicher Gewalt erfolgt, die dem Verantwortlichen übertragen wurde;

f) die Verarbeitung ist zur Wahrung der berechtigten Interessen des Verantwortlichen oder eines Dritten erforderlich, sofern nicht die Interessen oder Grundrechte und Grundfreiheiten der betroffenen Person, die den Schutz personenbezogener Daten erfordern, überwiegen, insbesondere dann, wenn es sich bei der betroffenen Person um ein Kind handelt.

Unterabsatz 1 Buchstabe f gilt nicht für die von Behörden in Erfüllung ihrer Aufgaben vorgenommene Verarbeitung.

(2) Die Mitgliedstaaten können spezifischere Bestimmungen zur Anpassung der Anwendung der Vorschriften dieser Verordnung in Bezug auf die Verarbeitung zur Erfüllung von Absatz 1 Buchstaben c und e beibehalten oder einführen, indem sie spezifische Anforderungen für die Verarbeitung sowie sonstige Maßnahmen präziser bestimmen, um eine rechtmäßig und nach Treu und Glauben erfolgende Verarbeitung zu gewährleisten, einschließlich für andere besondere Verarbeitungssituationen gemäß Kapitel IX.

(3) [1]Die Rechtsgrundlage für die Verarbeitungen gemäß Absatz 1 Buchstaben c und e wird festgelegt durch
    a. Unionsrecht oder
    b. das Recht der Mitgliedstaaten, dem der Verantwortliche unterliegt.

[2]Der Zweck der Verarbeitung muss in dieser Rechtsgrundlage festgelegt oder hinsichtlich der Verarbeitung gemäß Absatz 1 Buchstabe e für die Erfüllung einer Aufgabe erforderlich sein, die im öffentlichen Interesse liegt oder in Ausübung öffentlicher Gewalt erfolgt, die dem Verantwortlichen übertragen wurde. [3]Diese Rechtsgrundlage kann spezifische Bestimmungen zur Anpassung der Anwendung der Vorschriften dieser Verordnung enthalten, unter anderem Bestimmungen darüber, welche allgemeinen Bedingungen für die Regelung der Rechtmäßigkeit der Verarbeitung durch den Verantwortlichen gelten, welche Arten von

Daten verarbeitet werden, welche Personen betroffen sind, an welche Einrichtungen und für welche Zwecke die personenbezogenen Daten offengelegt werden dürfen, welcher Zweckbindung sie unterliegen, wie lange sie gespeichert werden dürfen und welche Verarbeitungsvorgänge und -verfahren angewandt werden dürfen, einschließlich Maßnahmen zur Gewährleistung einer rechtmäßig und nach Treu und Glauben erfolgenden Verarbeitung, wie solche für sonstige besondere Verarbeitungssituationen gemäß Kapitel IX. [4]Das Unionsrecht oder das Recht der Mitgliedstaaten müssen ein im öffentlichen Interesse liegendes Ziel verfolgen und in einem angemessenen Verhältnis zu dem verfolgten legitimen Zweck stehen.

(4) Beruht die Verarbeitung zu einem anderen Zweck als zu demjenigen, zu dem die personenbezogenen Daten erhoben wurden, nicht auf der Einwilligung der betroffenen Person oder auf einer Rechtsvorschrift der Union oder der Mitgliedstaaten, die in einer demokratischen Gesellschaft eine notwendige und verhältnismäßige Maßnahme zum Schutz der in Artikel 23 Absatz 1 genannten Ziele darstellt, so berücksichtigt der Verantwortliche — um festzustellen, ob die Verarbeitung zu einem anderen Zweck mit demjenigen, zu dem die personenbezogenen Daten ursprünglich erhoben wurden, vereinbar ist — unter anderem
  a) jede Verbindung zwischen den Zwecken, für die die personenbezogenen Daten erhoben wurden, und den Zwecken der beabsichtigten Weiterverarbeitung,
  b) den Zusammenhang, in dem die personenbezogenen Daten erhoben wurden, insbesondere hinsichtlich des Verhältnisses zwischen den betroffenen Personen und dem Verantwortlichen,
  c) die Art der personenbezogenen Daten, insbesondere ob besondere Kategorien personenbezogener Daten gemäß Artikel 9 verarbeitet werden oder ob personenbezogene Daten über strafrechtliche Verurteilungen und Straftaten gemäß Artikel 10 verarbeitet werden,
  d) die möglichen Folgen der beabsichtigten Weiterverarbeitung für die betroffenen Personen,
  e) das Vorhandensein geeigneter Garantien, wozu Verschlüsselung oder Pseudonymisierung gehören kann.

Korrespondierende Erwägungsgründe:
39, 40, 41, 44, 45, 46, 47, 48, 49, 50, 171

Artikel 7 Bedingungen für die Einwilligung

(1) Beruht die Verarbeitung auf einer Einwilligung, muss der Verantwortliche nachweisen können, dass die betroffene Person in die Verarbeitung ihrer personenbezogenen Daten eingewilligt hat.

(2) [1]Erfolgt die Einwilligung der betroffenen Person durch eine schriftliche Erklärung, die noch andere Sachverhalte betrifft, so muss das Ersuchen um Einwilligung in verständlicher und leicht zugänglicher Form in einer klaren und einfachen Sprache so erfolgen, dass es von den anderen Sachverhalten klar zu unterscheiden ist. [2]Teile der Erklärung sind dann nicht verbindlich, wenn sie einen Verstoß gegen diese Verordnung darstellen.

(3) [1]Die betroffene Person hat das Recht, ihre Einwilligung jederzeit zu widerrufen. Durch den Widerruf der Einwilligung wird die Rechtmäßigkeit der aufgrund der Einwilligung bis zum Widerruf erfolgten Verarbeitung nicht berührt. Die betroffene Person wird vor Abgabe der Einwilligung hiervon in Kenntnis gesetzt. [2]Der Widerruf der Einwilligung muss so einfach wie die Erteilung der Einwilligung sein.

(4) Bei der Beurteilung, ob die Einwilligung freiwillig erteilt wurde, muss dem Umstand in größtmöglichem Umfang Rechnung getragen werden, ob unter anderem die Erfüllung eines Vertrags, einschließlich der Erbringung einer Dienstleistung, von der Einwilligung zu einer Verarbeitung von personenbezogenen Daten abhängig ist, die für die Erfüllung des Vertrags nicht erforderlich sind.

Korrespondierende Erwägungsgründe:
32, 33, 42, 43

Artikel 8 Bedingungen für die Einwilligung eines Kindes in Bezug auf Dienste der Informationsgesellschaft

(1) [1]Gilt Artikel 6 Absatz 1 Buchstabe a bei einem Angebot von Diensten der Informationsgesellschaft, das einem Kind direkt gemacht wird, so ist die Verarbeitung der personenbezogenen Daten des Kindes rechtmäßig, wenn das Kind das sechzehnte Lebensjahr vollendet hat. [2]Hat das Kind noch nicht das sechzehnte Lebensjahr vollendet, so ist diese Verarbeitung nur rechtmäßig, sofern und soweit diese Einwilligung durch den Träger der elterlichen Verantwortung für das Kind oder mit dessen Zustimmung erteilt wird.

³Die Mitgliedstaaten können durch Rechtsvorschriften zu diesen Zwecken eine niedrigere Altersgrenze vorsehen, die jedoch nicht unter dem vollendeten dreizehnten Lebensjahr liegen darf.
(2) Der Verantwortliche unternimmt unter Berücksichtigung der verfügbaren Technik angemessene Anstrengungen, um sich in solchen Fällen zu vergewissern, dass die Einwilligung durch den Träger der elterlichen Verantwortung für das Kind oder mit dessen Zustimmung erteilt wurde.
(3) Absatz 1 lässt das allgemeine Vertragsrecht der Mitgliedstaaten, wie etwa die Vorschriften zur Gültigkeit, zum Zustandekommen oder zu den Rechtsfolgen eines Vertrags in Bezug auf ein Kind, unberührt.

Korrespondierende Erwägungsgründe:
38

Artikel 9 Verarbeitung besonderer Kategorien personenbezogener Daten

(1) Die Verarbeitung personenbezogener Daten, aus denen die rassische und ethnische Herkunft, politische Meinungen, religiöse oder weltanschauliche Überzeugungen oder die Gewerkschaftszugehörigkeit hervorgehen, sowie die Verarbeitung von genetischen Daten, biometrischen Daten zur eindeutigen Identifizierung einer natürlichen Person, Gesundheitsdaten oder Daten zum Sexualleben oder der sexuellen Orientierung einer natürlichen Person ist untersagt.
(2) Absatz 1 gilt nicht in folgenden Fällen:
  a) Die betroffene Person hat in die Verarbeitung der genannten personenbezogenen Daten für einen oder mehrere festgelegte Zwecke ausdrücklich eingewilligt, es sei denn, nach Unionsrecht oder dem Recht der Mitgliedstaaten kann das Verbot nach Absatz 1 durch die Einwilligung der betroffenen Person nicht aufgehoben werden,
  b) die Verarbeitung ist erforderlich, damit der Verantwortliche oder die betroffene Person die ihm bzw. ihr aus dem Arbeitsrecht und dem Recht der sozialen Sicherheit und des Sozialschutzes erwachsenden Rechte ausüben und seinen bzw. ihren diesbezüglichen Pflichten nachkommen kann, soweit dies nach Unionsrecht oder dem Recht der Mitgliedstaaten oder einer Kollektivvereinbarung nach dem Recht der Mitgliedstaaten, das

geeignete Garantien für die Grundrechte und die Interessen der betroffenen Person vorsieht, zulässig ist,

c) die Verarbeitung ist zum Schutz lebenswichtiger Interessen der betroffenen Person oder einer anderen natürlichen Person erforderlich und die betroffene Person ist aus körperlichen oder rechtlichen Gründen außerstande, ihre Einwilligung zu geben,

d) die Verarbeitung erfolgt auf der Grundlage geeigneter Garantien durch eine politisch, weltanschaulich, religiös oder gewerkschaftlich ausgerichtete Stiftung, Vereinigung oder sonstige Organisation ohne Gewinnerzielungsabsicht im Rahmen ihrer rechtmäßigen Tätigkeiten und unter der Voraussetzung, dass sich die Verarbeitung ausschließlich auf die Mitglieder oder ehemalige Mitglieder der Organisation oder auf Personen, die im Zusammenhang mit deren Tätigkeitszweck regelmäßige Kontakte mit ihr unterhalten, bezieht und die personenbezogenen Daten nicht ohne Einwilligung der betroffenen Personen nach außen offengelegt werden,

e) die Verarbeitung bezieht sich auf personenbezogene Daten, die die betroffene Person offensichtlich öffentlich gemacht hat,

f) die Verarbeitung ist zur Geltendmachung, Ausübung oder Verteidigung von Rechtsansprüchen oder bei Handlungen der Gerichte im Rahmen ihrer justiziellen Tätigkeit erforderlich,

g) die Verarbeitung ist auf der Grundlage des Unionsrechts oder des Rechts eines Mitgliedstaats, das in angemessenem Verhältnis zu dem verfolgten Ziel steht, den Wesensgehalt des Rechts auf Datenschutz wahrt und angemessene und spezifische Maßnahmen zur Wahrung der Grundrechte und Interessen der betroffenen Person vorsieht, aus Gründen eines erheblichen öffentlichen Interesses erforderlich,

h) die Verarbeitung ist für Zwecke der Gesundheitsvorsorge oder der Arbeitsmedizin, für die Beurteilung der Arbeitsfähigkeit des Beschäftigten, für die medizinische Diagnostik, die Versorgung oder Behandlung im Gesundheits- oder Sozialbereich oder für die Verwaltung von Systemen und Diensten im Gesundheits- oder Sozialbereich auf der Grundlage des Unionsrechts oder des Rechts eines Mitgliedstaats oder aufgrund eines Vertrags mit einem Angehörigen eines Gesundheitsberufs und vorbehaltlich der in Absatz 3 genannten Bedingungen und Garantien erforderlich,

i) die Verarbeitung ist aus Gründen des öffentlichen Interesses im Bereich der öffentlichen Gesundheit, wie dem Schutz vor schwerwiegenden grenzüberschreitenden Gesundheitsgefahren oder zur Gewährleistung hoher Qualitäts- und Sicherheitsstandards bei der Gesundheitsversorgung und bei Arzneimitteln und Medizinprodukten, auf der Grundlage des Unionsrechts oder des Rechts eines Mitgliedstaats, das angemessene und spezifische Maßnahmen zur Wahrung der Rechte und Freiheiten der betroffenen Person, insbesondere des Berufsgeheimnisses, vorsieht, erforderlich, oder

j) die Verarbeitung ist auf der Grundlage des Unionsrechts oder des Rechts eines Mitgliedstaats, das in angemessenem Verhältnis zu dem verfolgten Ziel steht, den Wesensgehalt des Rechts auf Datenschutz wahrt und angemessene und spezifische Maßnahmen zur Wahrung der Grundrechte und Interessen der betroffenen Person vorsieht, für im öffentlichen Interesse liegende Archivzwecke, für wissenschaftliche oder historische Forschungszwecke oder für statistische Zwecke gemäß Artikel 89 Absatz 1 erforderlich.

(3) Die in Absatz 1 genannten personenbezogenen Daten dürfen zu den in Absatz 2 Buchstabe h genannten Zwecken verarbeitet werden, wenn diese Daten von Fachpersonal oder unter dessen Verantwortung verarbeitet werden und dieses Fachpersonal nach dem Unionsrecht oder dem Recht eines Mitgliedstaats oder den Vorschriften nationaler zuständiger Stellen dem Berufsgeheimnis unterliegt, oder wenn die Verarbeitung durch eine andere Person erfolgt, die ebenfalls nach dem Unionsrecht oder dem Recht eines Mitgliedstaats oder den Vorschriften nationaler zuständiger Stellen einer Geheimhaltungspflicht unterliegt.

(4) Die Mitgliedstaaten können zusätzliche Bedingungen, einschließlich Beschränkungen, einführen oder aufrechterhalten, soweit die Verarbeitung von genetischen, biometrischen oder Gesundheitsdaten betroffen ist.

Korrespondierende Erwägungsgründe: 46, 51, 52, 53, 54, 55, 56

Artikel 10 Verarbeitung von personenbezogenen Daten über strafrechtliche Verurteilungen und Straftaten

[1]Die Verarbeitung personenbezogener Daten über strafrechtliche Verurteilungen und Straftaten oder damit

zusammenhängende Sicherungsmaßregeln aufgrund von Artikel 6 Absatz 1 darf nur unter behördlicher Aufsicht vorgenommen werden oder wenn dies nach dem Unionsrecht oder dem Recht der Mitgliedstaaten, das geeignete Garantien für die Rechte und Freiheiten der betroffenen Personen vorsieht, zulässig ist. ²Ein umfassendes Register der strafrechtlichen Verurteilungen darf nur unter behördlicher Aufsicht geführt werden.

Korrespondierende Erwägungsgründe: 50

Artikel 11 Verarbeitung, für die eine Identifizierung der betroffenen Person nicht erforderlich ist

(1) Ist für die Zwecke, für die ein Verantwortlicher personenbezogene Daten verarbeitet, die Identifizierung der betroffenen Person durch den Verantwortlichen nicht oder nicht mehr erforderlich, so ist dieser nicht verpflichtet, zur bloßen Einhaltung dieser Verordnung zusätzliche Informationen aufzubewahren, einzuholen oder zu verarbeiten, um die betroffene Person zu identifizieren.

(2) ¹Kann der Verantwortliche in Fällen gemäß Absatz 1 des vorliegenden Artikels nachweisen, dass er nicht in der Lage ist, die betroffene Person zu identifizieren, so unterrichtet er die betroffene Person hierüber, sofern möglich. ²In diesen Fällen finden die Artikel 15 bis 20 keine Anwendung, es sei denn, die betroffene Person stellt zur Ausübung ihrer in diesen Artikeln niedergelegten Rechte zusätzliche Informationen bereit, die ihre Identifizierung ermöglichen.

Korrespondierende Erwägungsgründe: 57

KAPITEL III Rechte der betroffenen Person

Abschnitt 1 Transparenz und Modalitäten

Artikel 12 Transparente Information, Kommunikation und Modalitäten für die Ausübung der Rechte der betroffenen Person

(1) ¹Der Verantwortliche trifft geeignete Maßnahmen, um der betroffenen Person alle Informationen gemäß den Artikeln 13 und 14 und alle Mitteilungen gemäß den Artikeln 15 bis 22 und Artikel 34, die sich auf die Verarbeitung beziehen, in präziser, transparenter, verständlicher und leicht zugänglicher Form in einer klaren und einfachen Sprache zu übermitteln; dies gilt insbesondere für Informationen, die sich speziell an Kinder richten. ²Die Übermittlung der Informationen erfolgt schriftlich oder in anderer Form, gegebenenfalls auch elektronisch. Falls von der betroffenen Person verlangt, kann die Information mündlich erteilt werden, sofern die Identität der betroffenen Person in anderer Form nachgewiesen wurde.

(2) Der Verantwortliche erleichtert der betroffenen Person die Ausübung ihrer Rechte gemäß den Artikeln 15 bis 22. In den in Artikel 11 Absatz 2 genannten Fällen darf sich der Verantwortliche nur dann weigern, aufgrund des Antrags der betroffenen Person auf Wahrnehmung ihrer Rechte gemäß den Artikeln 15 bis 22 tätig zu werden, wenn er glaubhaft macht, dass er nicht in der Lage ist, die betroffene Person zu identifizieren.

(3) ¹Der Verantwortliche stellt der betroffenen Person Informationen über die auf Antrag gemäß den Artikeln 15 bis 22 ergriffenen Maßnahmen unverzüglich, in jedem Fall aber innerhalb eines Monats nach Eingang des Antrags zur Verfügung. ²Diese Frist kann um weitere zwei Monate verlängert werden, wenn dies unter Berücksichtigung der Komplexität und der Anzahl von Anträgen erforderlich ist. ³Der Verantwortliche unterrichtet die betroffene Person innerhalb eines Monats nach Eingang des Antrags über eine Fristverlängerung, zusammen mit den Gründen für die Verzögerung. ⁴Stellt die betroffene Person den Antrag elektronisch, so ist sie nach Möglichkeit auf elektronischem Weg zu unterrichten, sofern sie nichts anderes angibt.

(4) Wird der Verantwortliche auf den Antrag der betroffenen Person hin nicht tätig, so unterrichtet er die betroffene Person ohne Verzögerung, spätestens aber innerhalb eines Monats nach Eingang des Antrags über die Gründe hierfür und über die Möglichkeit, bei einer Aufsichtsbehörde Beschwerde einzulegen oder einen gerichtlichen Rechtsbehelf einzulegen.

(5) [1]Informationen gemäß den Artikeln 13 und 14 sowie alle Mitteilungen und Maßnahmen gemäß den Artikeln 15 bis 22 und Artikel 34 werden unentgeltlich zur Verfügung gestellt. [2]Bei offenkundig unbegründeten oder — insbesondere im Fall von häufiger Wiederholung — exzessiven Anträgen einer betroffenen Person kann der Verantwortliche entweder

    a) ein angemessenes Entgelt verlangen, bei dem die Verwaltungskosten für die Unterrichtung oder die Mitteilung oder die Durchführung der beantragten Maßnahme berücksichtigt werden, oder

    b) sich weigern, aufgrund des Antrags tätig zu werden.

[3]Der Verantwortliche hat den Nachweis für den offenkundig unbegründeten oder exzessiven Charakter des Antrags zu erbringen.

(6) Hat der Verantwortliche begründete Zweifel an der Identität der natürlichen Person, die den Antrag gemäß den Artikeln 15 bis 21 stellt, so kann er unbeschadet des Artikels 11 zusätzliche Informationen anfordern, die zur Bestätigung der Identität der betroffenen Person erforderlich sind.

(7) [1]Die Informationen, die den betroffenen Personen gemäß den Artikeln 13 und 14 bereitzustellen sind, können in Kombination mit standardisierten Bildsymbolen bereitgestellt werden, um in leicht wahrnehmbarer, verständlicher und klar nachvollziehbarer Form einen aussagekräftigen Überblick über die beabsichtigte Verarbeitung zu vermitteln. [4]Werden die Bildsymbole in elektronischer Form dargestellt, müssen sie maschinenlesbar sein.

(8) Der Kommission wird die Befugnis übertragen, gemäß Artikel 92 delegierte Rechtsakte zur Bestimmung der Informationen, die durch Bildsymbole darzustellen sind, und der Verfahren für die Bereitstellung standardisierter Bildsymbole zu erlassen.

Korrespondierende Erwägungsgründe: 58, 59, 60, 73

Abschnitt 2 Informationspflicht und Recht auf Auskunft zu personenbezogenen Daten

Artikel 13 Informationspflicht bei Erhebung von personenbezogenen Daten bei der betroffenen Person

(1) Werden personenbezogene Daten bei der betroffenen Person erhoben, so teilt der Verantwortliche der betroffenen Person zum Zeitpunkt der Erhebung dieser Daten Folgendes mit:
  a) den Namen und die Kontaktdaten des Verantwortlichen sowie gegebenenfalls seines Vertreters;
  b) gegebenenfalls die Kontaktdaten des Datenschutzbeauftragten;
  c) die Zwecke, für die die personenbezogenen Daten verarbeitet werden sollen, sowie die Rechtsgrundlage für die Verarbeitung;
  d) wenn die Verarbeitung auf Artikel 6 Absatz 1 Buchstabe f beruht, die berechtigten Interessen, die von dem Verantwortlichen oder einem Dritten verfolgt werden;
  e) gegebenenfalls die Empfänger oder Kategorien von Empfängern der personenbezogenen Daten und
  f) gegebenenfalls die Absicht des Verantwortlichen, die personenbezogenen Daten an ein Drittland oder eine internationale Organisation zu übermitteln, sowie das Vorhandensein oder das Fehlen eines Angemessenheitsbeschlusses der Kommission oder im Falle von Übermittlungen gemäß Artikel 46 oder Artikel 47 oder Artikel 49 Absatz 1 Unterabsatz 2 einen Verweis auf die geeigneten oder angemessenen Garantien und die Möglichkeit, wie eine Kopie von ihnen zu erhalten ist, oder wo sie verfügbar sind.

(2) Zusätzlich zu den Informationen gemäß Absatz 1 stellt der Verantwortliche der betroffenen Person zum Zeitpunkt der Erhebung dieser Daten folgende weitere Informationen zur Verfügung, die notwendig sind, um eine faire und transparente Verarbeitung zu gewährleisten:
  a) die Dauer, für die die personenbezogenen Daten gespeichert werden oder, falls dies nicht möglich ist, die Kriterien für die Festlegung dieser Dauer;
  b) das Bestehen eines Rechts auf Auskunft seitens des Verantwortlichen über die betreffenden personenbezogenen Daten sowie auf Berichtigung oder Löschung oder auf Einschränkung der Verarbeitung oder eines

Widerspruchsrechts gegen die Verarbeitung sowie des Rechts auf Datenübertragbarkeit;

c) wenn die Verarbeitung auf Artikel 6 Absatz 1 Buchstabe a oder Artikel 9 Absatz 2 Buchstabe a beruht, das Bestehen eines Rechts, die Einwilligung jederzeit zu widerrufen, ohne dass die Rechtmäßigkeit der aufgrund der Einwilligung bis zum Widerruf erfolgten Verarbeitung berührt wird;

d) das Bestehen eines Beschwerderechts bei einer Aufsichtsbehörde;

e) ob die Bereitstellung der personenbezogenen Daten gesetzlich oder vertraglich vorgeschrieben oder für einen Vertragsabschluss erforderlich ist, ob die betroffene Person verpflichtet ist, die personenbezogenen Daten bereitzustellen, und welche mögliche Folgen die Nichtbereitstellung hätte und

f) das Bestehen einer automatisierten Entscheidungsfindung einschließlich Profiling gemäß Artikel 22 Absätze 1 und 4 und — zumindest in diesen Fällen — aussagekräftige Informationen über die involvierte Logik sowie die Tragweite und die angestrebten Auswirkungen einer derartigen Verarbeitung für die betroffene Person.

(3) Beabsichtigt der Verantwortliche, die personenbezogenen Daten für einen anderen Zweck weiterzuverarbeiten als den, für den die personenbezogenen Daten erhoben wurden, so stellt er der betroffenen Person vor dieser Weiterverarbeitung Informationen über diesen anderen Zweck und alle anderen maßgeblichen Informationen gemäß Absatz 2 zur Verfügung.

(4) Die Absätze 1, 2 und 3 finden keine Anwendung, wenn und soweit die betroffene Person bereits über die Informationen verfügt.

Korrespondierende Erwägungsgründe: 60, 61, 62

Artikel 14 Informationspflicht, wenn die personenbezogenen Daten nicht bei der betroffenen Person erhoben wurden

(1) Werden personenbezogene Daten nicht bei der betroffenen Person erhoben, so teilt der Verantwortliche der betroffenen Person Folgendes mit:

a) den Namen und die Kontaktdaten des Verantwortlichen sowie gegebenenfalls seines Vertreters;
b) zusätzlich die Kontaktdaten des Datenschutzbeauftragten;
c) die Zwecke, für die die personenbezogenen Daten verarbeitet werden sollen, sowie die Rechtsgrundlage für die Verarbeitung
d) die Kategorien personenbezogener Daten, die verarbeitet werden;
e) gegebenenfalls die Empfänger oder Kategorien von Empfängern der personenbezogenen Daten;
f) gegebenenfalls die Absicht des Verantwortlichen, die personenbezogenen Daten an einen Empfänger in einem Drittland oder einer internationalen Organisation zu übermitteln, sowie das Vorhandensein oder das Fehlen eines Angemessenheitsbeschlusses der Kommission oder im Falle von Übermittlungen gemäß Artikel 46 oder Artikel 47 oder Artikel 49 Absatz 1 Unterabsatz 2 einen Verweis auf die geeigneten oder angemessenen Garantien und die Möglichkeit, eine Kopie von ihnen zu erhalten, oder wo sie verfügbar sind.

(2) Zusätzlich zu den Informationen gemäß Absatz 1 stellt der Verantwortliche der betroffenen Person die folgenden Informationen zur Verfügung, die erforderlich sind, um der betroffenen Person gegenüber eine faire und transparente Verarbeitung zu gewährleisten:
a) die Dauer, für die die personenbezogenen Daten gespeichert werden oder, falls dies nicht möglich ist, die Kriterien für die Festlegung dieser Dauer;
b) wenn die Verarbeitung auf Artikel 6 Absatz 1 Buchstabe f beruht, die berechtigten Interessen, die von dem Verantwortlichen oder einem Dritten verfolgt werden;
c) das Bestehen eines Rechts auf Auskunft seitens des Verantwortlichen über die betreffenden personenbezogenen Daten sowie auf Berichtigung oder Löschung oder auf Einschränkung der Verarbeitung oder eines Widerspruchsrechts gegen die Verarbeitung sowie des Rechts auf Datenübertragbarkeit;
d) wenn die Verarbeitung auf Artikel 6 Absatz 1 Buchstabe a oder Artikel 9 Absatz 2 Buchstabe a beruht, das Bestehen eines Rechts, die Einwilligung jederzeit zu widerrufen, ohne dass die Rechtmäßigkeit der aufgrund der Einwilligung bis zum Widerruf erfolgten Verarbeitung berührt wird;

e) das Bestehen eines Beschwerderechts bei einer Aufsichtsbehörde;

f) aus welcher Quelle die personenbezogenen Daten stammen und gegebenenfalls ob sie aus öffentlich zugänglichen Quellen stammen;

g) das Bestehen einer automatisierten Entscheidungsfindung einschließlich Profiling gemäß Artikel 22 Absätze 1 und 4 und — zumindest in diesen Fällen — aussagekräftige Informationen über die involvierte Logik sowie die Tragweite und die angestrebten Auswirkungen einer derartigen Verarbeitung für die betroffene Person.

(3) Der Verantwortliche erteilt die Informationen gemäß den Absätzen 1 und 2

a) unter Berücksichtigung der spezifischen Umstände der Verarbeitung der personenbezogenen Daten innerhalb einer angemessenen Frist nach Erlangung der personenbezogenen Daten, längstens jedoch innerhalb eines Monats,

b) falls die personenbezogenen Daten zur Kommunikation mit der betroffenen Person verwendet werden sollen, spätestens zum Zeitpunkt der ersten Mitteilung an sie, oder,

c) falls die Offenlegung an einen anderen Empfänger beabsichtigt ist, spätestens zum Zeitpunkt der ersten Offenlegung.

(4) Beabsichtigt der Verantwortliche, die personenbezogenen Daten für einen anderen Zweck weiterzuverarbeiten als den, für den die personenbezogenen Daten erlangt wurden, so stellt er der betroffenen Person vor dieser Weiterverarbeitung Informationen über diesen anderen Zweck und alle anderen maßgeblichen Informationen gemäß Absatz 2 zur Verfügung.

(5) Die Absätze 1 bis 4 finden keine Anwendung, wenn und soweit

a) die betroffene Person bereits über die Informationen verfügt,

b) die Erteilung dieser Informationen sich als unmöglich erweist oder einen unverhältnismäßigen Aufwand erfordern würde; dies gilt insbesondere für die Verarbeitung für im öffentlichen Interesse liegende Archivzwecke, für wissenschaftliche oder historische Forschungszwecke oder für statistische Zwecke vorbehaltlich der in Artikel 89 Absatz 1 genannten Bedingungen und Garantien oder soweit die in Absatz 1 des vorliegenden

Artikels genannte Pflicht voraussichtlich die Verwirklichung der Ziele dieser Verarbeitung unmöglich macht oder ernsthaft beeinträchtigt In diesen Fällen ergreift der Verantwortliche geeignete Maßnahmen zum Schutz der Rechte und Freiheiten sowie der berechtigten Interessen der betroffenen Person, einschließlich der Bereitstellung dieser Informationen für die Öffentlichkeit,

c) die Erlangung oder Offenlegung durch Rechtsvorschriften der Union oder der Mitgliedstaaten, denen der Verantwortliche unterliegt und die geeignete Maßnahmen zum Schutz der berechtigten Interessen der betroffenen Person vorsehen, ausdrücklich geregelt ist oder

d) die personenbezogenen Daten gemäß dem Unionsrecht oder dem Recht der Mitgliedstaaten dem Berufsgeheimnis, einschließlich einer satzungsmäßigen Geheimhaltungspflicht, unterliegen und daher vertraulich behandelt werden müssen.

Korrespondierende Erwägungsgründe: 60, 61, 62

Artikel 15 Auskunftsrecht der betroffenen Person

(1) Die betroffene Person hat das Recht, von dem Verantwortlichen eine Bestätigung darüber zu verlangen, ob sie betreffende personenbezogene Daten verarbeitet werden; ist dies der Fall, so hat sie ein Recht auf Auskunft über diese personenbezogenen Daten und auf folgende Informationen:

a) die Verarbeitungszwecke;

b) die Kategorien personenbezogener Daten, die verarbeitet werden;

c) die Empfänger oder Kategorien von Empfängern, gegenüber denen die personenbezogenen Daten offengelegt worden sind oder noch offengelegt werden, insbesondere bei Empfängern in Drittländern oder bei internationalen Organisationen;

d) falls möglich die geplante Dauer, für die die personenbezogenen Daten gespeichert werden, oder, falls dies nicht möglich ist, die Kriterien für die Festlegung dieser Dauer;

e) das Bestehen eines Rechts auf Berichtigung oder Löschung der sie betreffenden personenbezogenen Daten oder auf Einschränkung der Verarbeitung durch den Verantwortlichen oder eines Widerspruchsrechts gegen diese Verarbeitung;

f) das Bestehen eines Beschwerderechts bei einer Aufsichtsbehörde;
g) wenn die personenbezogenen Daten nicht bei der betroffenen Person erhoben werden, alle verfügbaren Informationen über die Herkunft der Daten;
h) das Bestehen einer automatisierten Entscheidungsfindung einschließlich Profiling gemäß Artikel 22 Absätze 1 und 4 und — zumindest in diesen Fällen — aussagekräftige Informationen über die involvierte Logik sowie die Tragweite und die angestrebten Auswirkungen einer derartigen Verarbeitung für die betroffene Person.

(2) Werden personenbezogene Daten an ein Drittland oder an eine internationale Organisation übermittelt, so hat die betroffene Person das Recht, über die geeigneten Garantien gemäß Artikel 46 im Zusammenhang mit der Übermittlung unterrichtet zu werden.

(3) Der Verantwortliche stellt eine Kopie der personenbezogenen Daten, die Gegenstand der Verarbeitung sind, zur Verfügung. Für alle weiteren Kopien, die die betroffene Person beantragt, kann der Verantwortliche ein angemessenes Entgelt auf der Grundlage der Veraltungskosten verlangen. Stellt die betroffene Person den Antrag elektronisch, so sind die Informationen in einem gängigen elektronischen Format zur Verfügung zu stellen, sofern sie nichts anderes angibt.

(4) Das Recht auf Erhalt einer Kopie gemäß Absatz 3 darf die Rechte und Freiheiten anderer Personen nicht beeinträchtigen.

Korrespondierende Erwägungsgründe: 63, 64

Abschnitt 3 Berichtigung und Löschung

Artikel 16 Recht auf Berichtigung

[1]Die betroffene Person hat das Recht, von dem Verantwortlichen unverzüglich die Berichtigung sie betreffender unrichtiger personenbezogener Daten zu verlangen. [2]Unter Berücksichtigung der Zwecke der Verarbeitung hat die betroffene Person das Recht, die Vervollständigung unvollständiger personenbezogener Daten — auch mittels einer ergänzenden Erklärung — zu verlangen.

Korrespondierende Erwägungsgründe: 65

Artikel 17 Recht auf Löschung („Recht auf Vergessenwerden")

(1) Die betroffene Person hat das Recht, von dem Verantwortlichen zu verlangen, dass sie betreffende personenbezogene Daten unverzüglich gelöscht werden, und der Verantwortliche ist verpflichtet, personenbezogene Daten unverzüglich zu löschen, sofern einer der folgenden Gründe zutrifft:
   a) Die personenbezogenen Daten sind für die Zwecke, für die sie erhoben oder auf sonstige Weise verarbeitet wurden, nicht mehr notwendig.
   b) Die betroffene Person widerruft ihre Einwilligung, auf die sich die Verarbeitung gemäß Artikel 6 Absatz 1 Buchstabe a oder Artikel 9 Absatz 2 Buchstabe a stützte, und es fehlt an einer anderweitigen Rechtsgrundlage für die Verarbeitung.
   c) Die betroffene Person legt gemäß Artikel 21 Absatz 1 Widerspruch gegen die Verarbeitung ein und es liegen keine vorrangigen berechtigten Gründe für die Verarbeitung vor, oder die betroffene Person legt gemäß Artikel 21 Absatz 2 Widerspruch gegen die Verarbeitung ein.
   d) Die personenbezogenen Daten wurden unrechtmäßig verarbeitet.
   e) Die Löschung der personenbezogenen Daten ist zur Erfüllung einer rechtlichen Verpflichtung nach dem Unionsrecht oder dem Recht der Mitgliedstaaten erforderlich, dem der Verantwortliche unterliegt.
   f) Die personenbezogenen Daten wurden in Bezug auf angebotene Dienste der Informationsgesellschaft gemäß Artikel 8 Absatz 1 erhoben.
(2) Hat der Verantwortliche die personenbezogenen Daten öffentlich gemacht und ist er gemäß Absatz 1 zu deren Löschung verpflichtet, so trifft er unter Berücksichtigung der verfügbaren Technologie und der Implementierungskosten angemessene Maßnahmen, auch technischer Art, um für die Datenverarbeitung Verantwortliche, die die personenbezogenen Daten verarbeiten, darüber zu informieren, dass eine betroffene Person von ihnen die Löschung aller Links zu diesen personenbezogenen Daten oder von Kopien oder Replikationen dieser personenbezogenen Daten verlangt hat.

(3) Die Absätze 1 und 2 gelten nicht, soweit die Verarbeitung erforderlich ist
   a) zur Ausübung des Rechts auf freie Meinungsäußerung und Information;
   b) zur Erfüllung einer rechtlichen Verpflichtung , die die Verarbeitung nach dem Recht der Union oder der Mitgliedstaaten, dem der Verantwortliche unterliegt, erfordert, oder zur Wahrnehmung einer Aufgabe, die im öffentlichen Interesse liegt oder in Ausübung öffentlicher Gewalt erfolgt, die dem Verantwortlichen übertragen wurde;
   c) aus Gründen des öffentlichen Interesses im Bereich der öffentlichen Gesundheit gemäß Artikel 9 Absatz 2 Buchstaben h und i sowie Artikel 9 Absatz 3;
   d) für im öffentlichen Interesse liegende Archivzwecke, wissenschaftliche oder historische Forschungszwecke oder für statistische Zwecke gemäß Artikel 89 Absatz 1, soweit das in Absatz 1 genannte Recht voraussichtlich die Verwirklichung der Ziele dieser Verarbeitung unmöglich macht oder ernsthaft beeinträchtigt, oder
   e) zur Geltendmachung, Ausübung oder Verteidigung von Rechtsansprüchen.

Korrespondierende Erwägungsgründe: 39, 65, 66

Artikel 18 Recht auf Einschränkung der Verarbeitung

(1) Die betroffene Person hat das Recht, von dem Verantwortlichen die Einschränkung der Verarbeitung zu verlangen, wenn eine der folgenden Voraussetzungen gegeben ist:
   a) die Richtigkeit der personenbezogenen Daten von der betroffenen Person bestritten wird, und zwar für eine Dauer, die es dem Verantwortlichen ermöglicht, die Richtigkeit der personenbezogenen Daten zu überprüfen,
   b) die Verarbeitung unrechtmäßig ist und die betroffene Person die Löschung der personenbezogenen Daten ablehnt und stattdessen die Einschränkung der Nutzung der personenbezogenen Daten verlangt;
   c) der Verantwortliche die personenbezogenen Daten für die Zwecke der Verarbeitung nicht länger benötigt, die betroffene Person sie jedoch zur Geltendmachung, Ausübung oder Verteidigung von Rechtsansprüchen benötigt, oder

d) die betroffene Person Widerspruch gegen die Verarbeitung gemäß Artikel 21 Absatz 1 eingelegt hat, solange noch nicht feststeht, ob die berechtigten Gründe des Verantwortlichen gegenüber denen der betroffenen Person überwiegen.

(2) Wurde die Verarbeitung gemäß Absatz 1 eingeschränkt, so dürfen diese personenbezogenen Daten — von ihrer Speicherung abgesehen — nur mit Einwilligung der betroffenen Person oder zur Geltendmachung, Ausübung oder Verteidigung von Rechtsansprüchen oder zum Schutz der Rechte einer anderen natürlichen oder juristischen Person oder aus Gründen eines wichtigen öffentlichen Interesses der Union oder eines Mitgliedstaats verarbeitet werden.

(3) Eine betroffene Person, die eine Einschränkung der Verarbeitung gemäß Absatz 1 erwirkt hat, wird von dem Verantwortlichen unterrichtet, bevor die Einschränkung aufgehoben wird.

Korrespondierende Erwägungsgründe: 67

Artikel 19 Mitteilungspflicht im Zusammenhang mit der Berichtigung oder Löschung personenbezogener Daten oder der Einschränkung der Verarbeitung

Der Verantwortliche teilt allen Empfängern, denen personenbezogenen Daten offengelegt wurden, jede Berichtigung oder Löschung der personenbezogenen Daten oder eine Einschränkung der Verarbeitung nach Artikel 16, Artikel 17 Absatz 1 und Artikel 18 mit, es sei denn, dies erweist sich als unmöglich oder ist mit einem unverhältnismäßigen Aufwand verbunden. Der Verantwortliche unterrichtet die betroffene Person über diese Empfänger, wenn die betroffene Person dies verlangt.

Korrespondierende Erwägungsgründe: 66

Artikel 20 Recht auf Datenübertragbarkeit

(1) Die betroffene Person hat das Recht, die sie betreffenden personenbezogenen Daten, die sie einem Verantwortlichen bereitgestellt hat, in einem strukturierten, gängigen und maschinenlesbaren Format zu erhalten, und sie hat das Recht, diese Daten einem anderen Verantwortlichen ohne

Behinderung durch den Verantwortlichen, dem die personenbezogenen Daten bereitgestellt wurden, zu übermitteln, sofern

a) die Verarbeitung auf einer Einwilligung gemäß Artikel 6 Absatz 1 Buchstabe a oder Artikel 9 Absatz 2 Buchstabe a oder auf einem Vertrag gemäß Artikel 6 Absatz 1 Buchstabe b beruht und

b) die Verarbeitung mithilfe automatisierter Verfahren erfolgt.

(2) Bei der Ausübung ihres Rechts auf Datenübertragbarkeit gemäß Absatz 1 hat die betroffene Person das Recht, zu erwirken, dass die personenbezogenen Daten direkt von einem Verantwortlichen einem anderen Verantwortlichen übermittelt werden, soweit dies technisch machbar ist.

(3) Die Ausübung des Rechts nach Absatz 1 des vorliegenden Artikels lässt Artikel 17 unberührt. Dieses Recht gilt nicht für eine Verarbeitung, die für die Wahrnehmung einer Aufgabe erforderlich ist, die im öffentlichen Interesse liegt oder in Ausübung öffentlicher Gewalt erfolgt, die dem Verantwortlichen übertragen wurde.

(4) Das Recht gemäß Absatz 1 darf die Rechte und Freiheiten anderer Personen nicht beeinträchtigen.

Korrespondierende Erwägungsgründe: 68

Abschnitt 4 Widerspruchsrecht und automatisierte Entscheidungsfindung im Einzelfall

Artikel 21 Widerspruchsrecht

(1) Die betroffene Person hat das Recht, aus Gründen, die sich aus ihrer besonderen Situation ergeben, jederzeit gegen die Verarbeitung sie betreffender personenbezogener Daten, die aufgrund von Artikel 6 Absatz 1 Buchstaben e oder f erfolgt, Widerspruch einzulegen; dies gilt auch für ein auf diese Bestimmungen gestütztes Profiling. Der Verantwortliche verarbeitet die personenbezogenen Daten nicht mehr, es sei denn, er kann zwingende schutzwürdige Gründe für die Verarbeitung nachweisen, die die Interessen, Rechte und Freiheiten der betroffenen Person überwiegen, oder die Verarbeitung dient der Geltendmachung, Ausübung oder Verteidigung von Rechtsansprüchen.

(2) Werden personenbezogene Daten verarbeitet, um Direktwerbung zu betreiben, so hat die betroffene Person das Recht, jederzeit Widerspruch gegen die Verarbeitung sie betreffender personenbezogener Daten zum Zwecke derartiger Werbung einzulegen; dies gilt auch für das Profiling, soweit es mit solcher Direktwerbung in Verbindung steht.

(3) Widerspricht die betroffene Person der Verarbeitung für Zwecke der Direktwerbung, so werden die personenbezogenen Daten nicht mehr für diese Zwecke verarbeitet.

(4) Die betroffene Person muss spätestens zum Zeitpunkt der ersten Kommunikation mit ihr ausdrücklich auf das in den Absätzen 1 und 2 genannte Recht hingewiesen werden; dieser Hinweis hat in einer verständlichen und von anderen Informationen getrennten Form zu erfolgen.

(5) Im Zusammenhang mit der Nutzung von Diensten der Informationsgesellschaft kann die betroffene Person ungeachtet der Richtlinie 2002/58/EG* ihr Widerspruchsrecht mittels automatisierter Verfahren ausüben, bei denen technische Spezifikationen verwendet werden.

(6) Die betroffene Person hat das Recht, aus Gründen, die sich aus ihrer besonderen Situation ergeben, gegen die sie betreffende Verarbeitung sie betreffender personenbezogener Daten, die zu wissenschaftlichen oder historischen Forschungszwecken oder zu statistischen Zwecken gemäß Artikel 89 Absatz 1 erfolgt, Widerspruch einzulegen, es sei denn, die Verarbeitung ist zur Erfüllung einer im öffentlichen Interesse liegenden Aufgabe erforderlich.

Richtlinie 2002/58/EG des Europäischen Parlaments und des Rates vom 12. Juli 2002 über die Verarbeitung personenbezogener Daten und den Schutz der Privatsphäre in der elektronischen Kommunikation (Datenschutzrichtlinie für elektronische Kommunikation) (ABl. Nr. L 201 vom 31/07/2002 S. 37 – 47)

Korrespondierende Erwägungsgründe: 69, 70

Artikel 22 Automatisierte Entscheidungen im Einzelfall einschließlich Profiling

(1) Die betroffene Person hat das Recht, nicht einer ausschließlich auf einer automatisierten Verarbeitung — einschließlich Profiling — beruhenden Entscheidung unterworfen zu werden, die ihr gegenüber rechtliche Wirkung entfaltet oder sie in ähnlicher Weise erheblich beeinträchtigt.

(2) Absatz 1 gilt nicht, wenn die Entscheidung
  a) für den Abschluss oder die Erfüllung eines Vertrags zwischen der betroffenen Person und dem Verantwortlichen erforderlich ist,
  b) aufgrund von Rechtsvorschriften der Union oder der Mitgliedstaaten, denen der Verantwortliche unterliegt, zulässig ist und diese Rechtsvorschriften angemessene Maßnahmen zur Wahrung der Rechte und Freiheiten sowie der berechtigten Interessen der betroffenen Person enthalten oder
  c) mit ausdrücklicher Einwilligung der betroffenen Person erfolgt.
(3) In den in Absatz 2 Buchstaben a und c genannten Fällen trifft der Verantwortliche angemessene Maßnahmen, um die Rechte und Freiheiten sowie die berechtigten Interessen der betroffenen Person zu wahren, wozu mindestens das Recht auf Erwirkung des Eingreifens einer Person seitens des Verantwortlichen, auf Darlegung des eigenen Standpunkts und auf Anfechtung der Entscheidung gehört.
(4) Entscheidungen nach Absatz 2 dürfen nicht auf besonderen Kategorien personenbezogener Daten nach Artikel 9 Absatz 1 beruhen, sofern nicht Artikel 9 Absatz 2 Buchstabe a oder g gilt und angemessene Maßnahmen zum Schutz der Rechte und Freiheiten sowie der berechtigten Interessen der betroffenen Person getroffen wurden.

Korrespondierende Erwägungsgründe: 71, 72, 91

Abschnitt 5 Beschränkungen

Artikel 23 Beschränkungen

(1) Durch Rechtsvorschriften der Union oder der Mitgliedstaaten, denen der Verantwortliche oder der Auftragsverarbeiter unterliegt, können die Pflichten und Rechte gemäß den Artikeln 12 bis 22 und Artikel 34 sowie Artikel 5, insofern dessen Bestimmungen den in den Artikeln 12 bis 22 vorgesehenen Rechten und Pflichten entsprechen, im Wege von Gesetzgebungsmaßnahmen beschränkt werden, sofern eine solche Beschränkung den Wesensgehalt der Grundrechte und Grundfreiheiten achtet und in einer demokratischen Gesellschaft eine notwendige und verhältnismäßige Maßnahme darstellt, die Folgendes sicherstellt:
  a) die nationale Sicherheit;

b) die Landesverteidigung;
c) die öffentliche Sicherheit;
d) die Verhütung, Ermittlung, Aufdeckung oder Verfolgung von Straftaten oder die Strafvollstreckung, einschließlich des Schutzes vor und der Abwehr von Gefahren für die öffentliche Sicherheit;
e) den Schutz sonstiger wichtiger Ziele des allgemeinen öffentlichen Interesses der Union oder eines Mitgliedstaats, insbesondere eines wichtigen wirtschaftlichen oder finanziellen Interesses der Union oder eines Mitgliedstaats, etwa im Währungs-, Haushalts- und Steuerbereich sowie im Bereich der öffentlichen Gesundheit und der sozialen Sicherheit;
f) den Schutz der Unabhängigkeit der Justiz und den Schutz von Gerichtsverfahren;
g) die Verhütung, Aufdeckung, Ermittlung und Verfolgung von Verstößen gegen die berufsständischen Regeln reglementierter Berufe;
h) Kontroll-, Überwachungs- und Ordnungsfunktionen, die dauernd oder zeitweise mit der Ausübung öffentlicher Gewalt für die unter den Buchstaben a bis e und g genannten Zwecke verbunden sind;
i) den Schutz der betroffenen Person oder der Rechte und Freiheiten anderer Personen;
j) die Durchsetzung zivilrechtlicher Ansprüche.

(2) Jede Gesetzgebungsmaßnahme im Sinne des Absatzes 1 muss insbesondere gegebenenfalls spezifische Vorschriften enthalten zumindest in Bezug auf

a) die Zwecke der Verarbeitung oder die Verarbeitungskategorien,
b) die Kategorien personenbezogener Daten,
c) den Umfang der vorgenommenen Beschränkungen,
d) die Garantien gegen Missbrauch oder unrechtmäßigen Zugang oder unrechtmäßige Übermittlung;
e) die Angaben zu dem Verantwortlichen oder den Kategorien von Verantwortlichen,
f) die jeweiligen Speicherfristen sowie die geltenden Garantien unter Berücksichtigung von Art, Umfang und Zwecken der Verarbeitung oder der Verarbeitungskategorien,
g) die Risiken für die Rechte und Freiheiten der betroffenen Personen und
h) das Recht der betroffenen Personen auf Unterrichtung über die Beschränkung, sofern dies nicht dem Zweck der Beschränkung abträglich ist.

Korrespondierende Erwägungsgründe: 73

KAPITEL IV Verantwortlicher und Auftragsverarbeiter

Abschnitt 1 Allgemeine Pflichten

Artikel 24 Verantwortung des für die Verarbeitung Verantwortlichen

(1) ¹Der Verantwortliche setzt unter Berücksichtigung der Art, des Umfangs, der Umstände und der Zwecke der Verarbeitung sowie der unterschiedlichen Eintrittswahrscheinlichkeit und Schwere der Risiken für die Rechte und Freiheiten natürlicher Personen geeignete technische und organisatorische Maßnahmen um, um sicherzustellen und den Nachweis dafür erbringen zu können, dass die Verarbeitung gemäß dieser Verordnung erfolgt. ²Diese Maßnahmen werden erforderlichenfalls überprüft und aktualisiert.
(2) Sofern dies in einem angemessenen Verhältnis zu den Verarbeitungstätigkeiten steht, müssen die Maßnahmen gemäß Absatz 1 die Anwendung geeigneter Datenschutzvorkehrungen durch den Verantwortlichen umfassen.
(3) Die Einhaltung der genehmigten Verhaltensregeln gemäß Artikel 40 oder eines genehmigten Zertifizierungsverfahrens gemäß Artikel 42 kann als Gesichtspunkt herangezogen werden, um die Erfüllung der Pflichten des Verantwortlichen nachzuweisen.

Korrespondierende Erwägungsgründe: 74, 75, 76, 77

Artikel 25 Datenschutz durch Technikgestaltung und durch datenschutzfreundliche Voreinstellungen

(1) Unter Berücksichtigung des Stands der Technik, der Implementierungskosten und der Art, des Umfangs, der Umstände und der Zwecke der Verarbeitung sowie der unterschiedlichen Eintrittswahrscheinlichkeit und Schwere der

mit der Verarbeitung verbundenen Risiken für die Rechte und Freiheiten natürlicher Personen trifft der Verantwortliche sowohl zum Zeitpunkt der Festlegung der Mittel für die Verarbeitung als auch zum Zeitpunkt der eigentlichen Verarbeitung geeignete technische und organisatorische Maßnahmen — wie z. B. Pseudonymisierung —, die dafür ausgelegt sind, die Datenschutzgrundsätze wie etwa Datenminimierung wirksam umzusetzen und die notwendigen Garantien in die Verarbeitung aufzunehmen, um den Anforderungen dieser Verordnung zu genügen und die Rechte der betroffenen Personen zu schützen.

(2) [1]Der Verantwortliche trifft geeignete technische und organisatorische Maßnahmen, die sicherstellen, dass durch Voreinstellung nur personenbezogene Daten, deren Verarbeitung für den jeweiligen bestimmten Verarbeitungszweck erforderlich ist, verarbeitet werden. [2]Diese Verpflichtung gilt für die Menge der erhobenen personenbezogenen Daten, den Umfang ihrer Verarbeitung, ihre Speicherfrist und ihre Zugänglichkeit. [3]Solche Maßnahmen müssen insbesondere sicherstellen, dass personenbezogene Daten durch Voreinstellungen nicht ohne Eingreifen der Person einer unbestimmten Zahl von natürlichen Personen zugänglich gemacht werden.

Ein genehmigtes Zertifizierungsverfahren gemäß Artikel 42 kann als Faktor herangezogen werden, um die Erfüllung der in den Absätzen 1 und 2 des vorliegenden Artikels genannten Anforderungen nachzuweisen.

Korrespondierende Erwägungsgründe: 78

Artikel 26 Gemeinsam Verantwortliche

(1) [1]Legen zwei oder mehr Verantwortliche gemeinsam die Zwecke der und die Mittel zur Verarbeitung fest, so sind sie gemeinsam Verantwortliche. [2]Sie legen in einer Vereinbarung in transparenter Form fest, wer von ihnen welche Verpflichtung gemäß dieser Verordnung erfüllt, insbesondere was die Wahrnehmung der Rechte der betroffenen Person angeht, und wer welchen Informationspflichten gemäß den Artikeln 13 und 14 nachkommt, sofern und soweit die

jeweiligen Aufgaben der Verantwortlichen nicht durch Rechtsvorschriften der Union oder der Mitgliedstaaten, denen die Verantwortlichen unterliegen, festgelegt sind. ³In der Vereinbarung kann eine Anlaufstelle für die betroffenen Personen angegeben werden.

(2) ¹Die Vereinbarung gemäß Absatz 1 muss die jeweiligen tatsächlichen Funktionen und Beziehungen der gemeinsam Verantwortlichen gegenüber betroffenen Personen gebührend widerspiegeln. ²Das wesentliche der Vereinbarung wird der betroffen Person zur Verfügung gestellt.

(3) Ungeachtet der Einzelheiten der Vereinbarung gemäß Absatz 1 kann die betroffene Person ihre Rechte im Rahmen dieser Verordnung bei und gegenüber jedem einzelnen der Verantwortlichen geltend machen.

Korrespondierende Erwägungsgründe: 79

Artikel 27 Vertreter von nicht in der Union niedergelassenen Verantwortlichen oder Auftragsverarbeitern

(1) In den Fällen gemäß Artikel 3 Absatz 2 benennt der Verantwortliche oder der Auftragsverarbeiter schriftlich einen Vertreter in der Union.

(2) Die Pflicht gemäß Absatz 1 des vorliegenden Artikels gilt nicht für

a) eine Verarbeitung, die gelegentlich erfolgt, nicht die umfangreiche Verarbeitung besonderer Datenkategorien im Sinne des Artikels 9 Absatz 1 oder die umfangreiche Verarbeitung von personenbezogenen Daten über strafrechtliche Verurteilungen und Straftaten im Sinne des Artikels 10 einschließt und unter Berücksichtigung der Art, der Umstände, des Umfangs und der Zwecke der Verarbeitung voraussichtlich nicht zu einem Risiko für die Rechte und Freiheiten natürlicher Personen führt, oder

b) Behörden oder öffentliche Stellen.

(3) Der Vertreter muss in einem der Mitgliedstaaten niedergelassen sein, in denen die betroffenen Personen, deren personenbezogene Daten im Zusammenhang mit den ihnen angebotenen Waren oder Dienstleistungen verarbeitet werden oder deren Verhalten beobachtet wird, sich befinden.

(4) Der Vertreter wird durch den Verantwortlichen oder den Auftragsverarbeiter beauftragt, zusätzlich zu diesem oder an seiner Stelle insbesondere für Aufsichtsbehörden und

betroffene Personen bei sämtlichen Fragen im Zusammenhang mit der Verarbeitung zur Gewährleistung der Einhaltung dieser Verordnung als Anlaufstelle zu dienen.

(5) Die Benennung eines Vertreters durch den Verantwortlichen oder den Auftragsverarbeiter erfolgt unbeschadet etwaiger rechtlicher Schritte gegen den Verantwortlichen oder den Auftragsverarbeiter selbst.

Korrespondierende Erwägungsgründe: 80

Artikel 28 Auftragsverarbeiter

(1) Erfolgt eine Verarbeitung im Auftrag eines Verantwortlichen, so arbeitet dieser nur mit Auftragsverarbeitern, die hinreichend Garantien dafür bieten, dass geeignete technische und organisatorische Maßnahmen so durchgeführt werden, dass die Verarbeitung im Einklang mit den Anforderungen dieser Verordnung erfolgt und den Schutz der Rechte der betroffenen Person gewährleistet.

(2) Der Auftragsverarbeiter nimmt keinen weiteren Auftragsverarbeiter ohne vorherige gesonderte oder allgemeine schriftliche Genehmigung des Verantwortlichen in Anspruch. Im Fall einer allgemeinen schriftlichen Genehmigung informiert der Auftragsverarbeiter den Verantwortlichen immer über jede beabsichtigte Änderung in Bezug auf die Hinzuziehung oder die Ersetzung anderer Auftragsverarbeiter, wodurch der Verantwortliche die Möglichkeit erhält, gegen derartige Änderungen Einspruch zu erheben.

(3) [1]Die Verarbeitung durch einen Auftragsverarbeiter erfolgt auf der Grundlage eines Vertrags oder eines anderen Rechtsinstruments nach dem Unionsrecht oder dem Recht der Mitgliedstaaten, der bzw. das den Auftragsverarbeiter in Bezug auf den Verantwortlichen bindet und in dem Gegenstand und Dauer der Verarbeitung, Art und Zweck der Verarbeitung, die Art der personenbezogenen Daten, die Kategorien betroffener Personen und die Pflichten und Rechte des Verantwortlichen festgelegt sind. [2]Dieser Vertrag bzw. dieses andere Rechtsinstrument sieht insbesondere vor, dass der Auftragsverarbeiter

    a) die personenbezogenen Daten nur auf dokumentierte Weisung des Verantwortlichen — auch in Bezug auf die Übermittlung personenbezogener Daten an ein Drittland oder eine internationale Organisation — verarbeitet, sofern er nicht durch das Recht der Union oder der Mitgliedstaaten, dem der Auftragsverarbeiter

unterliegt, hierzu verpflichtet ist; in einem solchen Fall teilt der Auftragsverarbeiter dem Verantwortlichen diese rechtlichen Anforderungen vor der Verarbeitung mit, sofern das betreffende Recht eine solche Mitteilung nicht wegen eines wichtigen öffentlichen Interesses verbietet;
b) gewährleistet, dass sich die zur Verarbeitung der personenbezogenen Daten befugten Personen zur Vertraulichkeit verpflichtet haben oder einer angemessenen gesetzlichen Verschwiegenheitspflicht unterliegen;
c) alle gemäß Artikel 32 erforderlichen Maßnahmen ergreift;
d) die in den Absätzen 2 und 4 genannten Bedingungen für die Inanspruchnahme der Dienste eines weiteren Auftragsverarbeiters einhält;
e) angesichts der Art der Verarbeitung den Verantwortlichen nach Möglichkeit mit geeigneten technischen und organisatorischen Maßnahmen dabei unterstützt, seiner Pflicht zur Beantwortung von Anträgen auf Wahrnehmung der in Kapitel III genannten Rechte der betroffenen Person nachzukommen;
f) unter Berücksichtigung der Art der Verarbeitung und der ihm zur Verfügung stehenden Informationen den Verantwortlichen bei der Einhaltung der in den Artikeln 32 bis 36 genannten Pflichten unterstützt;
g) nach Abschluss der Erbringung der Verarbeitungsleistungen alle personenbezogenen Daten nach Wahl des Verantwortlichen entweder löscht oder zurückgibt und die vorhandenen Kopien löscht, sofern nicht nach dem Unionsrecht oder dem Recht der Mitgliedstaaten eine Verpflichtung zur Speicherung der personenbezogenen Daten besteht;
h) dem Verantwortlichen alle erforderlichen Informationen zum Nachweis der Einhaltung der in diesem Artikel niedergelegten Pflichten zur Verfügung stellt und Überprüfungen — einschließlich Inspektionen –, die vom Verantwortlichen oder einem anderen von diesem beauftragten Prüfer durchgeführt werden, ermöglicht und dazu beiträgt.

Mit Blick auf Unterabsatz 1 Buchstabe h informiert der Auftragsverarbeiter den Verantwortlichen unverzüglich, falls er der Auffassung ist, dass eine Weisung gegen diese Verordnung oder gegen andere

Datenschutzbestimmungen der Union oder der Mitgliedstaaten verstößt.

(4) ¹Nimmt der Auftragsverarbeiter die Dienste eines weiteren Auftragsverarbeiters in Anspruch, um bestimmte Verarbeitungstätigkeiten im Namen des Verantwortlichen auszuführen, so werden diesem weiteren Auftragsverarbeiter im Wege eines Vertrags oder eines anderen Rechtsinstruments nach dem Unionsrecht oder dem Recht des betreffenden Mitgliedstaats dieselben Datenschutzpflichten auferlegt, die in dem Vertrag oder anderen Rechtsinstrument zwischen dem Verantwortlichen und dem Auftragsverarbeiter gemäß Absatz 3 festgelegt sind, wobei insbesondere hinreichende Garantien dafür geboten werden muss, dass die geeigneten technischen und organisatorischen Maßnahmen so durchgeführt werden, dass die Verarbeitung entsprechend den Anforderungen dieser Verordnung erfolgt. ²Kommt der weitere Auftragsverarbeiter seinen Datenschutzpflichten nicht nach, so haftet der erste Auftragsverarbeiter gegenüber dem Verantwortlichen für die Einhaltung der Pflichten jenes anderen Auftragsverarbeiters.

(5) Die Einhaltung genehmigter Verhaltensregeln gemäß Artikel 40 oder eines genehmigten Zertifizierungsverfahrens gemäß Artikel 42 durch einen Auftragsverarbeiter kann als Faktor herangezogen werden, um hinreichende Garantien im Sinne der Absätze 1 und 4 des vorliegenden Artikels nachzuweisen.

(6) Unbeschadet eines individuellen Vertrags zwischen dem Verantwortlichen und dem Auftragsverarbeiter kann der Vertrag oder das andere Rechtsinstrument im Sinne der Absätze 3 und 4 des vorliegenden Artikels ganz oder teilweise auf den in den Absätzen 7 und 8 des vorliegenden Artikels genannten Standardvertragsklauseln beruhen, auch wenn diese Bestandteil einer dem Verantwortlichen oder dem Auftragsverarbeiter gemäß den Artikeln 42 und 43 erteilten Zertifizierung sind.

(7) Die Kommission kann im Einklang mit dem Prüfverfahren gemäß Artikel 93 Absatz 2 Standardvertragsklauseln zur Regelung der in den Absätzen 3 und 4 des vorliegenden Artikels genannten Fragen festlegen.

(8) Eine Aufsichtsbehörde kann im Einklang mit dem Kohärenzverfahren gemäß Artikel 63 Standardvertragsklauseln zur Regelung der in den Absätzen 3 und 4 des vorliegenden Artikels genannten Fragen festlegen.

(9) Der Vertrag oder das andere Rechtsinstrument im Sinne der Absätze 3 und 4 ist schriftlich abzufassen, was auch in einem elektronischen Format erfolgen kann.
(10) Unbeschadet der Artikel 82, 83 und 84 gilt ein Auftragsverarbeiter, der unter Verstoß gegen diese Verordnung die Zwecke und Mittel der Verarbeitung bestimmt, in Bezug auf diese Verarbeitung als Verantwortlicher.

Korrespondierende Erwägungsgründe: 81

Artikel 29 Verarbeitung unter der Aufsicht des Verantwortlichen oder des Auftragsverarbeiters

Der Auftragsverarbeiter und jede dem Verantwortlichen oder dem Auftragsverarbeiter unterstellte Person, die Zugang zu personenbezogenen Daten hat, dürfen diese Daten ausschließlich auf Weisung des Verantwortlichen verarbeiten, es sei denn, dass sie nach dem Unionsrecht oder dem Recht der Mitgliedstaaten zur Verarbeitung verpflichtet sind.

Artikel 30 Verzeichnis von Verarbeitungstätigkeiten

(1) [1]Jeder Verantwortliche und gegebenenfalls sein Vertreter führen ein Verzeichnis aller Verarbeitungstätigkeiten, die ihrer Zuständigkeit unterliegen. [2]Dieses Verzeichnis enthält sämtliche folgenden Angaben:
  a) den Namen und die Kontaktdaten des Verantwortlichen und gegebenenfalls des gemeinsam mit ihm Verantwortlichen, des Vertreters des Verantwortlichen sowie eines etwaigen Datenschutzbeauftragten;
  b) die Zwecke der Verarbeitung;
  c) eine Beschreibung der Kategorien betroffener Personen und der Kategorien personenbezogener Daten;
  d) die Kategorien von Empfängern, gegenüber denen die personenbezogenen Daten offengelegt worden sind oder noch offengelegt werden, einschließlich Empfänger in Drittländern oder internationalen Organisationen;
  e) gegebenenfalls Übermittlungen von personenbezogenen Daten an ein Drittland oder an eine internationale Organisation, einschließlich der Angabe des betreffenden Drittlands oder der betreffenden internationalen Organisation, sowie bei den in Artikel 49 Absatz 1

Unterabsatz 2 genannten Datenübermittlungen die Dokumentierung geeigneter Garantien;
f) wenn möglich, die vorgesehenen Fristen für die Löschung der verschiedenen Datenkategorien;
g) wenn möglich, eine allgemeine Beschreibung der technischen und organisatorischen Maßnahmen gemäß Artikel 32 Absatz 1.
(2) Jeder Auftragsverarbeiter und gegebenenfalls sein Vertreter führen ein Verzeichnis zu allen Kategorien von im Auftrag eines Verantwortlichen durchgeführten Tätigkeiten der Verarbeitung, die Folgendes enthält:
a) den Namen und die Kontaktdaten des Auftragsverarbeiters oder der Auftragsverarbeiter und jedes Verantwortlichen, in dessen Auftrag der Auftragsverarbeiter tätig ist, sowie gegebenenfalls des Vertreters des Verantwortlichen oder des Auftragsverarbeiters und eines etwaigen Datenschutzbeauftragten;
b) die Kategorien von Verarbeitungen, die im Auftrag jedes Verantwortlichen durchgeführt werden;
c) gegebenenfalls Übermittlungen von personenbezogenen Daten an ein Drittland oder an eine internationale Organisation, einschließlich der Angabe des betreffenden Drittlands oder der betreffenden internationalen Organisation, sowie bei den in Artikel 49 Absatz 1 Unterabsatz 2 genannten Datenübermittlungen die Dokumentierung geeigneter Garantien;
d) wenn möglich, eine allgemeine Beschreibung der technischen und organisatorischen Maßnahmen gemäß Artikel 32 Absatz 1.
(3) Das in den Absätzen 1 und 2 genannte Verzeichnis ist schriftlich zu führen, was auch in einem elektronischen Format erfolgen kann.
(4) Der Verantwortliche oder der Auftragsverarbeiter sowie gegebenenfalls der Vertreter des Verantwortlichen oder des Auftragsverarbeiters stellen der Aufsichtsbehörde das Verzeichnis auf Anfrage zur Verfügung.
(5) Die in den Absätzen 1 und 2 genannten Pflichten gelten nicht für Unternehmen oder Einrichtungen, die weniger als 250 Mitarbeiter beschäftigen, es sei denn, die von ihnen vorgenommene Verarbeitung birgt ein Risiko für die Rechte und Freiheiten der betroffenen Personen, die Verarbeitung erfolgt nicht nur gelegentlich oder es erfolgt eine Verarbeitung besonderer Datenkategorien gemäß Artikel 9 Absatz 1 bzw. die Verarbeitung von personenbezogenen

Daten über strafrechtliche Verurteilungen und Straftaten im Sinne des Artikels 10.

Korrespondierende Erwägungsgründe: 13, 82

Artikel 31 Zusammenarbeit mit der Aufsichtsbehörde

Der Verantwortliche und der Auftragsverarbeiter und gegebenenfalls deren Vertreter arbeiten auf Anfrage mit der Aufsichtsbehörde bei der Erfüllung ihrer Aufgaben zusammen.

Korrespondierende Erwägungsgründe: 82

Abschnitt 2 Sicherheit personenbezogener Daten

Artikel 32 Sicherheit der Verarbeitung

(1) Unter Berücksichtigung des Stands der Technik, der Implementierungskosten und der Art, des Umfangs, der Umstände und der Zwecke der Verarbeitung sowie der unterschiedlichen Eintrittswahrscheinlichkeit und Schwere des Risikos für die Rechte und Freiheiten natürlicher Personen treffen der Verantwortliche und der Auftragsverarbeiter geeignete technische und organisatorische Maßnahmen, um ein dem Risiko angemessenes Schutzniveau zu gewährleisten; diese Maßnahmen schließen gegebenenfalls unter anderem Folgendes ein:
  a) die Pseudonymisierung und Verschlüsselung personenbezogener Daten;
  b) die Fähigkeit, die Vertraulichkeit, Integrität, Verfügbarkeit und Belastbarkeit der Systeme und Dienste im Zusammenhang mit der Verarbeitung auf Dauer sicherzustellen;
  c) die Fähigkeit, die Verfügbarkeit der personenbezogenen Daten und den Zugang zu ihnen bei einem physischen oder technischen Zwischenfall rasch wiederherzustellen;
  d) ein Verfahren zur regelmäßigen Überprüfung, Bewertung und Evaluierung der Wirksamkeit der technischen und organisatorischen Maßnahmen zur Gewährleistung der Sicherheit der Verarbeitung.
(2) Bei der Beurteilung des angemessenen Schutzniveaus sind insbesondere die Risiken zu berücksichtigen, die mit der

Verarbeitung verbunden sind, insbesondere durch — ob unbeabsichtigt oder unrechtmäßig — Vernichtung, Verlust, Veränderung oder unbefugte Offenlegung von beziehungsweise unbefugten Zugang zu personenbezogenen Daten, die übermittelt, gespeichert oder auf andere Weise verarbeitet wurden.

(3) Die Einhaltung genehmigter Verhaltensregeln gemäß Artikel 40 oder eines genehmigten Zertifizierungsverfahrens gemäß Artikel 42 kann als Faktor herangezogen werden, um die Erfüllung der in Absatz 1 des vorliegenden Artikels genannten Anforderungen nachzuweisen.

(4) Der Verantwortliche und der Auftragsverarbeiter unternehmen Schritte, um sicherzustellen, dass ihnen unterstellte natürliche Personen, die Zugang zu personenbezogenen Daten haben, diese nur auf Anweisung des Verantwortlichen verarbeiten, es sei denn, sie sind nach dem Recht der Union oder der Mitgliedstaaten zur Verarbeitung verpflichtet.

Korrespondierende Erwägungsgründe: 75, 76, 77, 78, 79, 83

Artikel 33 Meldung von Verletzungen des Schutzes personenbezogener Daten an die Aufsichtsbehörde

(1) ¹Im Falle einer Verletzung des Schutzes personenbezogener Daten meldet der Verantwortliche unverzüglich und möglichst binnen 72 Stunden, nachdem ihm die Verletzung bekannt wurde, diese der gemäß Artikel 55 zuständigen Aufsichtsbehörde, es sei denn, dass die Verletzung des Schutzes personenbezogener Daten voraussichtlich nicht zu einem Risiko für die Rechte und Freiheiten natürlicher Personen führt. ²Erfolgt die Meldung an die Aufsichtsbehörde nicht binnen 72 Stunden, so ist ihr eine Begründung für die Verzögerung beizufügen.

(2) Wenn dem Auftragsverarbeiter eine Verletzung des Schutzes personenbezogener Daten bekannt wird, meldet er diese dem Verantwortlichen unverzüglich.

(3) Die Meldung gemäß Absatz 1 enthält zumindest folgende Informationen:
   a) eine Beschreibung der Art der Verletzung des Schutzes personenbezogener Daten, soweit möglich mit Angabe der Kategorien und der ungefähren Zahl der betroffenen Personen, der betroffenen Kategorien und der ungefähren Zahl der betroffenen personenbezogenen Datensätze;

b) den Namen und die Kontaktdaten des Datenschutzbeauftragten oder einer sonstigen Anlaufstelle für weitere Informationen;
c) eine Beschreibung der wahrscheinlichen Folgen der Verletzung des Schutzes personenbezogener Daten;
d) eine Beschreibung der von dem Verantwortlichen ergriffenen oder vorgeschlagenen Maßnahmen zur Behebung der Verletzung des Schutzes personenbezogener Daten und gegebenenfalls Maßnahmen zur Abmilderung ihrer möglichen nachteiligen Auswirkungen.

(4) Wenn und soweit die Informationen nicht zur gleichen Zeit bereitgestellt werden können, kann der Verantwortliche diese Informationen ohne unangemessene weitere Verzögerung schrittweise zur Verfügung stellen.

(5) [1]Der Verantwortliche dokumentiert Verletzungen des Schutzes personenbezogener Daten einschließlich aller im Zusammenhang mit der Verletzung des Schutzes personenbezogener Daten stehenden Fakten, von deren Auswirkungen und der ergriffenen Abhilfemaßnahmen. [2]Diese Dokumentation muss der Aufsichtsbehörde die Überprüfung der Einhaltung der Bestimmungen dieses Artikels ermöglichen.

Korrespondierende Erwägungsgründe: 85, 87, 88

Artikel 34 Benachrichtigung der von einer Verletzung des Schutzes personenbezogener Daten betroffenen Person

(1) Hat die Verletzung des Schutzes personenbezogener Daten voraussichtlich ein hohes Risiko für die persönlichen Rechte und Freiheiten natürlicher Personen zur Folge, so benachrichtigt der Verantwortliche die betroffene Person unverzüglich von der Verletzung.

(2) Die in Absatz 1 genannte Benachrichtigung der betroffenen Person beschreibt in klarer und einfacher Sprache die Art der Verletzung des Schutzes personenbezogener Daten und enthält zumindest die in Artikel 33 Absatz 3 Buchstaben b, c und d genannten Informationen und Maßnahmen.

(3) Die Benachrichtigung der betroffenen Person gemäß Absatz 1 ist nicht erforderlich, wenn eine der folgenden Bedingungen erfüllt ist:
a) der Verantwortliche geeignete technische und organisatorische Sicherheitsvorkehrungen getroffen hat und diese Vorkehrungen auf die von der Verletzung betroffenen personenbezogenen Daten angewandt

wurden, insbesondere solche, durch die die personenbezogenen Daten für alle Personen, die nicht zum Zugang zu den personenbezogenen Daten befugt sind, unzugänglich gemacht werden, etwa durch Verschlüsselung;
b) der Verantwortliche durch nachfolgende Maßnahmen sichergestellt hat, dass das hohe Risiko für die Rechte und Freiheiten der betroffenen Personen gemäß Absatz 1 aller Wahrscheinlichkeit nach nicht mehr besteht;
c) dies mit einem unverhältnismäßigen Aufwand verbunden wäre. In diesem Fall hat stattdessen eine öffentliche Bekanntmachung oder eine ähnliche Maßnahme zu erfolgen, durch die die betroffenen Personen vergleichbar wirksam informiert werden.

(4) Wenn der Verantwortliche die betroffene Person nicht bereits über die Verletzung des Schutzes personenbezogener Daten benachrichtigt hat, kann die Aufsichtsbehörde unter Berücksichtigung der Wahrscheinlichkeit, mit der die Verletzung des Schutzes personenbezogener Daten zu einem hohen Risiko führt, von dem Verantwortlichen verlangen, dies nachzuholen, oder sie kann mit einem Beschluss feststellen, dass bestimmte der in Absatz 3 genannten Voraussetzungen erfüllt sind.

Korrespondierende Erwägungsgründe: 86, 87, 88

Abschnitt 3 Datenschutz-Folgenabschätzung und vorherige Konsultation

Artikel 35 Datenschutz-Folgenabschätzung

(1) ¹Hat eine Form der Verarbeitung, insbesondere bei Verwendung neuer Technologien, aufgrund der Art, des Umfangs, der Umstände und der Zwecke der Verarbeitung voraussichtlich ein hohes Risiko für die Rechte und Freiheiten natürlicher Personen zur Folge, so führt der Verantwortliche vorab eine Abschätzung der Folgen der vorgesehenen Verarbeitungsvorgänge für den Schutz personenbezogener Daten durch. ²Für die Untersuchung mehrerer ähnlicher Verarbeitungsvorgänge mit ähnlich hohen Risiken kann eine einzige Abschätzung vorgenommen werden.

(2) Der Verantwortliche holt bei der Durchführung einer Datenschutz-Folgenabschätzung den Rat des Datenschutzbeauftragten, sofern ein solcher benannt wurde, ein.

(3) Eine Datenschutz-Folgenabschätzung gemäß Absatz 1 ist insbesondere in folgenden Fällen erforderlich:
   a) systematische und umfassende Bewertung persönlicher Aspekte natürlicher Personen, die sich auf automatisierte Verarbeitung einschließlich Profiling gründet und die ihrerseits als Grundlage für Entscheidungen dient, die Rechtswirkung gegenüber natürlichen Personen entfalten oder diese in ähnlich erheblicher Weise beeinträchtigen;
   b) umfangreiche Verarbeitung besonderer Kategorien von personenbezogenen Daten gemäß Artikel 9 Absatz 1 oder von personenbezogenen Daten über strafrechtliche Verurteilungen und Straftaten gemäß Artikel 10 oder
   c) systematische umfangreiche Überwachung öffentlich zugänglicher Bereiche.

(4) Die Aufsichtsbehörde erstellt eine Liste der Verarbeitungsvorgänge, für die gemäß Absatz 1 eine Datenschutz-Folgenabschätzung durchzuführen ist, und veröffentlicht diese. Die Aufsichtsbehörde übermittelt diese Listen dem in Artikel 68 genannten Ausschuss.

(5) ^{1}Die Aufsichtsbehörde kann des Weiteren eine Liste der Arten von Verarbeitungsvorgängen erstellen und veröffentlichen, für die keine Datenschutz-Folgenabschätzung erforderlich ist. ^{2}Die Aufsichtsbehörde übermittelt diese Listen dem Ausschuss.

(6) Vor Festlegung der in den Absätzen 4 und 5 genannten Listen wendet die zuständige Aufsichtsbehörde das Kohärenzverfahren gemäß Artikel 63 an, wenn solche Listen Verarbeitungstätigkeiten umfassen, die mit dem Angebot von Waren oder Dienstleistungen für betroffene Personen oder der Beobachtung des Verhaltens dieser Personen in mehreren Mitgliedstaaten im Zusammenhang stehen oder die den freien Verkehr personenbezogener Daten innerhalb der Union erheblich beeinträchtigen könnten.

(7) Die Folgenabschätzung enthält zumindest Folgendes:
   a) eine systematische Beschreibung der geplanten Verarbeitungsvorgänge und der Zwecke der Verarbeitung, gegebenenfalls einschließlich der von dem Verantwortlichen verfolgten berechtigten Interessen;
   b) eine Bewertung der Notwendigkeit und Verhältnismäßigkeit der Verarbeitungsvorgänge in Bezug auf den Zweck;

c) eine Bewertung der Risiken für die Rechte und Freiheiten der betroffenen Personen gemäß Absatz 1 und
d) die zur Bewältigung der Risiken geplanten Abhilfemaßnahmen, einschließlich Garantien, Sicherheitsvorkehrungen und Verfahren, durch die der Schutz personenbezogener Daten sichergestellt und der Nachweis dafür erbracht wird, dass diese Verordnung eingehalten wird, wobei den Rechten und berechtigten Interessen der betroffenen Personen und sonstiger Betroffener Rechnung getragen wird.

(8) Die Einhaltung genehmigter Verhaltensregeln gemäß Artikel 40 durch die zuständigen Verantwortlichen oder die zuständigen Auftragsverarbeiter ist bei der Beurteilung der Auswirkungen der von diesen durchgeführten Verarbeitungsvorgängen, insbesondere für die Zwecke einer Datenschutz-Folgenabschätzung, gebührend zu berücksichtigen.

(9) Der Verantwortliche holt gegebenenfalls den Standpunkt der betroffenen Personen oder ihrer Vertreter zu der beabsichtigten Verarbeitung unbeschadet des Schutzes gewerblicher oder öffentlicher Interessen oder der Sicherheit der Verarbeitungsvorgänge ein.

(10) Falls die Verarbeitung gemäß Artikel 6 Absatz 1 Buchstabe c oder e auf einer Rechtsgrundlage im Unionsrecht oder im Recht des Mitgliedstaats, dem der Verantwortliche unterliegt, beruht und falls diese Rechtsvorschriften den konkreten Verarbeitungsvorgang oder die konkreten Verarbeitungsvorgänge regeln und bereits im Rahmen der allgemeinen Folgenabschätzung im Zusammenhang mit dem Erlass dieser Rechtsgrundlage eine Datenschutz-Folgenabschätzung erfolgte, gelten die Absätze 1 bis 7 nur, wenn es nach dem Ermessen der Mitgliedstaaten erforderlich ist, vor den betreffenden Verarbeitungstätigkeiten eine solche Folgenabschätzung durchzuführen.

(11) Erforderlichenfalls führt der Verantwortliche eine Überprüfung durch, um zu bewerten, ob die Verarbeitung gemäß der Datenschutz-Folgenabschätzung durchgeführt wird; dies gilt zumindest, wenn hinsichtlich des mit den Verarbeitungsvorgängen verbundenen Risikos Änderungen eingetreten sind.

Korrespondierende Erwägungsgründe: 75, 84, 89, 90, 91, 92, 93

Artikel 36 Vorherige Konsultation

(1) Der Verantwortliche konsultiert vor der Verarbeitung die Aufsichtsbehörde, wenn aus einer Datenschutz-Folgenabschätzung gemäß Artikel 35 hervorgeht, dass die Verarbeitung ein hohes Risiko zur Folge hätte, sofern der Verantwortliche keine Maßnahmen zur Eindämmung des Risikos trifft.

(2) ¹Falls die Aufsichtsbehörde der Auffassung ist, dass die geplante Verarbeitung gemäß Absatz 1 nicht im Einklang mit dieser Verordnung stünde, insbesondere weil der Verantwortliche das Risiko nicht ausreichend ermittelt oder nicht ausreichend eingedämmt hat, unterbreitet sie dem Verantwortlichen und gegebenenfalls dem Auftragsverarbeiter innerhalb eines Zeitraums von bis zu acht Wochen nach Erhalt des Ersuchens um Konsultation entsprechende schriftliche Empfehlungen und kann ihre in Artikel 58 genannten Befugnisse ausüben. ²Diese Frist kann unter Berücksichtigung der Komplexität der geplanten Verarbeitung um sechs Wochen verlängert werden. ³Die Aufsichtsbehörde unterrichtet den Verantwortlichen oder gegebenenfalls den Auftragsverarbeiter über eine solche Fristverlängerung innerhalb eines Monats nach Eingang des Antrags auf Konsultation zusammen mit den Gründen für die Verzögerung. ⁴Diese Fristen können ausgesetzt werden, bis die Aufsichtsbehörde die für die Zwecke der Konsultation angeforderten Informationen erhalten hat.

(3) Der Verantwortliche stellt der Aufsichtsbehörde bei einer Konsultation gemäß Absatz 1 folgende Informationen zur Verfügung:

a) gegebenenfalls Angaben zu den jeweiligen Zuständigkeiten des Verantwortlichen, der gemeinsam Verantwortlichen und der an der Verarbeitung beteiligten Auftragsverarbeiter, insbesondere bei einer Verarbeitung innerhalb einer Gruppe von Unternehmen;

b) die Zwecke und die Mittel der beabsichtigten Verarbeitung;

c) die zum Schutz der Rechte und Freiheiten der betroffenen Personen gemäß dieser Verordnung vorgesehenen Maßnahmen und Garantien;

d) gegebenenfalls die Kontaktdaten des Datenschutzbeauftragten;

e) die Datenschutz-Folgenabschätzung gemäß Artikel 35 und

f) alle sonstigen von der Aufsichtsbehörde angeforderten Informationen.
(4) Die Mitgliedstaaten konsultieren die Aufsichtsbehörde bei der Ausarbeitung eines Vorschlags für von einem nationalen Parlament zu erlassende Gesetzgebungsmaßnahmen oder von auf solchen Gesetzgebungsmaßnahmen basierenden Regelungsmaßnahmen, die die Verarbeitung betreffen.
(5) Ungeachtet des Absatzes 1 können Verantwortliche durch das Recht der Mitgliedstaaten verpflichtet werden, bei der Verarbeitung zur Erfüllung einer im öffentlichen Interesse liegenden Aufgabe, einschließlich der Verarbeitung zu Zwecken der sozialen Sicherheit und der öffentlichen Gesundheit, die Aufsichtsbehörde zu konsultieren und deren vorherige Genehmigung einzuholen.

Korrespondierende Erwägungsgründe: 94, 95, 96

Abschnitt 4 Datenschutzbeauftragter

Artikel 37 Benennung eines Datenschutzbeauftragten

(1) Der Verantwortliche und der Auftragsverarbeiter benennen auf jeden Fall einen Datenschutzbeauftragten, wenn
   a) die Verarbeitung von einer Behörde oder öffentlichen Stelle durchgeführt wird, mit Ausnahme von Gerichten, soweit sie im Rahmen ihrer justiziellen Tätigkeit handeln,
   b) die Kerntätigkeit des Verantwortlichen oder des Auftragsverarbeiters in der Durchführung von Verarbeitungsvorgängen besteht, welche aufgrund ihrer Art, ihres Umfangs und/oder ihrer Zwecke eine umfangreiche regelmäßige und systematische Überwachung von betroffenen Personen erforderlich machen, oder
   c) die Kerntätigkeit des Verantwortlichen oder des Auftragsverarbeiters in der umfangreichen Verarbeitung besonderer Kategorien von Daten gemäß Artikel 9 oder von personenbezogenen Daten über strafrechtliche Verurteilungen und Straftaten gemäß Artikel 10 besteht.
(2) Eine Unternehmensgruppe darf einen gemeinsamen Datenschutzbeauftragten ernennen, sofern von jeder Niederlassung aus der Datenschutzbeauftragte leicht erreicht werden kann.
(3) Falls es sich bei dem Verantwortlichen oder dem Auftragsverarbeiter um eine Behörde oder öffentliche Stelle

handelt, kann für mehrere solcher Behörden oder Stellen unter Berücksichtigung ihrer Organisationsstruktur und ihrer Größe ein gemeinsamer Datenschutzbeauftragter benannt werden.

(4) [1]In anderen als den in Absatz 1 genannten Fällen können der Verantwortliche oder der Auftragsverarbeiter oder Verbände und andere Vereinigungen, die Kategorien von Verantwortlichen oder Auftragsverarbeitern vertreten, einen Datenschutzbeauftragten benennen; falls dies nach dem Recht der Union oder der Mitgliedstaaten vorgeschrieben ist, müssen sie einen solchen benennen. [2]Der Datenschutzbeauftragte kann für derartige Verbände und andere Vereinigungen, die Verantwortliche oder Auftragsverarbeiter vertreten, handeln.

(5) Der Datenschutzbeauftragte wird auf der Grundlage seiner beruflichen Qualifikation und insbesondere des Fachwissens benannt, das er auf dem Gebiet des Datenschutzrechts und der Datenschutzpraxis besitzt, sowie auf der Grundlage seiner Fähigkeit zur Erfüllung der in Artikel 39 genannten Aufgaben.

(6) Der Datenschutzbeauftragte kann Beschäftigter des Verantwortlichen oder des Auftragsverarbeiters sein oder seine Aufgaben auf der Grundlage eines Dienstleistungsvertrags erfüllen.

(7) Der Verantwortliche oder der Auftragsverarbeiter veröffentlicht die Kontaktdaten des Datenschutzbeauftragten und teilt diese Daten der Aufsichtsbehörde mit.

Korrespondierende Erwägungsgründe: 97

Artikel 38 Stellung des Datenschutzbeauftragten

(1) Der Verantwortliche und der Auftragsverarbeiter stellen sicher, dass der Datenschutzbeauftragte ordnungsgemäß und frühzeitig in alle mit dem Schutz personenbezogener Daten zusammenhängenden Fragen eingebunden wird.

(2) Der Verantwortliche und der Auftragsverarbeiter unterstützen den Datenschutzbeauftragten bei der Erfüllung seiner Aufgaben gemäß Artikel 39, indem sie die für die Erfüllung dieser Aufgaben erforderlichen Ressourcen und den Zugang zu personenbezogenen Daten und Verarbeitungsvorgängen sowie die zur Erhaltung seines Fachwissens erforderlichen Ressourcen zur Verfügung stellen.

(3) [1]Der Verantwortliche und der Auftragsverarbeiter stellen sicher, dass der Datenschutzbeauftragte bei der Erfüllung

seiner Aufgaben keine Anweisungen bezüglich der Ausübung dieser Aufgaben erhält. ²Der Datenschutzbeauftragte darf von dem Verantwortlichen oder dem Auftragsverarbeiter wegen der Erfüllung seiner Aufgaben nicht abberufen oder benachteiligt werden. ³Der Datenschutzbeauftragte berichtet unmittelbar der höchsten Managementebene des Verantwortlichen oder des Auftragsverarbeiters.
(4) Betroffene Personen können den Datenschutzbeauftragten zu allen mit der Verarbeitung ihrer personenbezogenen Daten und mit der Wahrnehmung ihrer Rechte gemäß dieser Verordnung im Zusammenhang stehenden Fragen zu Rate ziehen.
(5) Der Datenschutzbeauftragte ist nach dem Recht der Union oder der Mitgliedstaaten bei der Erfüllung seiner Aufgaben an die Wahrung der Geheimhaltung oder der Vertraulichkeit gebunden.
(6) Der Datenschutzbeauftragte kann andere Aufgaben und Pflichten wahrnehmen. Der Verantwortliche oder der Auftragsverarbeiter stellt sicher, dass derartige Aufgaben und Pflichten nicht zu einem Interessenkonflikt führen.

Korrespondierende Erwägungsgründe: 97

Artikel 39 Aufgaben des Datenschutzbeauftragten

(1) Dem Datenschutzbeauftragten obliegen zumindest folgende Aufgaben:
    a) Unterrichtung und Beratung des Verantwortlichen oder des Auftragsverarbeiters und der Beschäftigten, die Verarbeitungen durchführen, hinsichtlich ihrer Pflichten nach dieser Verordnung sowie nach sonstigen Datenschutzvorschriften der Union bzw. der Mitgliedstaaten;
    b) Überwachung der Einhaltung dieser Verordnung, anderer Datenschutzvorschriften der Union bzw. der Mitgliedstaaten sowie der Strategien des Verantwortlichen oder des Auftragsverarbeiters für den Schutz personenbezogener Daten einschließlich der Zuweisung von Zuständigkeiten, der Sensibilisierung und Schulung der an den Verarbeitungsvorgängen beteiligten Mitarbeiter und der diesbezüglichen Überprüfungen;
    c) Beratung — auf Anfrage — im Zusammenhang mit der Datenschutz-Folgenabschätzung und Überwachung ihrer Durchführung gemäß Artikel 35;
    d) Zusammenarbeit mit der Aufsichtsbehörde;

e) Tätigkeit als Anlaufstelle für die Aufsichtsbehörde in mit der Verarbeitung zusammenhängenden Fragen, einschließlich der vorherigen Konsultation gemäß Artikel 36, und gegebenenfalls Beratung zu allen sonstigen Fragen.

(2) Der Datenschutzbeauftragte trägt bei der Erfüllung seiner Aufgaben dem mit den Verarbeitungsvorgängen verbundenen Risiko gebührend Rechnung, wobei er die Art, den Umfang, die Umstände und die Zwecke der Verarbeitung berücksichtigt.

Abschnitt 5 Verhaltensregeln und Zertifizierung

Artikel 40 Verhaltensregeln

(1) Die Mitgliedstaaten, die Aufsichtsbehörden, der Ausschuss und die Kommission fördern die Ausarbeitung von Verhaltensregeln, die nach Maßgabe der Besonderheiten der einzelnen Verarbeitungsbereiche und der besonderen Bedürfnisse von Kleinstunternehmen sowie kleinen und mittleren Unternehmen zur ordnungsgemäßen Anwendung dieser Verordnung beitragen sollen.

(2) Verbände und andere Vereinigungen, die Kategorien von Verantwortlichen oder Auftragsverarbeitern vertreten, können Verhaltensregeln ausarbeiten oder ändern oder erweitern, mit denen die Anwendung dieser Verordnung beispielsweise zu dem Folgenden präzisiert wird:

a) faire und transparente Verarbeitung;
b) die berechtigten Interessen des Verantwortlichen in bestimmten Zusammenhängen;
c) Erhebung personenbezogener Daten;
d) Pseudonymisierung personenbezogener Daten;
e) Unterrichtung der Öffentlichkeit und der betroffenen Personen;
f) Ausübung der Rechte betroffener Personen;
g) Unterrichtung und Schutz von Kindern und Art und Weise, in der die Einwilligung des Trägers der elterlichen Verantwortung für das Kind einzuholen ist;
h) die Maßnahmen und Verfahren gemäß den Artikeln 24 und 25 und die Maßnahmen für die Sicherheit der Verarbeitung gemäß Artikel 32;
i) die Meldung von Verletzungen des Schutzes personenbezogener Daten an Aufsichtsbehörden und die

Benachrichtigung der betroffenen Person von solchen Verletzungen des Schutzes personenbezogener Daten;
j) die Übermittlung personenbezogener Daten an Drittländer oder an internationale Organisationen oder
k) außergerichtliche Verfahren und sonstige Streitbeilegungsverfahren zur Beilegung von Streitigkeiten zwischen Verantwortlichen und betroffenen Personen im Zusammenhang mit der Verarbeitung, unbeschadet der Rechte betroffener Personen gemäß den Artikeln 77 und 79.

(3) [1]Zusätzlich zur Einhaltung durch die unter diese Verordnung fallenden Verantwortlichen oder Auftragsverarbeiter können Verhaltensregeln, die gemäß Absatz 5 des vorliegenden Artikels genehmigt wurden und gemäß Absatz 9 des vorliegenden Artikels allgemeine Gültigkeit besitzen, auch von Verantwortlichen oder Auftragsverarbeitern, die gemäß Artikel 3 nicht unter diese Verordnung fallen, eingehalten werden, um geeignete Garantien im Rahmen der Übermittlung personenbezogener Daten an Drittländer oder internationale Organisationen nach Maßgabe des Artikels 46 Absatz 2 Buchstabe e zu bieten. [2]Diese Verantwortlichen oder Auftragsverarbeiter gehen mittels vertraglicher oder sonstiger rechtlich bindender Instrumente die verbindliche und durchsetzbare Verpflichtung ein, die geeigneten Garantien anzuwenden, auch im Hinblick auf die Rechte der betroffenen Personen.

(4) Die Verhaltensregeln gemäß Absatz 2 des vorliegenden Artikels müssen Verfahren vorsehen, die es der in Artikel 41 Absatz 1 genannten Stelle ermöglichen, die obligatorische Überwachung der Einhaltung ihrer Bestimmungen durch die Verantwortlichen oder die Auftragsverarbeiter, die sich zur Anwendung der Verhaltensregeln verpflichten, vorzunehmen, unbeschadet der Aufgaben und Befugnisse der Aufsichtsbehörde, die nach Artikel 55 oder 56 zuständig ist.

(5) Verbände und andere Vereinigungen gemäß Absatz 2 des vorliegenden Artikels, die beabsichtigen, Verhaltensregeln auszuarbeiten oder bestehende Verhaltensregeln zu ändern oder zu erweitern, legen den Entwurf der Verhaltensregeln bzw. den Entwurf zu deren Änderung oder Erweiterung der Aufsichtsbehörde vor, die nach Artikel 55 zuständig ist. Die Aufsichtsbehörde gibt eine Stellungnahme darüber ab, ob der Entwurf der Verhaltensregeln bzw. der Entwurf zu deren Änderung oder Erweiterung mit dieser Verordnung vereinbar ist und genehmigt diesen Entwurf der Verhaltensregeln bzw. den Entwurf zu deren Änderung oder

Erweiterung, wenn sie der Auffassung ist, dass er ausreichende geeignete Garantien bietet.
(6) Wird durch die Stellungnahme nach Absatz 5 der Entwurf der Verhaltensregeln bzw. der Entwurf zu deren Änderung oder Erweiterung genehmigt und beziehen sich die betreffenden Verhaltensregeln nicht auf Verarbeitungstätigkeiten in mehreren Mitgliedstaaten, so nimmt die Aufsichtsbehörde die Verhaltensregeln in ein Verzeichnis auf und veröffentlicht sie.
(7) Bezieht sich der Entwurf der Verhaltensregeln auf Verarbeitungstätigkeiten in mehreren Mitgliedstaaten, so legt die nach Artikel 55 zuständige Aufsichtsbehörde — bevor sie den Entwurf der Verhaltensregeln bzw. den Entwurf zu deren Änderung oder Erweiterung genehmigt — ihn nach dem Verfahren gemäß Artikel 63 dem Ausschuss vor, der zu der Frage Stellung nimmt, ob der Entwurf der Verhaltensregeln bzw. der Entwurf zu deren Änderung oder Erweiterung mit dieser Verordnung vereinbar ist oder — im Fall nach Absatz 3 dieses Artikels — geeignete Garantien vorsieht.
(8) Wird durch die Stellungnahme nach Absatz 7 bestätigt, dass der Entwurf der Verhaltensregeln bzw. der Entwurf zu deren Änderung oder Erweiterung mit dieser Verordnung vereinbar ist oder — im Fall nach Absatz 3 — geeignete Garantien vorsieht, so übermittelt der Ausschuss seine Stellungnahme der Kommission.
(9) Die Kommission kann im Wege von Durchführungsrechtsakten beschließen, dass die ihr gemäß Absatz 8 übermittelten genehmigten Verhaltensregeln bzw. deren genehmigte Änderung oder Erweiterung allgemeine Gültigkeit in der Union besitzen. Diese Durchführungsrechtsakte werden gemäß dem Prüfverfahren nach Artikel 93 Absatz 2 erlassen.
(10) Die Kommission trägt dafür Sorge, dass die genehmigten Verhaltensregeln, denen gemäß Absatz 9 allgemeine Gültigkeit zuerkannt wurde, in geeigneter Weise veröffentlicht werden.
(11) Der Ausschuss nimmt alle genehmigten Verhaltensregeln bzw. deren genehmigte Änderungen oder Erweiterungen in ein Register auf und veröffentlicht sie in geeigneter Weise.

Korrespondierende Erwägungsgründe: 98, 99

Artikel 41 Überwachung der genehmigten Verhaltensregeln

(1) Unbeschadet der Aufgaben und Befugnisse der zuständigen Aufsichtsbehörde gemäß den Artikeln 57 und 58 kann die

Überwachung der Einhaltung von Verhaltensregeln gemäß Artikel 40 von einer Stelle durchgeführt werden, die über das geeignete Fachwissen hinsichtlich des Gegenstands der Verhaltensregeln verfügt und die von der zuständigen Aufsichtsbehörde zu diesem Zweck akkreditiert wurde.

(2) Eine Stelle gemäß Absatz 1 kann zum Zwecke der Überwachung der Einhaltung von Verhaltensregeln akkreditiert werden, wenn sie

    a) ihre Unabhängigkeit und ihr Fachwissen hinsichtlich des Gegenstands der Verhaltensregeln zur Zufriedenheit der zuständigen Aufsichtsbehörde nachgewiesen hat;

    b) Verfahren festgelegt hat, die es ihr ermöglichen, zu bewerten, ob Verantwortliche und Auftragsverarbeiter die Verhaltensregeln anwenden können, die Einhaltung der Verhaltensregeln durch die Verantwortlichen und Auftragsverarbeiter zu überwachen und die Anwendung der Verhaltensregeln regelmäßig zu überprüfen;

    c) Verfahren und Strukturen festgelegt hat, mit denen sie Beschwerden über Verletzungen der Verhaltensregeln oder über die Art und Weise, in der die Verhaltensregeln von dem Verantwortlichen oder dem Auftragsverarbeiter angewendet werden oder wurden, nachgeht und diese Verfahren und Strukturen für betroffene Personen und die Öffentlichkeit transparent macht, und

    d) zur Zufriedenheit der zuständigen Aufsichtsbehörde nachgewiesen hat, dass ihre Aufgaben und Pflichten nicht zu einem Interessenkonflikt führen.

(3) Die zuständige Aufsichtsbehörde übermittelt den Entwurf der Anforderungen für die Akkreditierung einer Stelle nach Absatz 1 gemäß dem Kohärenzverfahren nach Artikel 63 an den Ausschuss.

(4) [1]Unbeschadet der Aufgaben und Befugnisse der zuständigen Aufsichtsbehörde und der Bestimmungen des Kapitels VIII ergreift eine Stelle gemäß Absatz 1 vorbehaltlich geeigneter Garantien im Falle einer Verletzung der Verhaltensregeln durch einen Verantwortlichen oder einen Auftragsverarbeiter geeignete Maßnahmen, einschließlich eines vorläufigen oder endgültigen Ausschlusses des Verantwortlichen oder Auftragsverarbeiters von den Verhaltensregeln. [2]Sie unterrichtet die zuständige Aufsichtsbehörde über solche Maßnahmen und deren Begründung.

(5) Die zuständige Aufsichtsbehörde widerruft die Akkreditierung einer Stelle gemäß Absatz 1, wenn die Anforderungen an ihre Akkreditierung nicht oder nicht mehr erfüllt sind

oder wenn die Stelle Maßnahmen ergreift, die nicht mit dieser Verordnung vereinbar sind.

(6) Dieser Artikel gilt nicht für die Verarbeitung durch Behörden oder öffentliche Stellen.

Artikel 42 Zertifizierung

(1) [1]Die Mitgliedstaaten, die Aufsichtsbehörden, der Ausschuss und die Kommission fördern insbesondere auf Unionsebene die Einführung von datenschutzspezifischen Zertifizierungsverfahren sowie von Datenschutzsiegeln und -prüfzeichen, die dazu dienen, nachzuweisen, dass diese Verordnung bei Verarbeitungsvorgängen von Verantwortlichen oder Auftragsverarbeitern eingehalten wird. [2]Den besonderen Bedürfnissen von Kleinstunternehmen sowie kleinen und mittleren Unternehmen wird Rechnung getragen.

(2) Zusätzlich zur Einhaltung durch die unter diese Verordnung fallenden Verantwortlichen oder Auftragsverarbeiter können auch datenschutzspezifische Zertifizierungsverfahren, Siegel oder Prüfzeichen, die gemäß Absatz 5 des vorliegenden Artikels genehmigt worden sind, vorgesehen werden, um nachzuweisen, dass die Verantwortlichen oder Auftragsverarbeiter, die gemäß Artikel 3 nicht unter diese Verordnung fallen, im Rahmen der Übermittlung personenbezogener Daten an Drittländer oder internationale Organisationen nach Maßgabe von Artikel 46 Absatz 2 Buchstabe f geeignete Garantien bieten. Diese Verantwortlichen oder Auftragsverarbeiter gehen mittels vertraglicher oder sonstiger rechtlich bindender Instrumente die verbindliche und durchsetzbare Verpflichtung ein, diese geeigneten Garantien anzuwenden, auch im Hinblick auf die Rechte der betroffenen Personen.

(3) Die Zertifizierung muss freiwillig und über ein transparentes Verfahren zugänglich sein.

(4) Eine Zertifizierung gemäß diesem Artikel mindert nicht die Verantwortung des Verantwortlichen oder des Auftragsverarbeiters für die Einhaltung dieser Verordnung und berührt nicht die Aufgaben und Befugnisse der Aufsichtsbehörden, die gemäß Artikel 55 oder 56 zuständig sind.

(5) [1]Eine Zertifizierung nach diesem Artikel wird durch die Zertifizierungsstellen nach Artikel 43 oder durch die zuständige Aufsichtsbehörde anhand der von dieser zuständigen Aufsichtsbehörde gemäß Artikel 58 Absatz 3 oder — gemäß Artikel 63 — durch den Ausschuss genehmigten Kriterien erteilt. [2]Werden die Kriterien vom Ausschuss

genehmigt, kann dies zu einer gemeinsamen Zertifizierung, dem Europäischen Datenschutzsiegel, führen.

(6) Der Verantwortliche oder der Auftragsverarbeiter der die von ihm durch geführte Verarbeitung dem Zertifizierungsverfahren unterwirft, stellt der Zertifizierungsstelle nach Artikel 43 oder gegebenenfalls der zuständigen Aufsichtsbehörde alle für die Durchführung des Zertifizierungsverfahrens erforderlichen Informationen zur Verfügung und gewährt ihr den in diesem Zusammenhang erforderlichen Zugang zu seinen Verarbeitungstätigkeiten.

(7) [1]Die Zertifizierung wird einem Verantwortlichen oder einem Auftragsverarbeiter für eine Höchstdauer von drei Jahren erteilt und kann unter denselben Bedingungen verlängert werden, sofern die einschlägigen Kriterien weiterhin erfüllt werden. [2]Die Zertifizierung wird gegebenenfalls durch die Zertifizierungsstellen nach Artikel 43 oder durch die zuständige Aufsichtsbehörde widerrufen, wenn die Kriterien für die Zertifizierung nicht oder nicht mehr erfüllt werden.

(8) Der Ausschuss nimmt alle Zertifizierungsverfahren und Datenschutzsiegel und -prüfzeichen in ein Register auf und veröffentlicht sie in geeigneter Weise.

Korrespondierende Erwägungsgründe: 100

Artikel 43 Zertifizierungsstellen

(1) [1]Unbeschadet der Aufgaben und Befugnisse der zuständigen Aufsichtsbehörde gemäß den Artikeln 57 und 58 erteilen oder verlängern Zertifizierungsstellen, die über das geeignete Fachwissen hinsichtlich des Datenschutzes verfügen, nach Unterrichtung der Aufsichtsbehörde — damit diese erforderlichenfalls von ihren Befugnissen gemäß Artikel 58 Absatz 2 Buchstabe h Gebrauch machen kann — die Zertifizierung. [2]Die Mitgliedstaaten stellen sicher, dass diese Zertifizierungsstellen von einer oder beiden der folgenden Stellen akkreditiert werden:

a) der gemäß Artikel 55 oder 56 zuständigen Aufsichtsbehörde;

b) der nationalen Akkreditierungsstelle, die gemäß der Verordnung (EG) Nr. 765/2008 des Europäischen Parlaments und des Rates im Einklang mit EN-ISO/IEC 17065/2012 und mit den zusätzlichen von der gemäß Artikel 55 oder 56 zuständigen Aufsichtsbehörde festgelegten Anforderungen benannt wurde.

(2) Zertifizierungsstellen nach Absatz 1 dürfen nur dann gemäß dem genannten Absatz akkreditiert werden, wenn sie
   a) ihre Unabhängigkeit und ihr Fachwissen hinsichtlich des Gegenstands der Zertifizierung zur Zufriedenheit der zuständigen Aufsichtsbehörde nachgewiesen haben;
   b) sich verpflichtet haben, die Kriterien nach Artikel 42 Absatz 5, die von der gemäß Artikel 55 oder 56 zuständigen Aufsichtsbehörde oder — gemäß Artikel 63 — von dem Ausschuss genehmigt wurden, einzuhalten;
   c) Verfahren für die Erteilung, die regelmäßige Überprüfung und den Widerruf der Datenschutzzertifizierung sowie der Datenschutzsiegel und -prüfzeichen festgelegt haben;
   d) Verfahren und Strukturen festgelegt haben, mit denen sie Beschwerden über Verletzungen der Zertifizierung oder die Art und Weise, in der die Zertifizierung von dem Verantwortlichen oder dem Auftragsverarbeiter umgesetzt wird oder wurde, nachgehen und diese Verfahren und Strukturen für betroffene Personen und die Öffentlichkeit transparent machen, und
   e) zur Zufriedenheit der zuständigen Aufsichtsbehörde nachgewiesen haben, dass ihre Aufgaben und Pflichten nicht zu einem Interessenkonflikt führen.
(3) ^{1}Die Akkreditierung von Zertifizierungsstellen nach den Absätzen 1 und 2 erfolgt anhand der Anforderungen, die von der gemäß Artikel 55 oder 56 zuständigen Aufsichtsbehörde oder — gemäß Artikel 63 — von dem Ausschuss genehmigt wurden. ^{2}Im Fall einer Akkreditierung nach Absatz 1 Buchstabe b des vorliegenden Artikels ergänzen diese Anforderungen diejenigen, die in der Verordnung (EG) Nr. 765/2008 und in den technischen Vorschriften, in denen die Methoden und Verfahren der Zertifizierungsstellen beschrieben werden, vorgesehen sind.
(4) ^{1}Die Zertifizierungsstellen nach Absatz 1 sind unbeschadet der Verantwortung, die der Verantwortliche oder der Auftragsverarbeiter für die Einhaltung dieser Verordnung hat, für die angemessene Bewertung, die der Zertifizierung oder dem Widerruf einer Zertifizierung zugrunde liegt, verantwortlich. ^{2}Die Akkreditierung wird für eine Höchstdauer von fünf Jahren erteilt und kann unter denselben Bedingungen verlängert werden, sofern die Zertifizierungsstelle die Anforderungen dieses Artikels erfüllt.
(5) Die Zertifizierungsstellen nach Absatz 1 teilen den zuständigen Aufsichtsbehörden die Gründe für die Erteilung oder den Widerruf der beantragten Zertifizierung mit.

(6) ¹Die Anforderungen nach Absatz 3 des vorliegenden Artikels und die Kriterien nach Artikel 42 Absatz 5 werden von der Aufsichtsbehörde in leicht zugänglicher Form veröffentlicht. ²Die Aufsichtsbehörden übermitteln diese Anforderungen und Kriterien auch dem Ausschuss.

(7) Unbeschadet des Kapitels VIII widerruft die zuständige Aufsichtsbehörde oder die nationale Akkreditierungsstelle die Akkreditierung einer Zertifizierungsstelle nach Absatz 1, wenn die Voraussetzungen für die Akkreditierung nicht oder nicht mehr erfüllt sind oder wenn eine Zertifizierungsstelle Maßnahmen ergreift, die nicht mit dieser Verordnung vereinbar sind.

(8) Der Kommission wird die Befugnis übertragen, gemäß Artikel 92 delegierte Rechtsakte zu erlassen, um die Anforderungen festzulegen, die für die in Artikel 42 Absatz 1 genannten datenschutzspezifischen Zertifizierungsverfahren zu berücksichtigen sind.

(9) ¹Die Kommission kann Durchführungsrechtsakte erlassen, mit denen technische Standards für Zertifizierungsverfahren und Datenschutzsiegel und -prüfzeichen sowie Mechanismen zur Förderung und Anerkennung dieser Zertifizierungsverfahren und Datenschutzsiegel und -prüfzeichen festgelegt werden. ²Diese Durchführungsrechtsakte werden gemäß dem in Artikel 93 Absatz 2 genannten Prüfverfahren erlassen.

KAPITEL V Übermittlungen personenbezogener Daten an Drittländer oder an internationale Organisationen

Artikel 44 Allgemeine Grundsätze der Datenübermittlung

¹Jedwede Übermittlung personenbezogener Daten, die bereits verarbeitet werden oder nach ihrer Übermittlung an ein Drittland oder eine internationale Organisation verarbeitet werden sollen, ist nur zulässig, wenn der Verantwortliche und der Auftragsverarbeiter die in diesem Kapitel niedergelegten Bedingungen einhalten und auch die sonstigen Bestimmungen dieser Verordnung eingehalten werden; dies gilt auch für die etwaige

Weiterübermittlung personenbezogener Daten aus dem betreffende Drittland oder der betreffenden internationalen Organisation an ein anderes Drittland oder eine andere internationale Organisation. ²Alle Bestimmungen dieses Kapitels sind anzuwenden, um sicherzustellen, dass das durch diese Verordnung gewährleistete Schutzniveau für natürliche Personen nicht untergraben wird.

Korrespondierende Erwägungsgründe: 101, 102

Artikel 45 Datenübermittlung auf der Grundlage eines Angemessenheitsbeschlusses

(1) ¹Eine Übermittlung personenbezogener Daten an ein Drittland oder eine internationale Organisation darf vorgenommen werden, wenn die Kommission beschlossen hat, dass das betreffende Drittland, ein Gebiet oder ein oder mehrere spezifische Sektoren in diesem Drittland oder die betreffende internationale Organisation ein angemessenes Schutzniveau bietet. ²Eine solche Datenübermittlung bedarf keiner besonderen Genehmigung.
(2) Bei der Prüfung der Angemessenheit des gebotenen Schutzniveaus berücksichtigt die Kommission insbesondere das Folgende:
a) die Rechtsstaatlichkeit, die Achtung der Menschenrechte und Grundfreiheiten, die in dem betreffenden Land bzw. bei der betreffenden internationalen Organisation geltenden einschlägigen Rechtsvorschriften sowohl allgemeiner als auch sektoraler Art — auch in Bezug auf öffentliche Sicherheit, Verteidigung, nationale Sicherheit und Strafrecht sowie Zugang der Behörden zu personenbezogenen Daten — sowie die Anwendung dieser Rechtsvorschriften, Datenschutzvorschriften, Berufsregeln und Sicherheitsvorschriften einschließlich der Vorschriften für die Weiterübermittlung personenbezogener Daten an ein anderes Drittland bzw. eine andere internationale Organisation, die Rechtsprechung sowie wirksame und durchsetzbare Rechte der betroffenen Person und wirksame verwaltungsrechtliche und gerichtliche Rechtsbehelfe für betroffene Personen, deren personenbezogene Daten übermittelt werden,
b) die Existenz und die wirksame Funktionsweise einer oder mehrerer unabhängiger Aufsichtsbehörden in dem

betreffenden Drittland oder denen eine internationale Organisation untersteht und die für die Einhaltung und Durchsetzung der Datenschutzvorschriften, einschließlich angemessener Durchsetzungsbefugnisse, für die Unterstützung und Beratung der betroffenen Personen bei der Ausübung ihrer Rechte und für die Zusammenarbeit mit den Aufsichtsbehörden der Mitgliedstaaten zuständig sind, und

c) die von dem betreffenden Drittland bzw. der betreffenden internationalen Organisation eingegangenen internationalen Verpflichtungen oder andere Verpflichtungen, die sich aus rechtsverbindlichen Übereinkünften oder Instrumenten sowie aus der Teilnahme des Drittlands oder der internationalen Organisation an multilateralen oder regionalen Systemen insbesondere in Bezug auf den Schutz personenbezogener Daten ergeben.

(3) [1]Nach der Beurteilung der Angemessenheit des Schutzniveaus kann die Kommission im Wege eines Durchführungsrechtsaktes beschließen, dass ein Drittland, ein Gebiet oder ein oder mehrere spezifische Sektoren in einem Drittland oder eine internationale Organisation ein angemessenes Schutzniveau im Sinne des Absatzes 2 des vorliegenden Artikels bieten. In dem Durchführungsrechtsakt ist ein Mechanismus für eine regelmäßige Überprüfung, die mindestens alle vier Jahre erfolgt, vorzusehen, bei der allen maßgeblichen Entwicklungen in dem Drittland oder bei der internationalen Organisation Rechnung getragen wird. [2]Im Durchführungsrechtsakt werden der territoriale und der sektorale Anwendungsbereich sowie gegebenenfalls die in Absatz 2 Buchstabe b des vorliegenden Artikels genannte Aufsichtsbehörde bzw. genannten Aufsichtsbehörden angegeben. [3]Der Durchführungsrechtsakt wird gemäß dem in Artikel 93 Absatz 2 genannten Prüfverfahren erlassen.

(4) Die Kommission überwacht fortlaufend die Entwicklungen in Drittländern und bei internationalen Organisationen, die die Wirkungsweise der nach Absatz 3 des vorliegenden Artikels erlassenen Beschlüsse und der nach Artikel 25 Absatz 6 der Richtlinie 95/46/EG* erlassenen Feststellungen beeinträchtigen könnten.

(5) [1]Die Kommission widerruft, ändert oder setzt die in Absatz 3 des vorliegenden Artikels genannten Beschlüsse im Wege von Durchführungsrechtsakten aus, soweit dies nötig ist und ohne rückwirkende Kraft, soweit entsprechende Informationen — insbesondere im Anschluss an die in Absatz 3 des vorliegenden Artikels genannte Überprüfung —

dahingehend vorliegen, dass ein Drittland, ein Gebiet oder ein oder mehrere spezifischer Sektor in einem Drittland oder eine internationale Organisation kein angemessenes Schutzniveau im Sinne des Absatzes 2 des vorliegenden Artikels mehr gewährleistet. ²Diese Durchführungsrechtsakte werden gemäß dem Prüfverfahren nach Artikel 93 Absatz 2 erlassen. ³In hinreichend begründeten Fällen äußerster Dringlichkeit erlässt die Kommission gemäß dem in Artikel 93 Absatz 3 genannten Verfahren sofort geltende Durchführungsrechtsakte.

(6) Die Kommission nimmt Beratungen mit dem betreffenden Drittland bzw. der betreffenden internationalen Organisation auf, um Abhilfe für die Situation zu schaffen, die zu dem gemäß Absatz 5 erlassenen Beschluss geführt hat.

(7) Übermittlungen personenbezogener Daten an das betreffende Drittland, das Gebiet oder einen oder mehrere spezifische Sektoren in diesem Drittland oder an die betreffende internationale Organisation gemäß den Artikeln 46 bis 49 werden durch einen Beschluss nach Absatz 5 des vorliegenden Artikels nicht berührt.

(8) Die Kommission veröffentlicht im *Amtsblatt der Europäischen Union* und auf ihrer Website eine Liste aller Drittländer beziehungsweise Gebiete und spezifischen Sektoren in einem Drittland und aller internationalen Organisationen, für die sie durch Beschluss festgestellt hat, dass sie ein angemessenes Schutzniveau gewährleisten bzw. nicht mehr gewährleisten.

(9) Von der Kommission auf der Grundlage von Artikel 25 Absatz 6 der Richtlinie 95/46/EG* erlassene Feststellungen bleiben so lange in Kraft, bis sie durch einen nach dem Prüfverfahren gemäß den Absätzen 3 oder 5 des vorliegenden Artikels erlassenen Beschluss der Kommission geändert, ersetzt oder aufgehoben werden.

* *siehe Seite* 77

Korrespondierende Erwägungsgründe: 103, 104, 105, 106, 107

Artikel 46 Datenübermittlung vorbehaltlich geeigneter Garantien

(1) Falls kein Beschluss nach Artikel 45 Absatz 3 vorliegt, darf ein Verantwortlicher oder ein Auftragsverarbeiter personenbezogene Daten an ein Drittland oder eine internationale

Organisation nur übermitteln, sofern der Verantwortliche oder der Auftragsverarbeiter geeignete Garantien vorgesehen hat und sofern den betroffenen Personen durchsetzbare Rechte und wirksame Rechtsbehelfe zur Verfügung stehen.

(2) Die in Absatz 1 genannten geeigneten Garantien können, ohne dass hierzu eine besondere Genehmigung einer Aufsichtsbehörde erforderlich wäre, bestehen in
   a) einem rechtlich bindenden und durchsetzbaren Dokument zwischen den Behörden oder öffentlichen Stellen,
   b) verbindlichen internen Datenschutzvorschriften gemäß Artikel 47,
   c) Standarddatenschutzklauseln, die von der Kommission gemäß dem Prüfverfahren nach Artikel 93 Absatz 2 erlassen werden,
   d) von einer Aufsichtsbehörde angenommenen Standarddatenschutzklauseln, die von der Kommission gemäß dem Prüfverfahren nach Artikel 93 Absatz 2 genehmigt wurden,
   e) genehmigten Verhaltensregeln gemäß Artikel 40 zusammen mit rechtsverbindlichen und durchsetzbaren Verpflichtungen des Verantwortlichen oder des Auftragsverarbeiters in dem Drittland zur Anwendung der geeigneten Garantien, einschließlich in Bezug auf die Rechte der betroffenen Personen, oder
   f) einem genehmigten Zertifizierungsmechanismus gemäß Artikel 42 zusammen mit rechtsverbindlichen und durchsetzbaren Verpflichtungen des Verantwortlichen oder des Auftragsverarbeiters in dem Drittland zur Anwendung der geeigneten Garantien, einschließlich in Bezug auf die Rechte der betroffenen Personen.

(3) Vorbehaltlich der Genehmigung durch die zuständige Aufsichtsbehörde können die geeigneten Garantien gemäß Absatz 1 auch insbesondere bestehen in
   a) Vertragsklauseln, die zwischen dem Verantwortlichen oder dem Auftragsverarbeiter und dem Verantwortlichen, dem Auftragsverarbeiter oder dem Empfänger der personenbezogenen Daten im Drittland oder der internationalen Organisation vereinbart wurden, oder
   b) Bestimmungen, die in Verwaltungsvereinbarungen zwischen Behörden oder öffentlichen Stellen aufzunehmen sind und durchsetzbare und wirksame Rechte für die betroffenen Personen einschließen.

(4) Die Aufsichtsbehörde wendet das Kohärenzverfahren nach Artikel 63 an, wenn ein Fall gemäß Absatz 3 des vorliegenden Artikels vorliegt.

(5) Von einem Mitgliedstaat oder einer Aufsichtsbehörde auf der Grundlage von Artikel 26 Absatz 2 der Richtlinie 95/46/EG* erteilte Genehmigungen bleiben so lange gültig, bis sie erforderlichenfalls von dieser Aufsichtsbehörde geändert, ersetzt oder aufgehoben werden. Von der Kommission auf der Grundlage von Artikel 26 Absatz 4 der Richtlinie 95/46/EG* erlassene Feststellungen bleiben so lange in Kraft, bis sie erforderlichenfalls mit einem nach Absatz 2 des vorliegenden Artikels erlassenen Beschluss der Kommission geändert, ersetzt oder aufgehoben werden.

siehe Seite 77

Korrespondierende Erwägungsgründe: 108, 109

Artikel 47 Verbindliche interne Datenschutzvorschriften

(1) Die zuständige Aufsichtsbehörde genehmigt gemäß dem Kohärenzverfahren nach Artikel 63 verbindliche interne Datenschutzvorschriften, sofern diese
    a) rechtlich bindend sind, für alle betreffenden Mitglieder der Unternehmensgruppe oder einer Gruppe von Unternehmen, die eine gemeinsame Wirtschaftstätigkeit ausüben, gelten und von diesen Mitgliedern durchgesetzt werden, und dies auch für ihre Beschäftigten gilt,
    b) den betroffenen Personen ausdrücklich durchsetzbare Rechte in Bezug auf die Verarbeitung ihrer personenbezogenen Daten übertragen und
    c) die in Absatz 2 festgelegten Anforderungen erfüllen.

(2) Die verbindlichen internen Datenschutzvorschriften nach Absatz 1 enthalten mindestens folgende Angaben:
    a) Struktur und Kontaktdaten der Unternehmensgruppe oder Gruppe von Unternehmen, die eine gemeinsame Wirtschaftstätigkeit ausüben, und jedes ihrer Mitglieder;
    b) die betreffenden Datenübermittlungen oder Reihen von Datenübermittlungen einschließlich der betreffenden Arten personenbezogener Daten, Art und Zweck der Datenverarbeitung, Art der betroffenen Personen und das betreffende Drittland beziehungsweise die betreffenden Drittländer;
    c) interne und externe Rechtsverbindlichkeit der betreffenden internen Datenschutzvorschriften;

d) die Anwendung der allgemeinen Datenschutzgrundsätze, insbesondere Zweckbindung, Datenminimierung, begrenzte Speicherfristen, Datenqualität, Datenschutz durch Technikgestaltung und durch datenschutzfreundliche Voreinstellungen, Rechtsgrundlage für die Verarbeitung, Verarbeitung besonderer Kategorien von personenbezogenen Daten, Maßnahmen zur Sicherstellung der Datensicherheit und Anforderungen für die Weiterübermittlung an nicht an diese internen Datenschutzvorschriften gebundene Stellen;

e) die Rechte der betroffenen Personen in Bezug auf die Verarbeitung und die diesen offenstehenden Mittel zur Wahrnehmung dieser Rechte einschließlich des Rechts, nicht einer ausschließlich auf einer automatisierten Verarbeitung — einschließlich Profiling — beruhenden Entscheidung nach Artikel 22 unterworfen zu werden sowie des in Artikel 79 niedergelegten Rechts auf Beschwerde bei der zuständigen Aufsichtsbehörde beziehungsweise auf Einlegung eines Rechtsbehelfs bei den zuständigen Gerichten der Mitgliedstaaten und im Falle einer Verletzung der verbindlichen internen Datenschutzvorschriften Wiedergutmachung und gegebenenfalls Schadenersatz zu erhalten;

f) die von dem in einem Mitgliedstaat niedergelassenen Verantwortlichen oder Auftragsverarbeiter übernommene Haftung für etwaige Verstöße eines nicht in der Union niedergelassenen betreffenden Mitglieds der Unternehmensgruppe gegen die verbindlichen internen Datenschutzvorschriften; der Verantwortliche oder der Auftragsverarbeiter ist nur dann teilweise oder vollständig von dieser Haftung befreit, wenn er nachweist, dass der Umstand, durch den der Schaden eingetreten ist, dem betreffenden Mitglied nicht zur Last gelegt werden kann;

g) die Art und Weise, wie die betroffenen Personen über die Bestimmungen der Artikel 13 und 14 hinaus über die verbindlichen internen Datenschutzvorschriften und insbesondere über die unter den Buchstaben d, e und f dieses Absatzes genannten Aspekte informiert werden;

h) die Aufgaben jedes gemäß Artikel 37 benannten Datenschutzbeauftragten oder jeder anderen Person oder Einrichtung, die mit der Überwachung der Einhaltung der verbindlichen internen Datenschutzvorschriften in der Unternehmensgruppe oder Gruppe von Unternehmen, die eine gemeinsame Wirtschaftstätigkeit ausüben,

sowie mit der Überwachung der Schulungsmaßnahmen und dem Umgang mit Beschwerden befasst ist;
i) die Beschwerdeverfahren;
j) die innerhalb der Unternehmensgruppe oder Gruppe von Unternehmen, die eine gemeinsame Wirtschaftstätigkeit ausüben, bestehenden Verfahren zur Überprüfung der Einhaltung der verbindlichen internen Datenschutzvorschriften. Derartige Verfahren beinhalten Datenschutzüberprüfungen und Verfahren zur Gewährleistung von Abhilfemaßnahmen zum Schutz der Rechte der betroffenen Person. Die Ergebnisse derartiger Überprüfungen sollten der in Buchstabe h genannten Person oder Einrichtung sowie dem Verwaltungsrat des herrschenden Unternehmens einer Unternehmensgruppe oder der Gruppe von Unternehmen, die eine gemeinsame Wirtschaftstätigkeit ausüben, mitgeteilt werden und sollten der zuständigen Aufsichtsbehörde auf Anfrage zur Verfügung gestellt werden;
k) die Verfahren für die Meldung und Erfassung von Änderungen der Vorschriften und ihre Meldung an die Aufsichtsbehörde;
l) die Verfahren für die Zusammenarbeit mit der Aufsichtsbehörde, die die Befolgung der Vorschriften durch sämtliche Mitglieder der Unternehmensgruppe oder Gruppe von Unternehmen, die eine gemeinsame Wirtschaftstätigkeit ausüben, gewährleisten, insbesondere durch Offenlegung der Ergebnisse von Überprüfungen der unter Buchstabe j genannten Maßnahmen gegenüber der Aufsichtsbehörde;
m) die Meldeverfahren zur Unterrichtung der zuständigen Aufsichtsbehörde über jegliche für ein Mitglied der Unternehmensgruppe oder Gruppe von Unternehmen, die eine gemeinsame Wirtschaftstätigkeit ausüben, in einem Drittland geltenden rechtlichen Bestimmungen, die sich nachteilig auf die Garantien auswirken könnten, die die verbindlichen internen Datenschutzvorschriften bieten, und
n) geeignete Datenschutzschulungen für Personal mit ständigem oder regelmäßigem Zugang zu personenbezogenen Daten.
(3) Die Kommission kann das Format und die Verfahren für den Informationsaustausch über verbindliche interne Datenschutzvorschriften im Sinne des vorliegenden Artikels zwischen Verantwortlichen, Auftragsverarbeitern und Aufsichtsbehörden festlegen. Diese Durchführungsrechtsakte

werden gemäß dem Prüfverfahren nach Artikel 93 Absatz 2 erlassen.

Korrespondierende Erwägungsgründe: 110

Artikel 48 Nach dem Unionsrecht nicht zulässige Übermittlung oder Offenlegung

Jegliches Urteil eines Gerichts eines Drittlands und jegliche Entscheidung einer Verwaltungsbehörde eines Drittlands, mit denen von einem Verantwortlichen oder einem Auftragsverarbeiter die Übermittlung oder Offenlegung personenbezogener Daten verlangt wird, dürfen unbeschadet anderer Gründe für die Übermittlung gemäß diesem Kapitel jedenfalls nur dann anerkannt oder vollstreckbar werden, wenn sie auf eine in Kraft befindliche internationale Übereinkunft wie etwa ein Rechtshilfeabkommen zwischen dem ersuchenden Drittland und der Union oder einem Mitgliedstaat gestützt sind.

Korrespondierende Erwägungsgründe: 115

Artikel 49 Ausnahmen für bestimmte Fälle

(1) ¹Falls weder ein Angemessenheitsbeschluss nach Artikel 45 Absatz 3 vorliegt noch geeignete Garantien nach Artikel 46, einschließlich verbindlicher interner Datenschutzvorschriften, bestehen, ist eine Übermittlung oder eine Reihe von Übermittlungen personenbezogener Daten an ein Drittland oder an eine internationale Organisation nur unter einer der folgenden Bedingungen zulässig:
 a) die betroffene Person hat in die vorgeschlagene Datenübermittlung ausdrücklich eingewilligt, nachdem sie über die für sie bestehenden möglichen Risiken derartiger Datenübermittlungen ohne Vorliegen eines Angemessenheitsbeschlusses und ohne geeignete Garantien unterrichtet wurde,
 b) die Übermittlung ist für die Erfüllung eines Vertrags zwischen der betroffenen Person und dem Verantwortlichen oder zur Durchführung von vorvertraglichen Maßnahmen auf Antrag der betroffenen Person erforderlich,

c) die Übermittlung ist zum Abschluss oder zur Erfüllung eines im Interesse der betroffenen Person von dem Verantwortlichen mit einer anderen natürlichen oder juristischen Person geschlossenen Vertrags erforderlich,
d) die Übermittlung ist aus wichtigen Gründen des öffentlichen Interesses notwendig,
e) die Übermittlung ist zur Geltendmachung, Ausübung oder Verteidigung von Rechtsansprüchen erforderlich,
f) die Übermittlung ist zum Schutz lebenswichtiger Interessen der betroffenen Person oder anderer Personen erforderlich, sofern die betroffene Person aus physischen oder rechtlichen Gründen außerstande ist, ihre Einwilligung zu geben,
g) die Übermittlung erfolgt aus einem Register, das gemäß dem Recht der Union oder der Mitgliedstaaten zur Information der Öffentlichkeit bestimmt ist und entweder der gesamten Öffentlichkeit oder allen Personen, die ein berechtigtes Interesse nachweisen können, zur Einsichtnahme offensteht, aber nur soweit die im Recht der Union oder der Mitgliedstaaten festgelegten Voraussetzungen für die Einsichtnahme im Einzelfall gegeben sind.

[2]Falls die Übermittlung nicht auf eine Bestimmung der Artikel 45 oder 46 — einschließlich der verbindlichen internen Datenschutzvorschriften — gestützt werden könnte und keine der Ausnahmen für einen bestimmten Fall gemäß dem ersten Unterabsatz anwendbar ist, darf eine Übermittlung an ein Drittland oder eine internationale Organisation nur dann erfolgen, wenn die Übermittlung nicht wiederholt erfolgt, nur eine begrenzte Zahl von betroffenen Personen betrifft, für die Wahrung der zwingenden berechtigten Interessen des Verantwortlichen erforderlich ist, sofern die Interessen oder die Rechte und Freiheiten der betroffenen Person nicht überwiegen, und der Verantwortliche alle Umstände der Datenübermittlung beurteilt und auf der Grundlage dieser Beurteilung geeignete Garantien in Bezug auf den Schutz personenbezogener Daten vorgesehen hat. [3]Der Verantwortliche setzt die Aufsichtsbehörde von der Übermittlung in Kenntnis. [4]Der Verantwortliche unterrichtet die betroffene Person über die Übermittlung und seine zwingenden berechtigten Interessen; dies erfolgt zusätzlich zu den der betroffenen Person nach den Artikeln 13 und 14

mitgeteilten Informationen.

(2) ¹Datenübermittlungen gemäß Absatz 1 Unterabsatz 1 Buchstabe g dürfen nicht die Gesamtheit oder ganze Kategorien der im Register enthaltenen personenbezogenen Daten umfassen. ²Wenn das Register der Einsichtnahme durch Personen mit berechtigtem Interesse dient, darf die Übermittlung nur auf Anfrage dieser Personen oder nur dann erfolgen, wenn diese Personen die Adressaten der Übermittlung sind.

(3) Absatz 1 Unterabsatz 1 Buchstaben a, b und c und sowie Absatz 1 Unterabsatz 2 gelten nicht für Tätigkeiten, die Behörden in Ausübung ihrer hoheitlichen Befugnisse durchführen.

(4) Das öffentliche Interesse im Sinne des Absatzes 1 Unterabsatz 1 Buchstabe d muss im Unionsrecht oder im Recht des Mitgliedstaats, dem der Verantwortliche unterliegt, anerkannt sein.

(5) ¹Liegt kein Angemessenheitsbeschluss vor, so können im Unionsrecht oder im Recht der Mitgliedstaaten aus wichtigen Gründen des öffentlichen Interesses ausdrücklich Beschränkungen der Übermittlung bestimmter Kategorien von personenbezogenen Daten an Drittländer oder internationale Organisationen vorgesehen werden. ²Die Mitgliedstaaten teilen der Kommission derartige Bestimmungen mit.

(6) Der Verantwortliche oder der Auftragsverarbeiter erfasst die von ihm vorgenommene Beurteilung sowie die angemessenen Garantien im Sinne des Absatzes 1 Unterabsatz 2 des vorliegenden Artikels in der Dokumentation gemäß Artikel 30.

Korrespondierende Erwägungsgründe: 111, 112, 113, 114, 115

Artikel 50 Internationale Zusammenarbeit zum Schutz personenbezogener Daten

In Bezug auf Drittländer und internationale Organisationen treffen die Kommission und die Aufsichtsbehörden geeignete Maßnahmen zur

    a) Entwicklung von Mechanismen der internationalen Zusammenarbeit, durch die die wirksame Durchsetzung von Rechtsvorschriften zum Schutz personenbezogener Daten erleichtert wird,

    b) gegenseitigen Leistung internationaler Amtshilfe bei der Durchsetzung von Rechtsvorschriften zum Schutz personenbezogener Daten, unter anderem durch

Meldungen, Beschwerdeverweisungen, Amtshilfe bei Untersuchungen und Informationsaustausch, sofern geeignete Garantien für den Schutz personenbezogener Daten und anderer Grundrechte und Grundfreiheiten bestehen,

c) Einbindung maßgeblicher Interessenträger in Diskussionen und Tätigkeiten, die zum Ausbau der internationalen Zusammenarbeit bei der Durchsetzung von Rechtsvorschriften zum Schutz personenbezogener Daten dienen,

d) Förderung des Austauschs und der Dokumentation von Rechtsvorschriften und Praktiken zum Schutz personenbezogener Daten einschließlich Zuständigkeitskonflikten mit Drittländern.

Korrespondierende Erwägungsgründe: 116

KAPITEL VI Unabhängige Aufsichtsbehörden

Abschnitt 1 Unabhängigkeit

Artikel 51 Aufsichtsbehörde

(1) Jeder Mitgliedstaat sieht vor, dass eine oder mehrere unabhängige Behörden für die Überwachung der Anwendung dieser Verordnung zuständig sind, damit die Grundrechte und Grundfreiheiten natürlicher Personen bei der Verarbeitung geschützt werden und der freie Verkehr personenbezogener Daten in der Union erleichtert wird (im Folgenden „Aufsichtsbehörde").

(2) Jede Aufsichtsbehörde leistet einen Beitrag zur einheitlichen Anwendung dieser Verordnung in der gesamten Union. Zu diesem Zweck arbeiten die Aufsichtsbehörden untereinander sowie mit der Kommission gemäß Kapitel VII zusammen.

(3) Gibt es in einem Mitgliedstaat mehr als eine Aufsichtsbehörde, so bestimmt dieser Mitgliedstaat die Aufsichtsbehörde, die diese Behörden im Ausschuss vertritt, und führt ein Verfahren ein, mit dem sichergestellt wird, dass die

anderen Behörden die Regeln für das Kohärenzverfahren nach Artikel 63 einhalten.
(4) Jeder Mitgliedstaat teilt der Kommission bis spätestens 25. Mai 2018 die Rechtsvorschriften, die er aufgrund dieses Kapitels erlässt, sowie unverzüglich alle folgenden Änderungen dieser Vorschriften mit.

Korrespondierende Erwägungsgründe: 117, 118, 119, 120

Artikel 52 Unabhängigkeit

(1) Jede Aufsichtsbehörde handelt bei der Erfüllung ihrer Aufgaben und bei der Ausübung ihrer Befugnisse gemäß dieser Verordnung völlig unabhängig.
(2) Das Mitglied oder die Mitglieder jeder Aufsichtsbehörde unterliegen bei der Erfüllung ihrer Aufgaben und der Ausübung ihrer Befugnisse gemäß dieser Verordnung weder direkter noch indirekter Beeinflussung von außen und ersuchen weder um Weisung noch nehmen sie Weisungen entgegen.
(3) Das Mitglied oder die Mitglieder der Aufsichtsbehörde sehen von allen mit den Aufgaben ihres Amtes nicht zu vereinbarenden Handlungen ab und üben während ihrer Amtszeit keine andere mit ihrem Amt nicht zu vereinbarende entgeltliche oder unentgeltliche Tätigkeit aus.
(4) Jeder Mitgliedstaat stellt sicher, dass jede Aufsichtsbehörde mit den personellen, technischen und finanziellen Ressourcen, Räumlichkeiten und Infrastrukturen ausgestattet wird, die sie benötigt, um ihre Aufgaben und Befugnisse auch im Rahmen der Amtshilfe, Zusammenarbeit und Mitwirkung im Ausschuss effektiv wahrnehmen zu können.
(5) Jeder Mitgliedstaat stellt sicher, dass jede Aufsichtsbehörde ihr eigenes Personal auswählt und hat, das ausschließlich der Leitung des Mitglieds oder der Mitglieder der betreffenden Aufsichtsbehörde untersteht.
(6) Jeder Mitgliedstaat stellt sicher, dass jede Aufsichtsbehörde einer Finanzkontrolle unterliegt, die ihre Unabhängigkeit nicht beeinträchtigt und dass sie über eigene, öffentliche, jährliche Haushaltspläne verfügt, die Teil des gesamten Staatshaushalts oder nationalen Haushalts sein können.

Korrespondierende Erwägungsgründe: 117, 118, 120, 121

Artikel 53 Allgemeine Bedingungen für die Mitglieder der Aufsichtsbehörde

(1) Die Mitgliedstaaten sehen vor, dass jedes Mitglied ihrer Aufsichtsbehörden im Wege eines transparenten Verfahrens ernannt wird, und zwar
- vom Parlament,
- von der Regierung,
- vom Staatsoberhaupt oder
- von einer unabhängigen Stelle, die nach dem Recht des Mitgliedstaats mit der Ernennung betraut wird.

(2) Jedes Mitglied muss über die für die Erfüllung seiner Aufgaben und Ausübung seiner Befugnisse erforderliche Qualifikation, Erfahrung und Sachkunde insbesondere im Bereich des Schutzes personenbezogener Daten verfügen.

(3) Das Amt eines Mitglieds endet mit Ablauf der Amtszeit, mit seinem Rücktritt oder verpflichtender Versetzung in den Ruhestand gemäß dem Recht des betroffenen Mitgliedstaats.

(4) Ein Mitglied wird seines Amtes nur enthoben, wenn es eine schwere Verfehlung begangen hat oder die Voraussetzungen für die Wahrnehmung seiner Aufgaben nicht mehr erfüllt.

Korrespondierende Erwägungsgründe: 121

Artikel 54 Errichtung der Aufsichtsbehörde

(1) Jeder Mitgliedstaat sieht durch Rechtsvorschriften Folgendes vor:
a) die Errichtung jeder Aufsichtsbehörde;
b) die erforderlichen Qualifikationen und sonstigen Voraussetzungen für die Ernennung zum Mitglied jeder Aufsichtsbehörde;
c) die Vorschriften und Verfahren für die Ernennung des Mitglieds oder der Mitglieder jeder Aufsichtsbehörde;
d) die Amtszeit des Mitglieds oder der Mitglieder jeder Aufsichtsbehörde von mindestens vier Jahren; dies gilt nicht für die erste Amtszeit nach 24. Mai 2016, die für einen Teil der Mitglieder kürzer sein kann, wenn eine zeitlich versetzte Ernennung zur Wahrung der Unabhängigkeit der Aufsichtsbehörde notwendig ist;

e) die Frage, ob und — wenn ja — wie oft das Mitglied oder die Mitglieder jeder Aufsichtsbehörde wiederernannt werden können;
f) die Bedingungen im Hinblick auf die Pflichten des Mitglieds oder der Mitglieder und der Bediensteten jeder Aufsichtsbehörde, die Verbote von Handlungen, beruflichen Tätigkeiten und Vergütungen während und nach der Amtszeit, die mit diesen Pflichten unvereinbar sind, und die Regeln für die Beendigung des Beschäftigungsverhältnisses.

(2) ¹Das Mitglied oder die Mitglieder und die Bediensteten jeder Aufsichtsbehörde sind gemäß dem Unionsrecht oder dem Recht der Mitgliedstaaten sowohl während ihrer Amts- beziehungsweise Dienstzeit als auch nach deren Beendigung verpflichtet, über alle vertraulichen Informationen, die ihnen bei der Wahrnehmung ihrer Aufgaben oder der Ausübung ihrer Befugnisse bekannt geworden sind, Verschwiegenheit zu wahren. ²Während dieser Amts- beziehungsweise Dienstzeit gilt diese Verschwiegenheitspflicht insbesondere für die von natürlichen Personen gemeldeten Verstößen gegen diese Verordnung.

Korrespondierende Erwägungsgründe: 117, 121

Abschnitt 2 Zuständigkeit, Aufgaben und Befugnisse

Artikel 55 Zuständigkeit

(1) Jede Aufsichtsbehörde ist für die Erfüllung der Aufgaben und die Ausübung der Befugnisse, die ihr mit dieser Verordnung übertragen wurden, im Hoheitsgebiet ihres eigenen Mitgliedstaats zuständig.

(2) Erfolgt die Verarbeitung durch Behörden oder private Stellen auf der Grundlage von Artikel 6 Absatz 1 Buchstabe c oder e, so ist die Aufsichtsbehörde des betroffenen Mitgliedstaats zuständig. In diesem Fall findet Artikel 56 keine Anwendung.

(3) Die Aufsichtsbehörden sind nicht zuständig für die Aufsicht über die von Gerichten im Rahmen ihrer justiziellen Tätigkeit vorgenommenen Verarbeitungen.

Korrespondierende Erwägungsgründe: 122

Artikel 57 Aufgaben

(1) Unbeschadet anderer in dieser Verordnung dargelegter Aufgaben muss jede Aufsichtsbehörde in ihrem Hoheitsgebiet
a) die Anwendung dieser Verordnung überwachen und durchsetzen;
b) die Öffentlichkeit für die Risiken, Vorschriften, Garantien und Rechte im Zusammenhang mit der Verarbeitung sensibilisieren und sie darüber aufklären. Besondere Beachtung finden dabei spezifische Maßnahmen für Kinder;
c) im Einklang mit dem Recht des Mitgliedsstaats das nationale Parlament, die Regierung und andere Einrichtungen und Gremien über legislative und administrative Maßnahmen zum Schutz der Rechte und Freiheiten natürlicher Personen in Bezug auf die Verarbeitung beraten;
d) die Verantwortlichen und die Auftragsverarbeiter für die ihnen aus dieser Verordnung entstehenden Pflichten sensibilisieren;
e) auf Anfrage jeder betroffenen Person Informationen über die Ausübung ihrer Rechte aufgrund dieser Verordnung zur Verfügung stellen und gegebenenfalls zu diesem Zweck mit den Aufsichtsbehörden in anderen Mitgliedstaaten zusammenarbeiten;
f) sich mit Beschwerden einer betroffenen Person oder Beschwerden einer Stelle, einer Organisation oder eines Verbandes gemäß Artikel 80 befassen, den Gegenstand der Beschwerde in angemessenem Umfang untersuchen und den Beschwerdeführer innerhalb einer angemessenen Frist über den Fortgang und das Ergebnis der Untersuchung unterrichten, insbesondere, wenn eine weitere Untersuchung oder Koordinierung mit einer anderen Aufsichtsbehörde notwendig ist;
g) mit anderen Aufsichtsbehörden zusammenarbeiten, auch durch Informationsaustausch, und ihnen Amtshilfe leisten, um die einheitliche Anwendung und Durchsetzung dieser Verordnung zu gewährleisten;
h) Untersuchungen über die Anwendung dieser Verordnung durchführen, auch auf der Grundlage von Informationen einer anderen Aufsichtsbehörde oder einer anderen Behörde;
i) maßgebliche Entwicklungen verfolgen, soweit sie sich auf den Schutz personenbezogener Daten auswirken, insbesondere die Entwicklung der Informations- und

Artikel 56 Zuständigkeit der federführenden Aufsichtsbehörde

(1) Unbeschadet des Artikels 55 ist die Aufsichtsbehörde der Hauptniederlassung oder der einzigen Niederlassung des Verantwortlichen oder des Auftragsverarbeiters gemäß dem Verfahren nach Artikel 60 die zuständige federführende Aufsichtsbehörde für die von diesem Verantwortlichen oder diesem Auftragsverarbeiter durchgeführte grenzüberschreitende Verarbeitung.

(2) Abweichend von Absatz 1 ist jede Aufsichtsbehörde dafür zuständig, sich mit einer bei ihr eingereichten Beschwerde oder einem etwaigen Verstoß gegen diese Verordnung zu befassen, wenn der Gegenstand nur mit einer Niederlassung in ihrem Mitgliedstaat zusammenhängt oder betroffene Personen nur ihres Mitgliedstaats erheblich beeinträchtigt.

(3) In den in Absatz 2 des vorliegenden Artikels genannten Fällen unterrichtet die Aufsichtsbehörde unverzüglich die federführende Aufsichtsbehörde über diese Angelegenheit. Innerhalb einer Frist von drei Wochen nach der Unterrichtung entscheidet die federführende Aufsichtsbehörde, ob sie sich mit dem Fall gemäß dem Verfahren nach Artikel 60 befasst oder nicht, wobei sie berücksichtigt, ob der Verantwortliche oder der Auftragsverarbeiter in dem Mitgliedstaat, dessen Aufsichtsbehörde sie unterrichtet hat, eine Niederlassung hat oder nicht.

(4) [1]Entscheidet die federführende Aufsichtsbehörde, sich mit dem Fall zu befassen, so findet das Verfahren nach Artikel 60 Anwendung. [2]Die Aufsichtsbehörde, die die federführende Aufsichtsbehörde unterrichtet hat, kann dieser einen Beschlussentwurf vorlegen. Die federführende Aufsichtsbehörde trägt diesem Entwurf bei der Ausarbeitung des Beschlussentwurfs nach Artikel 60 Absatz 3 weitestgehend Rechnung.

(5) Entscheidet die federführende Aufsichtsbehörde, sich mit dem Fall nicht selbst zu befassen, so befasst die Aufsichtsbehörde, die die federführende Aufsichtsbehörde unterrichtet hat, sich mit dem Fall gemäß den Artikeln 61 und 62.

(6) Die federführende Aufsichtsbehörde ist der einzige Ansprechpartner der Verantwortlichen oder der Auftragsverarbeiter für Fragen der von diesem Verantwortlichen oder diesem Auftragsverarbeiter durchgeführten grenzüberschreitenden Verarbeitung.

Korrespondierende Erwägungsgründe: 124, 127, 128

Kommunikationstechnologie und der Geschäftspraktiken;
j) Standardvertragsklauseln im Sinne des Artikels 28 Absatz 8 und des Artikels 46 Absatz 2 Buchstabe d festlegen;
k) eine Liste der Verarbeitungsarten erstellen und führen, für die gemäß Artikel 35 Absatz 4 eine Datenschutz-Folgenabschätzung durchzuführen ist;
l) Beratung in Bezug auf die in Artikel 36 Absatz 2 genannten Verarbeitungsvorgänge leisten;
m) die Ausarbeitung von Verhaltensregeln gemäß Artikel 40 Absatz 1 fördern und zu diesen Verhaltensregeln, die ausreichende Garantien im Sinne des Artikels 40 Absatz 5 bieten müssen, Stellungnahmen abgeben und sie billigen;
n) die Einführung von Datenschutzzertifizierungsmechanismen und von Datenschutzsiegeln und -prüfzeichen nach Artikel 42 Absatz 1 anregen und Zertifizierungskriterien nach Artikel 42 Absatz 5 billigen;
o) gegebenenfalls die nach Artikel 42 Absatz 7 erteilten Zertifizierungen regelmäßig überprüfen;
p) die Anforderungen an die Akkreditierung einer Stelle für die Überwachung der Einhaltung der Verhaltensregeln gemäß Artikel 41 und einer Zertifizierungsstelle gemäß Artikel 43 abfassen und veröffentlichen;
q) die Akkreditierung einer Stelle für die Überwachung der Einhaltung der Verhaltensregeln gemäß Artikel 41 und einer Zertifizierungsstelle gemäß Artikel 43 vornehmen;
r) Vertragsklauseln und Bestimmungen im Sinne des Artikels 46 Absatz 3 genehmigen;
s) verbindliche interne Vorschriften gemäß Artikel 47 genehmigen;
t) Beiträge zur Tätigkeit des Ausschusses leisten;
u) interne Verzeichnisse über Verstöße gegen diese Verordnung und gemäß Artikel 58 Absatz 2 ergriffene Maßnahmen und
v) jede sonstige Aufgabe im Zusammenhang mit dem Schutz personenbezogener Daten erfüllen.
(2) Jede Aufsichtsbehörde erleichtert das Einreichen von in Absatz 1 Buchstabe f genannten Beschwerden durch Maßnahmen wie etwa die Bereitstellung eines Beschwerdeformulars, das auch elektronisch ausgefüllt werden kann, ohne dass andere Kommunikationsmittel ausgeschlossen werden.

(3) Die Erfüllung der Aufgaben jeder Aufsichtsbehörde ist für die betroffene Person und gegebenenfalls für den Datenschutzbeauftragten unentgeltlich.

(4) Bei offenkundig unbegründeten oder — insbesondere im Fall von häufiger Wiederholung — exzessiven Anfragen kann die Aufsichtsbehörde eine angemessene Gebühr auf der Grundlage der Verwaltungskosten verlangen oder sich weigern, aufgrund der Anfrage tätig zu werden. In diesem Fall trägt die Aufsichtsbehörde die Beweislast für den offenkundig unbegründeten oder exzessiven Charakter der Anfrage.

Korrespondierende Erwägungsgründe: 122, 123, 132, 133, 137

Artikel 58 Befugnisse

(1) Jede Aufsichtsbehörde verfügt über sämtliche folgenden Untersuchungsbefugnisse, die es ihr gestatten,
- a) den Verantwortlichen, den Auftragsverarbeiter und gegebenenfalls den Vertreter des Verantwortlichen oder des Auftragsverarbeiters anzuweisen, alle Informationen bereitzustellen, die für die Erfüllung ihrer Aufgaben erforderlich sind,
- b) Untersuchungen in Form von Datenschutzüberprüfungen durchzuführen,
- c) eine Überprüfung der nach Artikel 42 Absatz 7 erteilten Zertifizierungen durchzuführen,
- d) den Verantwortlichen oder den Auftragsverarbeiter auf einen vermeintlichen Verstoß gegen diese Verordnung hinzuweisen,
- e) von dem Verantwortlichen und dem Auftragsverarbeiter Zugang zu allen personenbezogenen Daten und Informationen, die zur Erfüllung ihrer Aufgaben notwendig sind, zu erhalten,
- f) gemäß dem Verfahrensrecht der Union oder dem Verfahrensrecht des Mitgliedstaats Zugang zu den Räumlichkeiten, einschließlich aller Datenverarbeitungsanlagen und -geräte, des Verantwortlichen und des Auftragsverarbeiters zu erhalten.

(2) Jede Aufsichtsbehörde verfügt über sämtliche folgenden Abhilfebefugnisse, die es ihr gestatten,
- a) einen Verantwortlichen oder einen Auftragsverarbeiter zu warnen, dass beabsichtigte Verarbeitungsvorgänge voraussichtlich gegen diese Verordnung verstoßen,

b) einen Verantwortlichen oder einen Auftragsverarbeiter zu verwarnen, wenn er mit Verarbeitungsvorgängen gegen diese Verordnung verstoßen hat,
c) den Verantwortlichen oder den Auftragsverarbeiter anzuweisen, den Anträgen der betroffenen Person auf Ausübung der ihr nach dieser Verordnung zustehenden Rechte zu entsprechen,
d) den Verantwortlichen oder den Auftragsverarbeiter anzuweisen, Verarbeitungsvorgänge gegebenenfalls auf bestimmte Weise und innerhalb eines bestimmten Zeitraums in Einklang mit dieser Verordnung zu bringen,
e) den Verantwortlichen anzuweisen, die von einer Verletzung des Schutzes personenbezogener Daten betroffene Person entsprechend zu benachrichtigen,
f) eine vorübergehende oder endgültige Beschränkung der Verarbeitung, einschließlich eines Verbots, zu verhängen,
g) die Berichtigung oder Löschung von personenbezogenen Daten oder die Einschränkung der Verarbeitung gemäß den Artikeln 16, 17 und 18 und die Unterrichtung der Empfänger, an die diese personenbezogenen Daten gemäß Artikel 17 Absatz 2 und Artikel 19 offengelegt wurden, über solche Maßnahmen anzuordnen,
h) eine Zertifizierung zu widerrufen oder die Zertifizierungsstelle anzuweisen, eine gemäß den Artikel 42 und 43 erteilte Zertifizierung zu widerrufen, oder die Zertifizierungsstelle anzuweisen, keine Zertifizierung zu erteilen, wenn die Voraussetzungen für die Zertifizierung nicht oder nicht mehr erfüllt werden,
i) eine Geldbuße gemäß Artikel 83 zu verhängen, zusätzlich zu oder anstelle von in diesem Absatz genannten Maßnahmen, je nach den Umständen des Einzelfalls,
j) die Aussetzung der Übermittlung von Daten an einen Empfänger in einem Drittland oder an eine internationale Organisation anzuordnen.

(3) Jede Aufsichtsbehörde verfügt über sämtliche folgenden Genehmigungsbefugnisse und beratenden Befugnisse, die es ihr gestatten,
a) gemäß dem Verfahren der vorherigen Konsultation nach Artikel 36 den Verantwortlichen zu beraten,
b) zu allen Fragen, die im Zusammenhang mit dem Schutz personenbezogener Daten stehen, von sich aus oder auf Anfrage Stellungnahmen an das nationale Parlament, die Regierung des Mitgliedstaats oder im Einklang mit

dem Recht des Mitgliedstaats an sonstige Einrichtungen und Stellen sowie an die Öffentlichkeit zu richten,
c) die Verarbeitung gemäß Artikel 36 Absatz 5 zu genehmigen, falls im Recht des Mitgliedstaats eine derartige vorherige Genehmigung verlangt wird,
d) eine Stellungnahme abzugeben und Entwürfe von Verhaltensregeln gemäß Artikel 40 Absatz 5 zu billigen,
e) Zertifizierungsstellen gemäß Artikel 43 zu akkreditieren,
f) im Einklang mit Artikel 42 Absatz 5 Zertifizierungen zu erteilen und Kriterien für die Zertifizierung zu billigen,
g) Standarddatenschutzklauseln nach Artikel 28 Absatz 8 und Artikel 46 Absatz 2 Buchstabe d festzulegen,
h) Vertragsklauseln gemäß Artikel 46 Absatz 3 Buchstabe a zu genehmigen,
i) Verwaltungsvereinbarungen gemäß Artikel 46 Absatz 3 Buchstabe b zu genehmigen
j) verbindliche interne Vorschriften gemäß Artikel 47 zu genehmigen.
(4) Die Ausübung der der Aufsichtsbehörde gemäß diesem Artikel übertragenen Befugnisse erfolgt vorbehaltlich geeigneter Garantien einschließlich wirksamer gerichtlicher Rechtsbehelfe und ordnungsgemäßer Verfahren gemäß dem Unionsrecht und dem Recht des Mitgliedstaats im Einklang mit der Charta.
(5) Jeder Mitgliedstaat sieht durch Rechtsvorschriften vor, dass seine Aufsichtsbehörde befugt ist, Verstöße gegen diese Verordnung den Justizbehörden zur Kenntnis zu bringen und gegebenenfalls die Einleitung eines gerichtlichen Verfahrens zu betreiben oder sich sonst daran zu beteiligen, um die Bestimmungen dieser Verordnung durchzusetzen.
(6) Jeder Mitgliedstaat kann durch Rechtsvorschriften vorsehen, dass seine Aufsichtsbehörde neben den in den Absätzen 1, 2 und 3 aufgeführten Befugnissen über zusätzliche Befugnisse verfügt. Die Ausübung dieser Befugnisse darf nicht die effektive Durchführung des Kapitels VII beeinträchtigen.

Korrespondierende Erwägungsgründe: 122, 129, 131

Artikel 59 Tätigkeitsbericht

[1]Jede Aufsichtsbehörde erstellt einen Jahresbericht über ihre Tätigkeit, der eine Liste der Arten der gemeldeten Verstöße und

der Arten der getroffenen Maßnahmen nach Artikel 58 Absatz 2 enthalten kann. [2]Diese Berichte werden dem nationalen Parlament, der Regierung und anderen nach dem Recht der Mitgliedstaaten bestimmten Behörden übermittelt. [3]Sie werden der Öffentlichkeit, der Kommission und dem Ausschuss zugänglich gemacht.

KAPITEL VII Zusammenarbeit und Kohärenz

Abschnitt 1 Zusammenarbeit

Artikel 60 Zusammenarbeit zwischen der federführenden Aufsichtsbehörde und den anderen betroffenen Aufsichtsbehörden

(1) [1]Die federführende Aufsichtsbehörde arbeitet mit den anderen betroffenen Aufsichtsbehörden im Einklang mit diesem Artikel zusammen und bemüht sich dabei, einen Konsens zu erzielen. [2]Die federführende Aufsichtsbehörde und die betroffenen Aufsichtsbehörden tauschen untereinander alle zweckdienlichen Informationen aus.

(2) Die federführende Aufsichtsbehörde kann jederzeit andere betroffene Aufsichtsbehörden um Amtshilfe gemäß Artikel 61 ersuchen und gemeinsame Maßnahmen gemäß Artikel 62 durchführen, insbesondere zur Durchführung von Untersuchungen oder zur Überwachung der Umsetzung einer Maßnahme in Bezug auf einen Verantwortlichen oder einen Auftragsverarbeiter, der in einem anderen Mitgliedstaat niedergelassen ist.

(3) [1]Die federführende Aufsichtsbehörde übermittelt den anderen betroffenen Aufsichtsbehörden unverzüglich die zweckdienlichen Informationen zu der Angelegenheit. [2]Sie legt den anderen betroffenen Aufsichtsbehörden unverzüglich einen Beschlussentwurf zur Stellungnahme vor und trägt deren Standpunkten gebührend Rechnung.

(4) Legt eine der anderen betroffenen Aufsichtsbehörden innerhalb von vier Wochen, nachdem sie gemäß Absatz 3 des vorliegenden Artikels konsultiert wurde, gegen diesen

Beschlussentwurf einen maßgeblichen und begründeten Einspruch ein und schließt sich die federführende Aufsichtsbehörde dem maßgeblichen und begründeten Einspruch nicht an oder ist der Ansicht, dass der Einspruch nicht maßgeblich oder nicht begründet ist, so leitet die federführende Aufsichtsbehörde das Kohärenzverfahren gemäß Artikel 63 für die Angelegenheit ein.

(5) [1]Beabsichtigt die federführende Aufsichtsbehörde, sich dem maßgeblichen und begründeten Einspruch anzuschließen, so legt sie den anderen betroffenen Aufsichtsbehörden einen überarbeiteten Beschlussentwurf zur Stellungnahme vor. [2]Der überarbeitete Beschlussentwurf wird innerhalb von zwei Wochen dem Verfahren nach Absatz 4 unterzogen.

(6) Legt keine der anderen betroffenen Aufsichtsbehörden Einspruch gegen den Beschlussentwurf ein, der von der federführenden Aufsichtsbehörde innerhalb der in den Absätzen 4 und 5 festgelegten Frist vorgelegt wurde, so gelten die federführende Aufsichtsbehörde und die betroffenen Aufsichtsbehörden als mit dem Beschlussentwurf einverstanden und sind an ihn gebunden.

(7) [1]Die federführende Aufsichtsbehörde erlässt den Beschluss und teilt ihn der Hauptniederlassung oder der einzigen Niederlassung des Verantwortlichen oder gegebenenfalls des Auftragsverarbeiters mit und setzt die anderen betroffenen Aufsichtsbehörden und den Ausschuss von dem betreffenden Beschluss einschließlich einer Zusammenfassung der maßgeblichen Fakten und Gründe in Kenntnis. [2]Die Aufsichtsbehörde, bei der eine Beschwerde eingereicht worden ist, unterrichtet den Beschwerdeführer über den Beschluss.

(8) Wird eine Beschwerde abgelehnt oder abgewiesen, so erlässt die Aufsichtsbehörde, bei der die Beschwerde eingereicht wurde, abweichend von Absatz 7 den Beschluss, teilt ihn dem Beschwerdeführer mit und setzt den Verantwortlichen in Kenntnis.

(9) [1]Sind sich die federführende Aufsichtsbehörde und die betreffenden Aufsichtsbehörden darüber einig, Teile der Beschwerde abzulehnen oder abzuweisen und bezüglich anderer Teile dieser Beschwerde tätig zu werden, so wird in dieser Angelegenheit für jeden dieser Teile ein eigener Beschluss erlassen. [2]Die federführende Aufsichtsbehörde erlässt den Beschluss für den Teil, der das Tätigwerden in Bezug auf den Verantwortlichen betrifft, teilt ihn der Hauptniederlassung oder einzigen Niederlassung des Verantwortlichen oder des Auftragsverarbeiters im Hoheitsgebiet ihres

Mitgliedstaats mit und setzt den Beschwerdeführer hiervon in Kenntnis, während die für den Beschwerdeführer zuständige Aufsichtsbehörde den Beschluss für den Teil erlässt, der die Ablehnung oder Abweisung dieser Beschwerde betrifft, und ihn diesem Beschwerdeführer mitteilt und den Verantwortlichen oder den Auftragsverarbeiter hiervon in Kenntnis setzt.

(10) [1]Nach der Unterrichtung über den Beschluss der federführenden Aufsichtsbehörde gemäß den Absätzen 7 und 9 ergreift der Verantwortliche oder der Auftragsverarbeiter die erforderlichen Maßnahmen, um die Verarbeitungstätigkeiten all seiner Niederlassungen in der Union mit dem Beschluss in Einklang zu bringen. [2]Der Verantwortliche oder der Auftragsverarbeiter teilt der federführenden Aufsichtsbehörde die Maßnahmen mit, die zur Einhaltung des Beschlusses ergriffen wurden; diese wiederum unterrichtet die anderen betroffenen Aufsichtsbehörden.

(11) Hat — in Ausnahmefällen — eine betroffene Aufsichtsbehörde Grund zu der Annahme, dass zum Schutz der Interessen betroffener Personen dringender Handlungsbedarf besteht, so kommt das Dringlichkeitsverfahren nach Artikel 66 zur Anwendung.

(12) Die federführende Aufsichtsbehörde und die anderen betroffenen Aufsichtsbehörden übermitteln einander die nach diesem Artikel geforderten Informationen auf elektronischem Wege unter Verwendung eines standardisierten Formats.

Korrespondierende Erwägungsgründe: 124, 125, 130

Artikel 61 Gegenseitige Amtshilfe

(1) [1]Die Aufsichtsbehörden übermitteln einander maßgebliche Informationen und gewähren einander Amtshilfe, um diese Verordnung einheitlich durchzuführen und anzuwenden, und treffen Vorkehrungen für eine wirksame Zusammenarbeit. [2]Die Amtshilfe bezieht sich insbesondere auf Auskunftsersuchen und aufsichtsbezogene Maßnahmen, beispielsweise Ersuchen um vorherige Genehmigungen und eine vorherige Konsultation, um Vornahme von Nachprüfungen und Untersuchungen.

(2) [1]Jede Aufsichtsbehörde ergreift alle geeigneten Maßnahmen, um einem Ersuchen einer anderen Aufsichtsbehörde unverzüglich und spätestens innerhalb eines Monats nach Eingang des Ersuchens nachzukommen. [2]Dazu kann

insbesondere auch die Übermittlung maßgeblicher Informationen über die Durchführung einer Untersuchung gehören.

(3) ¹Amtshilfeersuchen enthalten alle erforderlichen Informationen, einschließlich Zweck und Begründung des Ersuchens. ²Die übermittelten Informationen werden ausschließlich für den Zweck verwendet, für den sie angefordert wurden.

(4) Die ersuchte Aufsichtsbehörde lehnt das Ersuchen nur ab, wenn
   a) sie für den Gegenstand des Ersuchens oder für die Maßnahmen, die sie durchführen soll, nicht zuständig ist oder
   b) ein Eingehen auf das Ersuchen gegen diese Verordnung verstoßen würde oder gegen das Unionsrecht oder das Recht der Mitgliedstaaten, dem die Aufsichtsbehörde, bei der das Ersuchen eingeht, unterliegt.

(5) ¹Die ersuchte Aufsichtsbehörde informiert die ersuchende Aufsichtsbehörde über die Ergebnisse oder gegebenenfalls über den Fortgang der Maßnahmen, die getroffen wurden, um dem Ersuchen nachzukommen. ²Die ersuchte Aufsichtsbehörde erläutert gemäß Absatz 4 die Gründe für die Ablehnung des Ersuchens.

(6) Die ersuchten Aufsichtsbehörden übermitteln die Informationen, um die von einer anderen Aufsichtsbehörde ersucht wurde, in der Regel auf elektronischem Wege unter Verwendung eines standardisierten Formats.

(7) ¹Ersuchte Aufsichtsbehörden verlangen für Maßnahmen, die sie aufgrund eines Amtshilfeersuchens getroffen haben, keine Gebühren. ²Die Aufsichtsbehörden können untereinander Regeln vereinbaren, um einander in Ausnahmefällen besondere aufgrund der Amtshilfe entstandene Ausgaben zu erstatten.

(8) ¹Erteilt eine ersuchte Aufsichtsbehörde nicht binnen eines Monats nach Eingang des Ersuchens einer anderen Aufsichtsbehörde die Informationen gemäß Absatz 5, so kann die ersuchende Aufsichtsbehörde eine einstweilige Maßnahme im Hoheitsgebiet ihres Mitgliedstaats gemäß Artikel 55 Absatz 1 ergreifen.² In diesem Fall wird von einem dringenden Handlungsbedarf gemäß Artikel 66 Absatz 1 ausgegangen, der einen im Dringlichkeitsverfahren angenommenen verbindlichen Beschluss des Ausschuss gemäß Artikel 66 Absatz 2 erforderlich macht.

(9) ¹Die Kommission kann im Wege von Durchführungsrechtsakten Form und Verfahren der Amtshilfe nach diesem Artikel und die Ausgestaltung des elektronischen

Informationsaustauschs zwischen den Aufsichtsbehörden sowie zwischen den Aufsichtsbehörden und dem Ausschuss, insbesondere das in Absatz 6 des vorliegenden Artikels genannte standardisierte Format, festlegen. ²Diese Durchführungsrechtsakte werden gemäß dem in Artikel 93 Absatz 2 genannten Prüfverfahren erlassen.

Korrespondierende Erwägungsgründe: 123, 132, 133

Artikel 62 Gemeinsame Maßnahmen der Aufsichtsbehörden

(1) Die Aufsichtsbehörden führen gegebenenfalls gemeinsame Maßnahmen einschließlich gemeinsamer Untersuchungen und gemeinsamer Durchsetzungsmaßnahmen durch, an denen Mitglieder oder Bedienstete der Aufsichtsbehörden anderer Mitgliedstaaten teilnehmen.

(2) ¹Verfügt der Verantwortliche oder der Auftragsverarbeiter über Niederlassungen in mehreren Mitgliedstaaten oder werden die Verarbeitungsvorgänge voraussichtlich auf eine bedeutende Zahl betroffener Personen in mehr als einem Mitgliedstaat erhebliche Auswirkungen haben, ist die Aufsichtsbehörde jedes dieser Mitgliedstaaten berechtigt, an den gemeinsamen Maßnahmen teilzunehmen. ²Die gemäß Artikel 56 Absatz 1 oder Absatz 4 zuständige Aufsichtsbehörde lädt die Aufsichtsbehörde jedes dieser Mitgliedstaaten zur Teilnahme an den gemeinsamen Maßnahmen ein und antwortet unverzüglich auf das Ersuchen einer Aufsichtsbehörde um Teilnahme.

(3) ¹Eine Aufsichtsbehörde kann gemäß dem Recht des Mitgliedstaats und mit Genehmigung der unterstützenden Aufsichtsbehörde den an den gemeinsamen Maßnahmen beteiligten Mitgliedern oder Bediensteten der unterstützenden Aufsichtsbehörde Befugnisse einschließlich Untersuchungsbefugnisse übertragen oder, soweit dies nach dem Recht des Mitgliedstaats der einladenden Aufsichtsbehörde zulässig ist, den Mitgliedern oder Bediensteten der unterstützenden Aufsichtsbehörde gestatten, ihre Untersuchungsbefugnisse nach dem Recht des Mitgliedstaats der unterstützenden Aufsichtsbehörde auszuüben. ²Diese Untersuchungsbefugnisse können nur unter der Leitung und in Gegenwart der Mitglieder oder Bediensteten der einladenden Aufsichtsbehörde ausgeübt werden. ³Die Mitglieder oder Bediensteten der unterstützenden Aufsichtsbehörde

unterliegen dem Recht des Mitgliedstaats der einladenden Aufsichtsbehörde.

(4) Sind gemäß Absatz 1 Bedienstete einer unterstützenden Aufsichtsbehörde in einem anderen Mitgliedstaat im Einsatz, so übernimmt der Mitgliedstaat der einladenden Aufsichtsbehörde nach Maßgabe des Rechts des Mitgliedstaats, in dessen Hoheitsgebiet der Einsatz erfolgt, die Verantwortung für ihr Handeln, einschließlich der Haftung für alle von ihnen bei ihrem Einsatz verursachten Schäden.

(5) [1]Der Mitgliedstaat, in dessen Hoheitsgebiet der Schaden verursacht wurde, ersetzt diesen Schaden so, wie er ihn ersetzen müsste, wenn seine eigenen Bediensteten ihn verursacht hätten. [2]Der Mitgliedstaat der unterstützenden Aufsichtsbehörde, deren Bedienstete im Hoheitsgebiet eines anderen Mitgliedstaats einer Person Schaden zugefügt haben, erstattet diesem anderen Mitgliedstaat den Gesamtbetrag des Schadenersatzes, den dieser an die Berechtigten geleistet hat.

(6) Unbeschadet der Ausübung seiner Rechte gegenüber Dritten und mit Ausnahme des Absatzes 5 verzichtet jeder Mitgliedstaat in dem Fall des Absatzes 1 darauf, den in Absatz 4 genannten Betrag des erlittenen Schadens anderen Mitgliedstaaten gegenüber geltend zu machen.

(7) [1]Ist eine gemeinsame Maßnahme geplant und kommt eine Aufsichtsbehörde binnen eines Monats nicht der Verpflichtung nach Absatz 2 Satz 2 des vorliegenden Artikels nach, so können die anderen Aufsichtsbehörden eine einstweilige Maßnahme im Hoheitsgebiet ihres Mitgliedstaats gemäß Artikel 55 ergreifen. [2]In diesem Fall wird von einem dringenden Handlungsbedarf gemäß Artikel 66 Absatz 1 ausgegangen, der eine im Dringlichkeitsverfahren angenommene Stellungnahme oder einen im Dringlichkeitsverfahren angenommenen verbindlichen Beschluss des Ausschusses gemäß Artikel 66 Absatz 2 erforderlich macht.

Korrespondierende Erwägungsgründe: 126, 134

Abschnitt 2 Kohärenz

Artikel 63 Kohärenzverfahren

Um zur einheitlichen Anwendung dieser Verordnung in der gesamten Union beizutragen, arbeiten die Aufsichtsbehörden im

Rahmen des in diesem Abschnitt beschriebenen Kohärenzverfahrens untereinander und gegebenenfalls mit der Kommission zusammen.

Korrespondierende Erwägungsgründe: 135

Artikel 64 Stellungnahme des Ausschusses

(1) [1]Der Ausschuss gibt eine Stellungnahme ab, wenn die zuständige Aufsichtsbehörde beabsichtigt, eine der nachstehenden Maßnahmen zu erlassen. [2]Zu diesem Zweck übermittelt die zuständige Aufsichtsbehörde dem Ausschuss den Entwurf des Beschlusses, wenn dieser
   a) der Annahme einer Liste der Verarbeitungsvorgänge dient, die der Anforderung einer Datenschutz-Folgenabschätzung gemäß Artikel 35 Absatz 4 unterliegen,
   b) eine Angelegenheit gemäß Artikel 40 Absatz 7 und damit die Frage betrifft, ob ein Entwurf von Verhaltensregeln oder eine Änderung oder Ergänzung von Verhaltensregeln mit dieser Verordnung in Einklang steht,
   c) der Billigung der Anforderungen an die Akkreditierung einer Stelle nach Artikel 41 Absatz 3, einer Zertifizierungsstelle nach Artikel 43 Absatz 3 oder der Kriterien für die Zertifizierung gemäß Artikel 42 Absatz 5 dient,
   d) der Festlegung von Standard-Datenschutzklauseln gemäß Artikel 46 Absatz 2 Buchstabe d und Artikel 28 Absatz 8 dient,
   e) der Genehmigung von Vertragsklauseln gemäß Artikels 46 Absatz 3 Buchstabe a dient, oder
   f) der Annahme verbindlicher interner Vorschriften im Sinne von Artikel 47 dient.
(2) Jede Aufsichtsbehörde, der Vorsitz des Ausschuss oder die Kommission können beantragen, dass eine Angelegenheit mit allgemeiner Geltung oder mit Auswirkungen in mehr als einem Mitgliedstaat vom Ausschuss geprüft wird, um eine Stellungnahme zu erhalten, insbesondere wenn eine zuständige Aufsichtsbehörde den Verpflichtungen zur Amtshilfe gemäß Artikel 61 oder zu gemeinsamen Maßnahmen gemäß Artikel 62 nicht nachkommt.
(3) [1]In den in den Absätzen 1 und 2 genannten Fällen gibt der Ausschuss eine Stellungnahme zu der Angelegenheit ab, die ihm vorgelegt wurde, sofern er nicht bereits eine Stellungnahme zu derselben Angelegenheit abgegeben hat. [2]Diese Stellungnahme wird binnen acht Wochen mit der einfachen

Mehrheit der Mitglieder des Ausschusses angenommen. ³Diese Frist kann unter Berücksichtigung der Komplexität der Angelegenheit um weitere sechs Wochen verlängert werden. ⁴Was den in Absatz 1 genannten Beschlussentwurf angeht, der gemäß Absatz 5 den Mitgliedern des Ausschusses übermittelt wird, so wird angenommen, dass ein Mitglied, das innerhalb einer vom Vorsitz angegebenen angemessenen Frist keine Einwände erhoben hat, dem Beschlussentwurf zustimmt.

(4) Die Aufsichtsbehörden und die Kommission übermitteln unverzüglich dem Ausschuss auf elektronischem Wege unter Verwendung eines standardisierten Formats alle zweckdienlichen Informationen, einschließlich — je nach Fall — einer kurzen Darstellung des Sachverhalts, des Beschlussentwurfs, der Gründe, warum eine solche Maßnahme ergriffen werden muss, und der Standpunkte anderer betroffener Aufsichtsbehörden.

(5) Der Vorsitz des Ausschusses unterrichtet unverzüglich auf elektronischem Wege

    a) unter Verwendung eines standardisierten Formats die Mitglieder des Ausschusses und die Kommission über alle zweckdienlichen Informationen, die ihm zugegangen sind. Soweit erforderlich stellt das Sekretariat des Ausschusses Übersetzungen der zweckdienlichen Informationen zur Verfügung und

    b) je nach Fall die in den Absätzen 1 und 2 genannte Aufsichtsbehörde und die Kommission über die Stellungnahme und veröffentlicht sie.

(6) Die in Absatz 1 genannte zuständige Aufsichtsbehörde nimmt den in Absatz 1 genannten Beschlussentwurf nicht vor Ablauf der in Absatz 3 genannten Frist an.

(7) Die in Absatz 1 genannte zuständige Aufsichtsbehörde trägt der Stellungnahme des Ausschusses weitestgehend Rechnung und teilt dessen Vorsitz binnen zwei Wochen nach Eingang der Stellungnahme auf elektronischem Wege unter Verwendung eines standardisierten Formats mit, ob sie den Beschlussentwurf beibehalten oder ändern wird; gegebenenfalls übermittelt sie den geänderten Beschlussentwurf.

(8) Teilt die in Absatz 1 genannte zuständige Aufsichtsbehörde dem Vorsitz des Ausschusses innerhalb der Frist nach Absatz 7 des vorliegenden Artikels unter Angabe der maßgeblichen Gründe mit, dass sie beabsichtigt, der Stellungnahme des Ausschusses insgesamt oder teilweise nicht zu folgen, so gilt Artikel 65 Absatz 1.

Korrespondierende Erwägungsgründe: 136

Artikel 65 Streitbeilegung durch den Ausschuss

(1) ¹Um die ordnungsgemäße und einheitliche Anwendung dieser Verordnung in Einzelfällen sicherzustellen, erlässt der Ausschuss in den folgenden Fällen einen verbindlichen Beschluss:
- a) wenn eine betroffene Aufsichtsbehörde in einem Fall nach Artikel 60 Absatz 4 einen maßgeblichen und begründeten Einspruch gegen einen Beschlussentwurf der federführenden Aufsichtsbehörde eingelegt hat und sich die federführende Aufsichtsbehörde dem Einspruch nicht angeschlossen hat oder den Einspruch als nicht maßgeblich oder nicht begründet abgelehnt hat. ²Der verbindliche Beschluss betrifft alle Angelegenheiten, die Gegenstand des maßgeblichen und begründeten Einspruchs sind, insbesondere die Frage, ob ein Verstoß gegen diese Verordnung vorliegt;
- b) wenn es widersprüchliche Standpunkte dazu gibt, welche der betroffenen Aufsichtsbehörden für die Hauptniederlassung zuständig ist,
- c) ¹wenn eine zuständige Aufsichtsbehörde in den in Artikel 64 Absatz 1 genannten Fällen keine Stellungnahme des Ausschusses einholt oder der Stellungnahme des Ausschusses gemäß Artikel 64 nicht folgt. ²In diesem Fall kann jede betroffene Aufsichtsbehörde oder die Kommission die Angelegenheit dem Ausschuss vorlegen.

(2) ¹Der in Absatz 1 genannte Beschluss wird innerhalb eines Monats nach der Befassung mit der Angelegenheit mit einer Mehrheit von zwei Dritteln der Mitglieder des Ausschusses angenommen. ²Diese Frist kann wegen der Komplexität der Angelegenheit um einen weiteren Monat verlängert werden. ³Der in Absatz 1 genannte Beschluss wird begründet und an die federführende Aufsichtsbehörde und alle betroffenen Aufsichtsbehörden übermittelt und ist für diese verbindlich.

(3) ¹War der Ausschuss nicht in der Lage, innerhalb der in Absatz 2 genannten Fristen einen Beschluss anzunehmen, so nimmt er seinen Beschluss innerhalb von zwei Wochen nach Ablauf des in Absatz 2 genannten zweiten Monats mit einfacher Mehrheit der Mitglieder des Ausschusses an. ²Bei Stimmengleichheit zwischen den Mitgliedern des Ausschusses gibt die Stimme des Vorsitzes den Ausschlag.

(4) Die betroffenen Aufsichtsbehörden nehmen vor Ablauf der in den Absätzen 2 und 3 genannten Fristen keinen Beschluss über die dem Ausschuss vorgelegte Angelegenheit an.

(5) [1]Der Vorsitz des Ausschusses unterrichtet die betroffenen Aufsichtsbehörden unverzüglich über den in Absatz 1 genannten Beschluss. Er setzt die Kommission hiervon in Kenntnis. [2]Der Beschluss wird unverzüglich auf der Website des Ausschusses veröffentlicht, nachdem die Aufsichtsbehörde den in Absatz 6 genannten endgültigen Beschluss mitgeteilt hat.

(6) [1]Die federführende Aufsichtsbehörde oder gegebenenfalls die Aufsichtsbehörde, bei der die Beschwerde eingereicht wurde, trifft den endgültigen Beschluss auf der Grundlage des in Absatz 1 des vorliegenden Artikels genannten Beschlusses unverzüglich und spätestens einen Monat, nachdem der Europäische Datenschutzausschuss seinen Beschluss mitgeteilt hat. [2]Die federführende Aufsichtsbehörde oder gegebenenfalls die Aufsichtsbehörde, bei der die Beschwerde eingereicht wurde, setzt den Ausschuss von dem Zeitpunkt, zu dem ihr endgültiger Beschluss dem Verantwortlichen oder dem Auftragsverarbeiter bzw. der betroffenen Person mitgeteilt wird, in Kenntnis. [3]Der endgültige Beschluss der betroffenen Aufsichtsbehörden wird gemäß Artikel 60 Absätze 7, 8 und 9 angenommen. [4]Im endgültigen Beschluss wird auf den in Absatz 1 genannten Beschluss verwiesen und festgelegt, dass der in Absatz 1 des vorliegenden Artikels genannte Beschluss gemäß Absatz 5 auf der Website des Ausschusses veröffentlicht wird. Dem endgültigen Beschluss wird der in Absatz 1 des vorliegenden Artikels genannte Beschluss beigefügt.

Korrespondierende Erwägungsgründe: 136

Artikel 66 Dringlichkeitsverfahren

(1) [1]Unter außergewöhnlichen Umständen kann eine betroffene Aufsichtsbehörde abweichend vom Kohärenzverfahren nach Artikel 63, 64 und 65 oder dem Verfahren nach Artikel 60 sofort einstweilige Maßnahmen mit festgelegter Geltungsdauer von höchstens drei Monaten treffen, die in ihrem Hoheitsgebiet rechtliche Wirkung entfalten sollen, wenn sie zu der Auffassung gelangt, dass dringender Handlungsbedarf besteht, um Rechte und Freiheiten von betroffenen Personen zu schützen. [2]Die Aufsichtsbehörde

setzt die anderen betroffenen Aufsichtsbehörden, den Ausschuss und die Kommission unverzüglich von diesen Maßnahmen und den Gründen für deren Erlass in Kenntnis.

(2) Hat eine Aufsichtsbehörde eine Maßnahme nach Absatz 1 ergriffen und ist sie der Auffassung, dass dringend endgültige Maßnahmen erlassen werden müssen, kann sie unter Angabe von Gründen im Dringlichkeitsverfahren um eine Stellungnahme oder einen verbindlichen Beschluss des Ausschusses ersuchen.

(3) Jede Aufsichtsbehörde kann unter Angabe von Gründen, auch für den dringenden Handlungsbedarf, im Dringlichkeitsverfahren um eine Stellungnahme oder gegebenenfalls einen verbindlichen Beschluss des Ausschusses ersuchen, wenn eine zuständige Aufsichtsbehörde trotz dringenden Handlungsbedarfs keine geeignete Maßnahme getroffen hat, um die Rechte und Freiheiten von betroffenen Personen zu schützen.

(4) Abweichend von Artikel 64 Absatz 3 und Artikel 65 Absatz 2 wird eine Stellungnahme oder ein verbindlicher Beschluss im Dringlichkeitsverfahren nach den Absätzen 2 und 3 binnen zwei Wochen mit einfacher Mehrheit der Mitglieder des Ausschusses angenommen.

Korrespondierende Erwägungsgründe: 137, 138

Artikel 67 Informationsaustausch

[1]Die Kommission kann Durchführungsrechtsakte von allgemeiner Tragweite zur Festlegung der Ausgestaltung des elektronischen Informationsaustauschs zwischen den Aufsichtsbehörden sowie zwischen den Aufsichtsbehörden und dem Ausschuss, insbesondere des standardisierten Formats nach Artikel 64, erlassen.

[2]Diese Durchführungsrechtsakte werden gemäß dem Prüfverfahren nach Artikel 93 Absatz 2 erlassen.

Abschnitt 3 Europäischer Datenschutzausschuss

Artikel 68 Europäischer Datenschutzausschuss

(1) Der Europäische Datenschutzausschuss (im Folgenden „Ausschuss") wird als Einrichtung der Union mit eigener Rechtspersönlichkeit eingerichtet.
(2) Der Ausschuss wird von seinem Vorsitz vertreten.
(3) Der Ausschuss besteht aus dem Leiter einer Aufsichtsbehörde jedes Mitgliedstaats und dem Europäischen Datenschutzbeauftragten oder ihren jeweiligen Vertretern.
(4) Ist in einem Mitgliedstaat mehr als eine Aufsichtsbehörde für die Überwachung der Anwendung der nach Maßgabe dieser Verordnung erlassenen Vorschriften zuständig, so wird im Einklang mit den Rechtsvorschriften dieses Mitgliedstaats ein gemeinsamer Vertreter benannt.
(5) Die Kommission ist berechtigt, ohne Stimmrecht an den Tätigkeiten und Sitzungen des Ausschusses teilzunehmen. Die Kommission benennt einen Vertreter. Der Vorsitz des Ausschusses unterrichtet die Kommission über die Tätigkeiten des Ausschusses.
(6) In den in Artikel 65 genannten Fällen ist der Europäische Datenschutzbeauftragte nur bei Beschlüssen stimmberechtigt, die Grundsätze und Vorschriften betreffen, die für die Organe, Einrichtungen, Ämter und Agenturen der Union gelten und inhaltlich den Grundsätzen und Vorschriften dieser Verordnung entsprechen.

Korrespondierende Erwägungsgründe: 139

Artikel 69 Unabhängigkeit

(1) Der Ausschuss handelt bei der Erfüllung seiner Aufgaben oder in Ausübung seiner Befugnisse gemäß den Artikeln 70 und 71 unabhängig.
(2) Unbeschadet der Ersuchen der Kommission gemäß Artikel 70 Absätze 1 und 2 ersucht der Ausschuss bei der Erfüllung seiner Aufgaben oder in Ausübung seiner Befugnisse weder um Weisung noch nimmt er Weisungen entgegen.

Korrespondierende Erwägungsgründe: 139

Artikel 70 Aufgaben des Ausschusses

(1) ¹Der Ausschuss stellt die einheitliche Anwendung dieser Verordnung sicher. ²Hierzu nimmt der Ausschuss von sich aus oder gegebenenfalls auf Ersuchen der Kommission insbesondere folgende Tätigkeiten wahr:
- a) Überwachung und Sicherstellung der ordnungsgemäßen Anwendung dieser Verordnung in den in den Artikeln 64 und 65 genannten Fällen unbeschadet der Aufgaben der nationalen Aufsichtsbehörden;
- b) Beratung der Kommission in allen Fragen, die im Zusammenhang mit dem Schutz personenbezogener Daten in der Union stehen, einschließlich etwaiger Vorschläge zur Änderung dieser Verordnung;
- c) Beratung der Kommission über das Format und die Verfahren für den Austausch von Informationen zwischen den Verantwortlichen, den Auftragsverarbeitern und den Aufsichtsbehörden in Bezug auf verbindliche interne Datenschutzvorschriften;
- d) Bereitstellung von Leitlinien, Empfehlungen und bewährten Verfahren zu Verfahren für die Löschung gemäß Artikel 17 Absatz 2 von Links zu personenbezogenen Daten oder Kopien oder Replikationen dieser Daten aus öffentlich zugänglichen Kommunikationsdiensten;
- e) Prüfung — von sich aus, auf Antrag eines seiner Mitglieder oder auf Ersuchen der Kommission — von die Anwendung dieser Verordnung betreffenden Fragen und Bereitstellung von Leitlinien, Empfehlungen und bewährten Verfahren zwecks Sicherstellung einer einheitlichen Anwendung dieser Verordnung;
- f) Bereitstellung von Leitlinien, Empfehlungen und bewährten Verfahren gemäß Buchstabe e des vorliegenden Absatzes zur näheren Bestimmung der Kriterien und Bedingungen für die auf Profiling beruhenden Entscheidungen gemäß Artikel 22 Absatz 2;
- g) Bereitstellung von Leitlinien, Empfehlungen und bewährten Verfahren gemäß Buchstabe e des vorliegenden Absatzes für die Feststellung von Verletzungen des Schutzes personenbezogener Daten und die Festlegung der Unverzüglichkeit im Sinne des Artikels 33 Absätze 1 und 2, und zu den spezifischen Umständen, unter denen der Verantwortliche oder der Auftragsverarbeiter die Verletzung des Schutzes personenbezogener Daten zu melden hat;

h) Bereitstellung von Leitlinien, Empfehlungen und bewährten Verfahren gemäß Buchstabe e des vorliegenden Absatzes zu den Umständen, unter denen eine Verletzung des Schutzes personenbezogener Daten voraussichtlich ein hohes Risiko für die Rechte und Freiheiten natürlicher Personen im Sinne des Artikels 34 Absatz 1 zur Folge hat;
i) Bereitstellung von Leitlinien, Empfehlungen und bewährten Verfahren gemäß Buchstabe e des vorliegenden Absatzes zur näheren Bestimmung der in Artikel 47 aufgeführten Kriterien und Anforderungen für die Übermittlungen personenbezogener Daten, die auf verbindlichen internen Datenschutzvorschriften von Verantwortlichen oder Auftragsverarbeitern beruhen, und der dort aufgeführten weiteren erforderlichen Anforderungen zum Schutz personenbezogener Daten der betroffenen Personen;
j) Bereitstellung von Leitlinien, Empfehlungen und bewährten Verfahren gemäß Buchstabe e des vorliegenden Absatzes zur näheren Bestimmung der Kriterien und Bedingungen für die Übermittlungen personenbezogener Daten gemäß Artikel 49 Absatz 1;
k) Ausarbeitung von Leitlinien für die Aufsichtsbehörden in Bezug auf die Anwendung von Maßnahmen nach Artikel 58 Absätze 1, 2 und 3 und die Festsetzung von Geldbußen gemäß Artikel 83;
l) Überprüfung der praktischen Anwendung der Leitlinien, Empfehlungen und bewährten Verfahren;
m) Bereitstellung von Leitlinien, Empfehlungen und bewährten Verfahren gemäß Buchstabe e des vorliegenden Absatzes zur Festlegung gemeinsamer Verfahren für die von natürlichen Personen vorgenommene Meldung von Verstößen gegen diese Verordnung gemäß Artikel 54 Absatz 2;
n) Förderung der Ausarbeitung von Verhaltensregeln und der Einrichtung von datenschutzspezifischen Zertifizierungsverfahren sowie Datenschutzsiegeln und -prüfzeichen gemäß den Artikeln 40 und 42;
o) Genehmigung der Zertifizierungskriterien gemäß Artikel 42 Absatz 5 und Führung eines öffentlichen Registers der Zertifizierungsverfahren sowie von Datenschutzsiegeln und -prüfzeichen gemäß Artikel 42 Absatz 8 und der in Drittländern niedergelassenen zertifizierten Verantwortlichen oder Auftragsverarbeiter gemäß Artikel 42 Absatz 7;

p) Genehmigung der in Artikel 43 Absatz 3 genannten Anforderungen im Hinblick auf die Akkreditierung von Zertifizierungsstellen gemäß Artikel 43;
q) Abgabe einer Stellungnahme für die Kommission zu den Zertifizierungsanforderungen gemäß Artikel 43 Absatz 8;
r) Abgabe einer Stellungnahme für die Kommission zu den Bildsymbolen gemäß Artikel 12 Absatz 7;
s) Abgabe einer Stellungnahme für die Kommission zur Beurteilung der Angemessenheit des in einem Drittland oder einer internationalen Organisation gebotenen Schutzniveaus einschließlich zur Beurteilung der Frage, ob das Drittland, das Gebiet, ein oder mehrere spezifische Sektoren in diesem Drittland oder eine internationale Organisation kein angemessenes Schutzniveau mehr gewährleistet. Zu diesem Zweck gibt die Kommission dem Ausschuss alle erforderlichen Unterlagen, darunter den Schriftwechsel mit der Regierung des Drittlands, dem Gebiet oder spezifischen Sektor oder der internationalen Organisation;
t) Abgabe von Stellungnahmen im Kohärenzverfahren gemäß Artikel 64 Absatz 1 zu Beschlussentwürfen von Aufsichtsbehörden, zu Angelegenheiten, die nach Artikel 64 Absatz 2 vorgelegt wurden und um Erlass verbindlicher Beschlüsse gemäß Artikel 65, einschließlich der in Artikel 66 genannten Fälle;
u) Förderung der Zusammenarbeit und eines wirksamen bilateralen und multilateralen Austauschs von Informationen und bewährten Verfahren zwischen den Aufsichtsbehörden;
v) Förderung von Schulungsprogrammen und Erleichterung des Personalaustausches zwischen Aufsichtsbehörden sowie gegebenenfalls mit Aufsichtsbehörden von Drittländern oder mit internationalen Organisationen;
w) Förderung des Austausches von Fachwissen und von Dokumentationen über Datenschutzvorschriften und -praxis mit Datenschutzaufsichtsbehörden in aller Welt;
x) Abgabe von Stellungnahmen zu den auf Unionsebene erarbeiteten Verhaltensregeln gemäß Artikel 40 Absatz 9 und
y) Führung eines öffentlich zugänglichen elektronischen Registers der Beschlüsse der Aufsichtsbehörden und Gerichte in Bezug auf Fragen, die im Rahmen des Kohärenzverfahrens behandelt wurden.

(2) Die Kommission kann, wenn sie den Ausschuss um Rat ersucht, unter Berücksichtigung der Dringlichkeit des Sachverhalts eine Frist angeben.

(3) Der Ausschuss leitet seine Stellungnahmen, Leitlinien, Empfehlungen und bewährten Verfahren an die Kommission und an den in Artikel 93 genannten Ausschuss weiter und veröffentlicht sie.

(4) [1]Der Ausschuss konsultiert gegebenenfalls interessierte Kreise und gibt ihnen Gelegenheit, innerhalb einer angemessenen Frist Stellung zu nehmen. [2]Unbeschadet des Artikels 76 macht der Ausschuss die Ergebnisse der Konsultation der Öffentlichkeit zugänglich.

Korrespondierende Erwägungsgründe: 136, 139

Artikel 71 Berichterstattung

(1) [1]Der Ausschuss erstellt einen Jahresbericht über den Schutz natürlicher Personen bei der Verarbeitung in der Union und gegebenenfalls in Drittländern und internationalen Organisationen. [2]Der Bericht wird veröffentlicht und dem Europäischen Parlament, dem Rat und der Kommission übermittelt.

(2) Der Jahresbericht enthält eine Überprüfung der praktischen Anwendung der in Artikel 70 Absatz 1 Buchstabe l genannten Leitlinien, Empfehlungen und bewährten Verfahren sowie der in Artikel 65 genannten verbindlichen Beschlüsse.

Artikel 72 Verfahrensweise

(1) Sofern in dieser Verordnung nichts anderes bestimmt ist, fasst der Ausschuss seine Beschlüsse mit einfacher Mehrheit seiner Mitglieder.

(2) Der Ausschuss gibt sich mit einer Mehrheit von zwei Dritteln seiner Mitglieder eine Geschäftsordnung und legt seine Arbeitsweise fest.

Artikel 73 Vorsitz

(1) Der Ausschuss wählt aus dem Kreis seiner Mitglieder mit einfacher Mehrheit einen Vorsitzenden und zwei stellvertretende Vorsitzende.

(2) Die Amtszeit des Vorsitzenden und seiner beiden Stellvertreter beträgt fünf Jahre; ihre einmalige Wiederwahl ist zulässig.

Artikel 74 Aufgaben des Vorsitzes

(1) Der Vorsitz hat folgende Aufgaben:
a) Einberufung der Sitzungen des Ausschusses und Erstellung der Tagesordnungen,
b) Übermittlung der Beschlüsse des Ausschusses nach Artikel 65 an die federführende Aufsichtsbehörde und die betroffenen Aufsichtsbehörden,
c) Sicherstellung einer rechtzeitigen Ausführung der Aufgaben des Ausschusses, insbesondere der Aufgaben im Zusammenhang mit dem Kohärenzverfahren nach Artikel 63.

(2) Der Ausschuss legt die Aufteilung der Aufgaben zwischen dem Vorsitzenden und dessen Stellvertretern in seiner Geschäftsordnung fest.

Artikel 75 Sekretariat

(1) Der Ausschuss wird von einem Sekretariat unterstützt, das von dem Europäischen Datenschutzbeauftragten bereitgestellt wird.

(2) Das Sekretariat führt seine Aufgaben ausschließlich auf Anweisung des Vorsitzes des Ausschusses aus.

(3) Das Personal des Europäischen Datenschutzbeauftragten, das an der Wahrnehmung der dem Ausschuss gemäß dieser Verordnung übertragenen Aufgaben beteiligt ist, unterliegt anderen Berichtspflichten als das Personal, das an der Wahrnehmung der dem Europäischen Datenschutzbeauftragten übertragenen Aufgaben beteiligt ist.

(4) Soweit angebracht, erstellen und veröffentlichen der Ausschuss und der Europäische Datenschutzbeauftragte eine Vereinbarung zur Anwendung des vorliegenden Artikels, in der die Bedingungen ihrer Zusammenarbeit festgelegt sind und die für das Personal des Europäischen Datenschutzbeauftragten gilt, das an der Wahrnehmung der dem Ausschuss gemäß dieser Verordnung übertragenen Aufgaben beteiligt ist.

(5) Das Sekretariat leistet dem Ausschuss analytische, administrative und logistische Unterstützung.

(6) Das Sekretariat ist insbesondere verantwortlich für

a) das Tagesgeschäft des Ausschusses,
b) die Kommunikation zwischen den Mitgliedern des Ausschusses, seinem Vorsitz und der Kommission,
c) die Kommunikation mit anderen Organen und mit der Öffentlichkeit,
d) den Rückgriff auf elektronische Mittel für die interne und die externe Kommunikation,
e) die Übersetzung sachdienlicher Informationen,
f) die Vor- und Nachbereitung der Sitzungen des Ausschusses,
g) die Vorbereitung, Abfassung und Veröffentlichung von Stellungnahmen, von Beschlüssen über die Beilegung von Streitigkeiten zwischen Aufsichtsbehörden und von sonstigen vom Ausschuss angenommenen Dokumenten.

Korrespondierende Erwägungsgründe: 140

Artikel 76 Vertraulichkeit

(1) Die Beratungen des Ausschusses sind gemäß seiner Geschäftsordnung vertraulich, wenn der Ausschuss dies für erforderlich hält.
(2) Der Zugang zu Dokumenten, die Mitgliedern des Ausschusses, Sachverständigen und Vertretern von Dritten vorgelegt werden, wird durch die Verordnung (EG) Nr. 1049/2001 des Europäischen Parlaments und des Rats geregelt.

KAPITEL VIII Rechtsbehelfe, Haftung und Sanktionen

Artikel 77 Recht auf Beschwerde bei einer Aufsichtsbehörde

(1) Jede betroffene Person hat unbeschadet eines anderweitigen verwaltungsrechtlichen oder gerichtlichen Rechtsbehelfs das Recht auf Beschwerde bei einer Aufsichtsbehörde, insbesondere in dem Mitgliedstaat ihres gewöhnlichen Aufenthaltsorts, ihres Arbeitsplatzes oder des Orts des mutmaßlichen Verstoßes, wenn die betroffene Person der Ansicht ist,

dass die Verarbeitung der sie betreffenden personenbezogenen Daten gegen diese Verordnung verstößt.
(2) Die Aufsichtsbehörde, bei der die Beschwerde eingereicht wurde, unterrichtet den Beschwerdeführer über den Stand und die Ergebnisse der Beschwerde einschließlich der Möglichkeit eines gerichtlichen Rechtsbehelfs nach Artikel 78.

Korrespondierende Erwägungsgründe: 141

Artikel 78 Recht auf wirksamen gerichtlichen Rechtsbehelf gegen eine Aufsichtsbehörde

(1) Jede natürliche oder juristische Person hat unbeschadet eines anderweitigen verwaltungsrechtlichen oder außergerichtlichen Rechtsbehelfs das Recht auf einen wirksamen gerichtlichen Rechtsbehelf gegen einen sie betreffenden rechtsverbindlichen Beschluss einer Aufsichtsbehörde.
(2) Jede betroffene Person hat unbeschadet eines anderweitigen verwaltungsrechtlichen oder außergerichtlichen Rechtbehelfs das Recht auf einen wirksamen gerichtlichen Rechtsbehelf, wenn die nach den Artikeln 55 und 56 zuständige Aufsichtsbehörde sich nicht mit einer Beschwerde befasst oder die betroffene Person nicht innerhalb von drei Monaten über den Stand oder das Ergebnis der gemäß Artikel 77 erhobenen Beschwerde in Kenntnis gesetzt hat.
(3) Für Verfahren gegen eine Aufsichtsbehörde sind die Gerichte des Mitgliedstaats zuständig, in dem die Aufsichtsbehörde ihren Sitz hat.
(4) Kommt es zu einem Verfahren gegen den Beschluss einer Aufsichtsbehörde, dem eine Stellungnahme oder ein Beschluss des Ausschusses im Rahmen des Kohärenzverfahrens vorangegangen ist, so leitet die Aufsichtsbehörde diese Stellungnahme oder diesen Beschluss dem Gericht zu.

Korrespondierende Erwägungsgründe: 141, 143

Artikel 79 Recht auf wirksamen gerichtlichen Rechtsbehelf gegen Verantwortliche oder Auftragsverarbeiter

(1) Jede betroffene Person hat unbeschadet eines verfügbaren verwaltungsrechtlichen oder außergerichtlichen Rechtsbehelfs einschließlich des Rechts auf Beschwerde bei einer Aufsichtsbehörde gemäß Artikel 77 das Recht auf einen wirksamen gerichtlichen Rechtsbehelf, wenn sie der

Ansicht ist, dass die ihr aufgrund dieser Verordnung zustehenden Rechte infolge einer nicht im Einklang mit dieser Verordnung stehenden Verarbeitung ihrer personenbezogenen Daten verletzt wurden.

(2) ¹Für Klagen gegen einen Verantwortlichen oder gegen einen Auftragsverarbeiter sind die Gerichte des Mitgliedstaats zuständig, in dem der Verantwortliche oder der Auftragsverarbeiter eine Niederlassung hat. ²Wahlweise können solche Klagen auch bei den Gerichten des Mitgliedstaats erhoben werden, in dem die betroffene Person ihren gewöhnlichen Aufenthaltsort hat, es sei denn, es handelt sich bei dem Verantwortlichen oder dem Auftragsverarbeiter um eine Behörde eines Mitgliedstaats, die in Ausübung ihrer hoheitlichen Befugnisse tätig geworden ist.

Korrespondierende Erwägungsgründe: 141, 145

Artikel 80 Vertretung von betroffenen Personen

(1) Die betroffene Person hat das Recht, eine Einrichtung, Organisationen oder Vereinigung ohne Gewinnerzielungsabsicht, die ordnungsgemäß nach dem Recht eines Mitgliedstaats gegründet ist, deren satzungsmäßige Ziele im öffentlichem Interesse liegen und die im Bereich des Schutzes der Rechte und Freiheiten von betroffenen Personen in Bezug auf den Schutz ihrer personenbezogenen Daten tätig ist, zu beauftragen, in ihrem Namen eine Beschwerde einzureichen, in ihrem Namen die in den Artikeln 77, 78 und 79 genannten Rechte wahrzunehmen und das Recht auf Schadensersatz gemäß Artikel 82 in Anspruch zu nehmen, sofern dieses im Recht der Mitgliedstaaten vorgesehen ist.

(2) Die Mitgliedstaaten können vorsehen, dass jede der in Absatz 1 des vorliegenden Artikels genannten Einrichtungen, Organisationen oder Vereinigungen unabhängig von einem Auftrag der betroffenen Person in diesem Mitgliedstaat das Recht hat, bei der gemäß Artikel 77 zuständigen Aufsichtsbehörde eine Beschwerde einzulegen und die in den Artikeln 78 und 79 aufgeführten Rechte in Anspruch zu nehmen, wenn ihres Erachtens die Rechte einer betroffenen Person gemäß dieser Verordnung infolge einer Verarbeitung verletzt worden sind.

Korrespondierende Erwägungsgründe: 142

Artikel 81 Aussetzung des Verfahrens

(1) Erhält ein zuständiges Gericht in einem Mitgliedstaat Kenntnis von einem Verfahren zu demselben Gegenstand in Bezug auf die Verarbeitung durch denselben Verantwortlichen oder Auftragsverarbeiter, das vor einem Gericht in einem anderen Mitgliedstaat anhängig ist, so nimmt es mit diesem Gericht Kontakt auf, um sich zu vergewissern, dass ein solches Verfahren existiert.

(2) Ist ein Verfahren zu demselben Gegenstand in Bezug auf die Verarbeitung durch denselben Verantwortlichen oder Auftragsverarbeiter vor einem Gericht in einem anderen Mitgliedstaat anhängig, so kann jedes später angerufene zuständige Gericht das bei ihm anhängige Verfahren aussetzen.

(3) Sind diese Verfahren in erster Instanz anhängig, so kann sich jedes später angerufene Gericht auf Antrag einer Partei auch für unzuständig erklären, wenn das zuerst angerufene Gericht für die betreffenden Klagen zuständig ist und die Verbindung der Klagen nach seinem Recht zulässig ist.

Korrespondierende Erwägungsgründe: 144

Artikel 82 Haftung und Recht auf Schadenersatz

(1) Jede Person, der wegen eines Verstoßes gegen diese Verordnung ein materieller oder immaterieller Schaden entstanden ist, hat Anspruch auf Schadenersatz gegen den Verantwortlichen oder gegen den Auftragsverarbeiter.

(2) [1]Jeder an einer Verarbeitung beteiligte Verantwortliche haftet für den Schaden, der durch eine nicht dieser Verordnung entsprechende Verarbeitung verursacht wurde.[2] Ein Auftragsverarbeiter haftet für den durch eine Verarbeitung verursachten Schaden nur dann, wenn er seinen speziell den Auftragsverarbeitern auferlegten Pflichten aus dieser Verordnung nicht nachgekommen ist oder unter Nichtbeachtung der rechtmäßig erteilten Anweisungen des für die Datenverarbeitung Verantwortlichen oder gegen diese Anweisungen gehandelt hat.

(3) Der Verantwortliche oder der Auftragsverarbeiter wird von der Haftung gemäß Absatz 2 befreit, wenn er nachweist, dass er in keinerlei Hinsicht für den Umstand, durch den der Schaden eingetreten ist, verantwortlich ist.

(4) Ist mehr als ein Verantwortlicher oder mehr als ein Auftragsverarbeiter bzw. sowohl ein Verantwortlicher als auch

ein Auftragsverarbeiter an derselben Verarbeitung beteiligt und sind sie gemäß den Absätzen 2 und 3 für einen durch die Verarbeitung verursachten Schaden verantwortlich, so haftet jeder Verantwortliche oder jeder Auftragsverarbeiter für den gesamten Schaden, damit ein wirksamer Schadensersatz für die betroffene Person sichergestellt ist.

(5) Hat ein Verantwortlicher oder Auftragsverarbeiter gemäß Absatz 4 vollständigen Schadenersatz für den erlittenen Schaden gezahlt, so ist dieser Verantwortliche oder Auftragsverarbeiter berechtigt, von den übrigen an derselben Verarbeitung beteiligten für die Datenverarbeitung Verantwortlichen oder Auftragsverarbeitern den Teil des Schadenersatzes zurückzufordern, der unter den in Absatz 2 festgelegten Bedingungen ihrem Anteil an der Verantwortung für den Schaden entspricht.

(6) Mit Gerichtsverfahren zur Inanspruchnahme des Rechts auf Schadenersatz sind die Gerichte zu befassen, die nach den in Artikel 79 Absatz 2 genannten Rechtsvorschriften des Mitgliedstaats zuständig sind.

Korrespondierende Erwägungsgründe: 146, 147

Artikel 83 Allgemeine Bedingungen für die Verhängung von Geldbußen

(1) Jede Aufsichtsbehörde stellt sicher, dass die Verhängung von Geldbußen gemäß diesem Artikel für Verstöße gegen diese Verordnung gemäß den Absätzen 4, 5 und 6 in jedem Einzelfall wirksam, verhältnismäßig und abschreckend ist.

(2) ^{1}Geldbußen werden je nach den Umständen des Einzelfalls zusätzlich zu oder anstelle von Maßnahmen nach Artikel 58 Absatz 2 Buchstaben a bis h und j verhängt. ^{2}Bei der Entscheidung über die Verhängung einer Geldbuße und über deren Betrag wird in jedem Einzelfall Folgendes gebührend berücksichtigt:

a) Art, Schwere und Dauer des Verstoßes unter Berücksichtigung der Art, des Umfangs oder des Zwecks der betreffenden Verarbeitung sowie der Zahl der von der Verarbeitung betroffenen Personen und des Ausmaßes des von ihnen erlittenen Schadens;

b) Vorsätzlichkeit oder Fahrlässigkeit des Verstoßes;

c) jegliche von dem Verantwortlichen oder dem Auftragsverarbeiter getroffenen Maßnahmen zur

Minderung des den betroffenen Personen entstandenen Schadens;
d) Grad der Verantwortung des Verantwortlichen oder des Auftragsverarbeiters unter Berücksichtigung der von ihnen gemäß den Artikeln 25 und 32 getroffenen technischen und organisatorischen Maßnahmen;
e) etwaige einschlägige frühere Verstöße des Verantwortlichen oder des Auftragsverarbeiters;
f) Umfang der Zusammenarbeit mit der Aufsichtsbehörde, um dem Verstoß abzuhelfen und seine möglichen nachteiligen Auswirkungen zu mindern;
g) Kategorien personenbezogener Daten, die von dem Verstoß betroffen sind;
h) Art und Weise, wie der Verstoß der Aufsichtsbehörde bekannt wurde, insbesondere ob und gegebenenfalls in welchem Umfang der Verantwortliche oder der Auftragsverarbeiter den Verstoß mitgeteilt hat;
i) Einhaltung der nach Artikel 58 Absatz 2 früher gegen den für den betreffenden Verantwortlichen oder Auftragsverarbeiter in Bezug auf denselben Gegenstand angeordneten Maßnahmen, wenn solche Maßnahmen angeordnet wurden;
j) Einhaltung von genehmigten Verhaltensregeln nach Artikel 40 oder genehmigten Zertifizierungsverfahren nach Artikel 42 und
k) jegliche anderen erschwerenden oder mildernden Umstände im jeweiligen Fall, wie unmittelbar oder mittelbar durch den Verstoß erlangte finanzielle Vorteile oder vermiedene Verluste.

(3) Verstößt ein Verantwortlicher oder ein Auftragsverarbeiter bei gleichen oder miteinander verbundenen Verarbeitungsvorgängen vorsätzlich oder fahrlässig gegen mehrere Bestimmungen dieser Verordnung, so übersteigt der Gesamtbetrag der Geldbuße nicht den Betrag für den schwerwiegendsten Verstoß.

(4) Bei Verstößen gegen die folgenden Bestimmungen werden im Einklang mit Absatz 2 Geldbußen von bis zu 10 000 000 EUR oder im Fall eines Unternehmens von bis zu 2 % seines gesamten weltweit erzielten Jahresumsatzes des vorangegangenen Geschäftsjahrs verhängt, je nachdem, welcher der Beträge höher ist:

a) die Pflichten der Verantwortlichen und der Auftragsverarbeiter gemäß den Artikeln 8, 11, 25 bis 39, 42 und 43;
b) die Pflichten der Zertifizierungsstelle gemäß den Artikeln 42 und 43;

c) die Pflichten der Überwachungsstelle gemäß Artikel 41 Absatz 4.

(5) Bei Verstößen gegen die folgenden Bestimmungen werden im Einklang mit Absatz 2 Geldbußen von bis zu 20 000 000 EUR oder im Fall eines Unternehmens von bis zu 4 % seines gesamten weltweit erzielten Jahresumsatzes des vorangegangenen Geschäftsjahrs verhängt, je nachdem, welcher der Beträge höher ist:
   a) die Grundsätze für die Verarbeitung, einschließlich der Bedingungen für die Einwilligung , gemäß den Artikeln 5, 6, 7 und 9;
   b) die Rechte der betroffenen Person gemäß den Artikeln 12 bis 22;
   c) die Übermittlung personenbezogener Daten an einen Empfänger in einem Drittland oder an eine internationale Organisation gemäß den Artikeln 44 bis 49;
   d) alle Pflichten gemäß den Rechtsvorschriften der Mitgliedstaaten, die im Rahmen des Kapitels IX erlassen wurden;
   e) Nichtbefolgung einer Anweisung oder einer vorübergehenden oder endgültigen Beschränkung oder Aussetzung der Datenübermittlung durch die Aufsichtsbehörde gemäß Artikel 58 Absatz 2 oder Nichtgewährung des Zugangs unter Verstoß gegen Artikel 58 Absatz 1.

(6) Bei Nichtbefolgung einer Anweisung der Aufsichtsbehörde gemäß Artikel 58 Absatz 2 werden im Einklang mit Absatz 2 des vorliegenden Artikels Geldbußen von bis zu 20 000 000 EUR oder im Fall eines Unternehmens von bis zu 4 % seines gesamten weltweit erzielten Jahresumsatzes des vorangegangenen Geschäftsjahrs verhängt, je nachdem, welcher der Beträge höher ist.

(7) Unbeschadet der Abhilfebefugnisse der Aufsichtsbehörden gemäß Artikel 58 Absatz 2 kann jeder Mitgliedstaat Vorschriften dafür festlegen, ob und in welchem Umfang gegen Behörden und öffentliche Stellen, die in dem betreffenden Mitgliedstaat niedergelassen sind, Geldbußen verhängt werden können.

(8) Die Ausübung der eigenen Befugnisse durch eine Aufsichtsbehörde gemäß diesem Artikel muss angemessenen Verfahrensgarantien gemäß dem Unionsrecht und dem Recht der Mitgliedstaaten, einschließlich wirksamer gerichtlicher Rechtsbehelfe und ordnungsgemäßer Verfahren, unterliegen.

(9) [1]Sieht die Rechtsordnung eines Mitgliedstaats keine Geldbußen vor, kann dieser Artikel so angewandt werden, dass

die Geldbuße von der zuständigen Aufsichtsbehörde in die Wege geleitet und von den zuständigen nationalen Gerichten verhängt wird, wobei sicherzustellen ist, dass diese Rechtsbehelfe wirksam sind und die gleiche Wirkung wie die von Aufsichtsbehörden verhängten Geldbußen haben. ²In jedem Fall müssen die verhängten Geldbußen wirksam, verhältnismäßig und abschreckend sein. ³Die betreffenden Mitgliedstaaten teilen der Kommission bis zum 25. Mai 2018 die Rechtsvorschriften mit, die sie aufgrund dieses Absatzes erlassen, sowie unverzüglich alle späteren Änderungsgesetze oder Änderungen dieser Vorschriften.

Korrespondierende Erwägungsgründe: 148, 149, 150, 151, 152

Artikel 84 Sanktionen

(1) ¹Die Mitgliedstaaten legen die Vorschriften über andere Sanktionen für Verstöße gegen diese Verordnung — insbesondere für Verstöße, die keiner Geldbuße gemäß Artikel 83 unterliegen — fest und treffen alle zu deren Anwendung erforderlichen Maßnahmen. ²Diese Sanktionen müssen wirksam, verhältnismäßig und abschreckend sein.

(2) Jeder Mitgliedstaat teilt der Kommission bis zum 25. Mai 2018 die Rechtsvorschriften, die er aufgrund von Absatz 1 erlässt, sowie unverzüglich alle späteren Änderungen dieser Vorschriften mit.

Korrespondierende Erwägungsgründe: 149, 150, 151, 152

KAPITEL IX Vorschriften für besondere Verarbeitungssituationen

Artikel 85 Verarbeitung und Freiheit der Meinungsäußerung und Informationsfreiheit

(1) Die Mitgliedstaaten bringen durch Rechtsvorschriften das Recht auf den Schutz personenbezogener Daten gemäß dieser Verordnung mit dem Recht auf freie Meinungsäußerung und Informationsfreiheit, einschließlich der Verarbeitung

zu journalistischen Zwecken und zu wissenschaftlichen, künstlerischen oder literarischen Zwecken, in Einklang.

(2) Für die Verarbeitung, die zu journalistischen Zwecken oder zu wissenschaftlichen, künstlerischen oder literarischen Zwecken erfolgt, sehen die Mitgliedstaaten Abweichungen oder Ausnahmen von Kapitel II (Grundsätze), Kapitel III (Rechte der betroffenen Person), Kapitel IV (Verantwortlicher und Auftragsverarbeiter), Kapitel V (Übermittlung personenbezogener Daten an Drittländer oder an internationale Organisationen), Kapitel VI (Unabhängige Aufsichtsbehörden), Kapitel VII (Zusammenarbeit und Kohärenz) und Kapitel IX (Vorschriften für besondere Verarbeitungssituationen) vor, wenn dies erforderlich ist, um das Recht auf Schutz der personenbezogenen Daten mit der Freiheit der Meinungsäußerung und der Informationsfreiheit in Einklang zu bringen.

(3) Jeder Mitgliedstaat teilt der Kommission die Rechtsvorschriften, die er aufgrund von Absatz 2 erlassen hat, sowie unverzüglich alle späteren Änderungsgesetze oder Änderungen dieser Vorschriften mit.

Korrespondierende Erwägungsgründe: 153

Artikel 86 Verarbeitung und Zugang der Öffentlichkeit zu amtlichen Dokumenten

Personenbezogene Daten in amtlichen Dokumenten, die sich im Besitz einer Behörde oder einer öffentlichen Einrichtung oder einer privaten Einrichtung zur Erfüllung einer im öffentlichen Interesse liegenden Aufgabe befinden, können von der Behörde oder der Einrichtung gemäß dem Unionsrecht oder dem Recht des Mitgliedstaats, dem die Behörde oder Einrichtung unterliegt, offengelegt werden, um den Zugang der Öffentlichkeit zu amtlichen Dokumenten mit dem Recht auf Schutz personenbezogener Daten gemäß dieser Verordnung in Einklang zu bringen.

Korrespondierende Erwägungsgründe: 154

Artikel 87 Verarbeitung der nationalen Kennziffer

[1]Die Mitgliedstaaten können näher bestimmen, unter welchen

spezifischen Bedingungen eine nationale Kennziffer oder andere Kennzeichen von allgemeiner Bedeutung Gegenstand einer Verarbeitung sein dürfen. ²In diesem Fall darf die nationale Kennziffer oder das andere Kennzeichen von allgemeiner Bedeutung nur unter Wahrung geeigneter Garantien für die Rechte und Freiheiten der betroffenen Person gemäß dieser Verordnung verwendet werden.

Artikel 88 Datenverarbeitung im Beschäftigungskontext

(1) Die Mitgliedstaaten können durch ‚Rechtsvorschriften oder durch Kollektivvereinbarungen spezifischere Vorschriften zur Gewährleistung des Schutzes der Rechte und Freiheiten hinsichtlich der Verarbeitung personenbezogener Beschäftigtendaten im Beschäftigungskontext, insbesondere für Zwecke der Einstellung, der Erfüllung des Arbeitsvertrags einschließlich der Erfüllung von durch Rechtsvorschriften oder durch Kollektivvereinbarungen festgelegten Pflichten, des Managements, der Planung und der Organisation der Arbeit, der Gleichheit und Diversität am Arbeitsplatz, der Gesundheit und Sicherheit am Arbeitsplatz, des Schutzes des Eigentums der Arbeitgeber oder der Kunden sowie für Zwecke der Inanspruchnahme der mit der Beschäftigung zusammenhängenden individuellen oder kollektiven Rechte und Leistungen und für Zwecke der Beendigung des Beschäftigungsverhältnisses vorsehen.

(2) Diese Vorschriften ‚umfassen geeignete und besondere Maßnahmen zur Wahrung der menschlichen Würde, der berechtigten Interessen und der Grundrechte der betroffenen Person, insbesondere im Hinblick auf die Transparenz der Verarbeitung, die Übermittlung personenbezogener Daten innerhalb einer Unternehmensgruppe oder einer Gruppe von Unternehmen, die eine gemeinsame Wirtschaftstätigkeit ausüben, und die Überwachungssysteme am Arbeitsplatz.

(3) Jeder Mitgliedstaat ‚teilt der Kommission bis zum 25. Mai 2018 die Rechtsvorschriften, die er aufgrund von Absatz 1 erlässt, sowie unverzüglich alle späteren Änderungen dieser Vorschriften mit.

Korrespondierende Erwägungsgründe: 155

Artikel 89 Garantien und Ausnahmen in Bezug auf die Verarbeitung zu im öffentlichen Interesse liegenden Archivzwecken, zu wissenschaftlichen oder historischen Forschungszwecken und zu statistischen Zwecken

(1) ¹Die Verarbeitung zu im öffentlichen Interesse liegenden Archivzwecken, zu wissenschaftlichen oder historischen Forschungszwecken oder zu statistischen Zwecken unterliegt geeigneten Garantien für die Rechte und Freiheiten der betroffenen Person gemäß dieser Verordnung. ²Mit diesen Garantien wird sichergestellt, dass technische und organisatorische Maßnahmen bestehen, mit denen insbesondere die Achtung des Grundsatzes der Datenminimierung gewährleistet wird. ³Zu diesen Maßnahmen kann die Pseudonymisierung gehören, sofern es möglich ist, diese Zwecke auf diese Weise zu erfüllen. ⁴In allen Fällen, in denen diese Zwecke durch die Weiterverarbeitung, bei der die Identifizierung von betroffenen Personen nicht oder nicht mehr möglich ist, erfüllt werden können, werden diese Zwecke auf diese Weise erfüllt.

(2) Werden personenbezogene Daten zu wissenschaftlichen oder historischen Forschungszwecken oder zu statistischen Zwecken verarbeitet, können vorbehaltlich der Bedingungen und Garantien gemäß Absatz 1 des vorliegenden Artikels im Unionsrecht oder im Recht der Mitgliedstaaten insoweit Ausnahmen von den Rechten gemäß der Artikel 15, 16, 18 und 21 vorgesehen werden, als diese Rechte voraussichtlich die Verwirklichung der spezifischen Zwecke unmöglich machen oder ernsthaft beeinträchtigen und solche Ausnahmen für die Erfüllung dieser Zwecke notwendig sind.

(3) Werden personenbezogene Daten für im öffentlichen Interesse liegende Archivzwecke verarbeitet, können vorbehaltlich der Bedingungen und Garantien gemäß Absatz 1 des vorliegenden Artikels im Unionsrecht oder im Recht der Mitgliedstaaten insoweit Ausnahmen von den Rechten gemäß der Artikel 15, 16, 18, 19, 20 und 21 vorgesehen werden, als diese Rechte voraussichtlich die Verwirklichung der spezifischen Zwecke unmöglich machen oder ernsthaft beeinträchtigen und solche Ausnahmen für die Erfüllung dieser Zwecke notwendig sind.

(4) Dient die in den Absätzen 2 und 3 genannte Verarbeitung gleichzeitig einem anderen Zweck, gelten die Ausnahmen

nur für die Verarbeitung zu den in diesen Absätzen genannten Zwecken.

Korrespondierende Erwägungsgründe: 156, 157, 158, 159, 160, 161, 162, 163

Artikel 90 Geheimhaltungspflichten

(1) ¹Die Mitgliedstaaten können die Befugnisse der Aufsichtsbehörden im Sinne des Artikels 58 Absatz 1 Buchstaben e und f gegenüber den Verantwortlichen oder den Auftragsverarbeitern, die nach Unionsrecht oder dem Recht der Mitgliedstaaten oder nach einer von den zuständigen nationalen Stellen erlassenen Verpflichtung dem Berufsgeheimnis oder einer gleichwertigen Geheimhaltungspflicht unterliegen, regeln, soweit dies notwendig und verhältnismäßig ist, um das Recht auf Schutz der personenbezogenen Daten mit der Pflicht zur Geheimhaltung in Einklang zu bringen. ²Diese Vorschriften gelten nur in Bezug auf personenbezogene Daten, die der Verantwortliche oder der Auftragsverarbeiter bei einer Tätigkeit erlangt oder erhoben hat, die einer solchen Geheimhaltungspflicht unterliegt.

(2) Jeder Mitgliedstaat teilt der Kommission bis zum 25. Mai 2018 die Vorschriften mit, die er aufgrund von Absatz 1 erlässt, und setzt sie unverzüglich von allen weiteren Änderungen dieser Vorschriften in Kenntnis.

Korrespondierende Erwägungsgründe: 164

Artikel 91 Bestehende Datenschutzvorschriften von Kirchen und religiösen Vereinigungen oder Gemeinschaften

(1) Wendet eine Kirche oder eine religiöse Vereinigung oder Gemeinschaft in einem Mitgliedstaat zum Zeitpunkt des Inkrafttretens dieser Verordnung umfassende Regeln zum Schutz natürlicher Personen bei der Verarbeitung an, so dürfen diese Regeln weiter angewandt werden, sofern sie mit dieser Verordnung in Einklang gebracht werden.

(2) Kirchen und religiöse Vereinigungen oder Gemeinschaften, die gemäß Absatz 1 umfassende Datenschutzregeln anwenden, unterliegen der Aufsicht durch eine unabhängige Aufsichtsbehörde, die spezifischer Art sein kann, sofern sie die in Kapitel VI niedergelegten Bedingungen erfüllt.

Korrespondierende Erwägungsgründe: 165

KAPITEL X Delegierte Rechtsakte und Durchführungsrechtsakte

Artikel 92 Ausübung der Befugnisübertragung

(1) Die Befugnis zum Erlass delegierter Rechtsakte wird der Kommission unter den in diesem Artikel festgelegten Bedingungen übertragen.
(2) Die Befugnis zum Erlass delegierter Rechtsakte gemäß Artikel 12 Absatz 8 und Artikel 43 Absatz 8 wird der Kommission auf unbestimmte Zeit ab dem 24. Mai 2016 übertragen.
(3) ¹Die Befugnisübertragung gemäß Artikel 12 Absatz 8 und Artikel 43 Absatz 8 kann vom Europäischen Parlament oder vom Rat jederzeit widerrufen werden. ²Der Beschluss über den Widerruf beendet die Übertragung der in diesem Beschluss angegebenen Befugnis. Er wird am Tag nach seiner Veröffentlichung im Amtsblatt der Europäischen Union oder zu einem im Beschluss über den Widerruf angegebenen späteren Zeitpunkt wirksam. ³Die Gültigkeit von delegierten Rechtsakten, die bereits in Kraft sind, wird von dem Beschluss über den Widerruf nicht berührt.
(4) Sobald die Kommission einen delegierten Rechtsakt erlässt, übermittelt sie ihn gleichzeitig dem Europäischen Parlament und dem Rat.
(5) ¹Ein delegierter Rechtsakt, der gemäß Artikel 12 Absatz 8 und Artikel 43 Absatz 8 erlassen wurde, tritt nur in Kraft, wenn weder das Europäische Parlament noch der Rat innerhalb einer Frist von drei Monaten nach Übermittlung dieses Rechtsakts an das Europäische Parlament und den Rat Einwände erhoben haben oder wenn vor Ablauf dieser Frist das Europäische Parlament und der Rat beide der Kommission mitgeteilt haben, dass sie keine Einwände erheben werden.² Auf Veranlassung des Europäischen Parlaments oder des Rates wird diese Frist um drei Monate verlängert.

Korrespondierende Erwägungsgründe: 166, 167, 168, 169, 170

Artikel 93 Ausschussverfahren

(1) Die Kommission wird von einem Ausschuss unterstützt. Dieser Ausschuss ist ein Ausschuss im Sinne der Verordnung (EU) Nr. 182/2011*.
(2) Wird auf diesen Absatz Bezug genommen, so gilt Artikel 5 der Verordnung (EU) Nr. 182/2011.
(3) Wird auf diesen Absatz Bezug genommen, so gilt Artikel 8 der Verordnung (EU) Nr. 182/2011 in Verbindung mit deren Artikel 5.

*Verordnung (EU) Nr. 182/2011 des Europäischen Parlaments und des Rates vom 16. Februar 2011 zur Festlegung der allgemeinen Regeln und Grundsätze, nach denen die Mitgliedstaaten die Wahrnehmung der Durchführungsbefugnisse durch die Kommission kontrollieren (ABl. L 55 vom 28.2.2011, S. 13 – 18)

KAPITEL XI Schlussbestimmungen

Artikel 94 Aufhebung der Richtlinie 95/46/EG

(1) Die Richtlinie 95/46/EG* wird mit Wirkung vom 25. Mai 2018 aufgehoben.
(2) Verweise auf die aufgehobene Richtlinie gelten als Verweise auf die vorliegende Verordnung. Verweise auf die durch Artikel 29 der Richtlinie 95/46/EG* eingesetzte Gruppe für den Schutz von Personen bei der Verarbeitung personenbezogener Daten gelten als Verweise auf den kraft dieser Verordnung errichteten Europäischen Datenschutzausschuss.

* Richtlinie 95/46/EG des Europäischen Parlaments und des Rates vom 24. Oktober 1995 zum Schutz natürlicher Personen bei der Verarbeitung personenbezogener Daten und zum freien Datenverkehr (ABl. Nr. L 281 vom 23/11/1995 S. 31 – 50)

Korrespondierende Erwägungsgründe: 171

Artikel 95 Verhältnis zur Richtlinie 2002/58/EG

Diese Verordnung erlegt natürlichen oder juristischen Personen in Bezug auf die Verarbeitung in Verbindung mit der Bereitstellung öffentlich zugänglicher elektronischer Kommunikationsdienste in öffentlichen Kommunikationsnetzen in der Union keine zusätzlichen Pflichten auf, soweit sie besonderen in der Richtlinie 2002/58/EG* festgelegten Pflichten unterliegen, die dasselbe Ziel verfolgen.

> * *Richtlinie 2002/58/EG des Europäischen Parlaments und des Rates vom 12. Juli 2002 über die Verarbeitung personenbezogener Daten und den Schutz der Privatsphäre in der elektronischen Kommunikation (Datenschutzrichtlinie für elektronische Kommunikation) (ABl. Nr. L 201 vom 31/07/2002 S. 37 – 47)*

Korrespondierende Erwägungsgründe: 173

Artikel 96 Verhältnis zu bereits geschlossenen Übereinkünften

Internationale Übereinkünfte, die die Übermittlung personenbezogener Daten an Drittländer oder internationale Organisationen mit sich bringen, die von den Mitgliedstaaten vor dem 24. Mai 2016 abgeschlossen wurden und die im Einklang mit dem vor diesem Tag geltenden Unionsrecht stehen, bleiben in Kraft, bis sie geändert, ersetzt oder gekündigt werden.

Artikel 97 Berichte der Kommission

(1) Bis zum 25. Mai 2020 und danach alle vier Jahre legt die Kommission dem Europäischen Parlament und dem Rat einen Bericht über die Bewertung und Überprüfung dieser Verordnung vor. Die Berichte werden öffentlich gemacht.

(2) Im Rahmen der Bewertungen und Überprüfungen nach Absatz 1 prüft die Kommission insbesondere die Anwendung und die Wirkungsweise
    a) des Kapitels V über die Übermittlung personenbezogener Daten an Drittländer oder an internationale Organisationen insbesondere im Hinblick auf die gemäß Artikel 45 Absatz 3 der vorliegenden Verordnung

erlassenen Beschlüsse sowie die gemäß Artikel 25 Absatz 6 der Richtlinie 95/46/EG* erlassenen Feststellungen,
b) des Kapitels VII über Zusammenarbeit und Kohärenz.
(3) Für den in Absatz 1 genannten Zweck kann die Kommission Informationen von den Mitgliedstaaten und den Aufsichtsbehörden anfordern.
(4) Bei den in den Absätzen 1 und 2 genannten Bewertungen und Überprüfungen berücksichtigt die Kommission die Standpunkte und Feststellungen des Europäischen Parlaments, des Rates und anderer einschlägiger Stellen oder Quellen.
(5) Die Kommission legt erforderlichenfalls geeignete Vorschläge zur Änderung dieser Verordnung vor und berücksichtigt dabei insbesondere die Entwicklungen in der Informationstechnologie und die Fortschritte in der Informationsgesellschaft.

siehe Seite 77

Artikel 98 Überprüfung anderer Rechtsakte der Union zum Datenschutz

[1]Die Kommission legt gegebenenfalls Gesetzgebungsvorschläge zur Änderung anderer Rechtsakte der Union zum Schutz personenbezogener Daten vor, damit ein einheitlicher und kohärenter Schutz natürlicher Personen bei der Verarbeitung sichergestellt wird. [2]Dies betrifft insbesondere die Vorschriften zum Schutz natürlicher Personen bei der Verarbeitung solcher Daten durch die Organe, Einrichtungen, Ämter und Agenturen der Union und zum freien Verkehr solcher Daten.

Artikel 99 Inkrafttreten und Anwendung

(1) Diese Verordnung tritt am zwanzigsten Tag nach ihrer Veröffentlichung im Amtsblatt der Europäischen Union in Kraft.
(2) Sie gilt ab dem 25. Mai 2018.

Diese Verordnung ist in allen ihren Teilen verbindlich und gilt unmittelbar in jedem Mitgliedstaat.

Notizen

Notizen

Erwägungsgründe

Erwägungsgründe

Neben den 99 Artikeln enthält die DSGVO noch 173 Erwägungsgründe (abgekürzt „EG","). Diese Erwägungsgründe haben eine deklarative Funktion; sie sind sog. „Soft Law" und nicht verbindlicher Teil der DSGVO.

Im Gegensatz zu den 99 Artikeln können aus den Erwägungsgründen keine unmittelbaren Rechtsfolgen abgeleitet werden. Sie beeinflussen aber die Auslegung der einzelnen Normen und damit deren rechtliche Wirkung.

Die Überschriften bzw. Bezeichnungen der einzelnen Erwägungsgründe sind dabei zur besseren Lesbarkeit und Verständlichkeit vom Autor eingefügt worden. In dem Original der Veröffentlichung finden sich keine Überschriften zu den Erwägungsgründen.
Die Nummerierung der Sätze erfolgte, um die Arbeit mit dem Text zu verbessern.

EG 1 – Datenschutz als ein Grundrecht

¹Der Schutz natürlicher Personen bei der Verarbeitung personenbezogener Daten ist ein Grundrecht. ²Gemäß Artikel 8 Absatz 1 der Charta der Grundrechte der Europäischen Union (im Folgenden "Charta") sowie Artikel 16 Absatz 1 des Vertrags über die Arbeitsweise der Europäischen Union (AEUV) hat jede Person das Recht auf Schutz der sie betreffenden personenbezogenen Daten.

EG 2 – Wahrung der Grundrechte und -freiheiten

¹Die Grundsätze und Vorschriften zum Schutz natürlicher Personen bei der Verarbeitung ihrer personenbezogenen Daten sollten gewährleisten, dass ihre Grundrechte und Grundfreiheiten und insbesondere ihr Recht auf Schutz personenbezogener Daten ungeachtet ihrer Staatsangehörigkeit oder ihres Aufenthaltsorts gewahrt bleiben. ²Diese Verordnung soll zur Vollendung eines Raums der Freiheit, der Sicherheit und des Rechts und einer Wirtschaftsunion, zum wirtschaftlichen und sozialen Fortschritt, zur Stärkung und zum Zusammenwachsen der Volkswirtschaften innerhalb des Binnenmarkts sowie zum Wohlergehen natürlicher Personen beitragen.

EG 3 – Harmonisierung und Datenverkehr

Zweck der Richtlinie 95/46/EG* des Europäischen Parlaments und des Rates ist die Harmonisierung der Vorschriften zum Schutz der Grundrechte und Grundfreiheiten natürlicher Personen bei der Datenverarbeitung sowie die Gewährleistung des freien Verkehrs personenbezogener Daten zwischen den Mitgliedstaaten.

* *siehe Seite* 77

EG 4 – Beachtung weiterer Rechte, Freiheiten und Grundsätze

¹Die Verarbeitung personenbezogener Daten sollte im Dienste

der Menschheit stehen. ²Das Recht auf Schutz der personenbezogenen Daten ist kein uneingeschränktes Recht; es muss im Hinblick auf seine gesellschaftliche Funktion gesehen und unter Wahrung des Verhältnismäßigkeitsprinzips gegen andere Grundrechte abgewogen werden. ³Diese Verordnung steht im Einklang mit allen Grundrechten und achtet alle Freiheiten und Grundsätze, die mit der Charta anerkannt wurden und in den Europäischen Verträgen verankert sind, insbesondere Achtung des Privat- und Familienlebens, der Wohnung und der Kommunikation, Schutz personenbezogener Daten, Gedanken-, Gewissens- und Religionsfreiheit, Freiheit der Meinungsäußerung und Informationsfreiheit, unternehmerische Freiheit, Recht auf einen wirksamen Rechtsbehelf und ein faires Verfahren und Vielfalt der Kulturen, Religionen und Sprachen.

EG 5 – Austausch personenbezogener Daten

¹Die wirtschaftliche und soziale Integration als Folge eines funktionierenden Binnenmarkts hat zu einem deutlichen Anstieg des grenzüberschreitenden Verkehrs personenbezogener Daten geführt. ² Der unionsweite Austausch personenbezogener Daten zwischen öffentlichen und privaten Akteuren einschließlich natürlichen Personen, Vereinigungen und Unternehmen hat zugenommen. ³Das Unionsrecht verpflichtet die Verwaltungen der Mitgliedstaaten, zusammenzuarbeiten und personenbezogene Daten auszutauschen, damit sie ihren Pflichten nachkommen oder für eine Behörde eines anderen Mitgliedstaats Aufgaben durchführen können.

EG 6 – Gewährleistung eines hohen Datenschutzniveaus trotz Zunahme des Datenaustausches

¹Rasche technologische Entwicklungen und die Globalisierung haben den Datenschutz vor neue Herausforderungen gestellt. ²Das Ausmaß der Erhebung und des Austauschs personenbezogener Daten hat eindrucksvoll zugenommen. ³Die Technik macht es möglich, dass private Unternehmen und Behörden im Rahmen ihrer Tätigkeiten in einem noch nie dagewesenen Umfang auf personenbezogene Daten zurückgreifen. ⁴Zunehmend

machen auch natürliche Personen Informationen öffentlich weltweit zugänglich. ⁵Die Technik hat das wirtschaftliche und gesellschaftliche Leben verändert und dürfte den Verkehr personenbezogener Daten innerhalb der Union sowie die Datenübermittlung an Drittländer und internationale Organisationen noch weiter erleichtern, wobei ein hohes Datenschutzniveau zu gewährleisten ist.

EG 7 – Kontrolle und Sicherheit

¹Diese Entwicklungen erfordern einen soliden, kohärenteren und klar durchsetzbaren Rechtsrahmen im Bereich des Datenschutzes in der Union, da es von großer Wichtigkeit ist, eine Vertrauensbasis zu schaffen, die die digitale Wirtschaft dringend benötigt, um im Binnenmarkt weiter wachsen zu können. ²Natürliche Personen sollten die Kontrolle über ihre eigenen Daten besitzen. ³Natürliche Personen, Wirtschaft und Staat sollten in rechtlicher und praktischer Hinsicht über mehr Sicherheit verfügen .

EG 8 – Ergänzungen durch nationales Recht

Wenn in dieser Verordnung Präzisierungen oder Einschränkungen ihrer Vorschriften durch das Recht der Mitgliedstaaten vorgesehen sind, können die Mitgliedstaaten Teile dieser Verordnung in ihr nationales Recht aufnehmen, soweit dies erforderlich ist, um die Kohärenz zu wahren und die nationalen Rechtsvorschriften für die Personen, für die sie gelten, verständlicher zu machen.

EG 9 – Behinderung durch Unterschiede im Schutzniveau

¹Die Ziele und Grundsätze der Richtlinie 95/46/EG* besitzen nach wie vor Gültigkeit, doch hat die Richtlinie nicht verhindern können, dass der Datenschutz in der Union unterschiedlich gehandhabt wird, Rechtsunsicherheit besteht oder in der Öffentlichkeit die Meinung weit verbreitet ist, dass erhebliche Risiken für den Schutz natürlicher Personen bestehen, insbesondere im Zusammenhang mit der Benutzung des Internets. ²Unterschiede beim Schutzniveau für die Rechte und Freiheiten von

Erwägungsgründe

natürlichen Personen im Zusammenhang mit der Verarbeitung personenbezogener Daten in den Mitgliedstaaten, vor allem beim Recht auf Schutz dieser Daten, können den unionsweiten freien Verkehr solcher Daten behindern. ³Diese Unterschiede im Schutzniveau können daher ein Hemmnis für die unionsweite Ausübung von Wirtschaftstätigkeiten darstellen, den Wettbewerb verzerren und die Behörden an der Erfüllung der ihnen nach dem Unionsrecht obliegenden Pflichten hindern. ⁴Sie erklären sich aus den Unterschieden bei der Umsetzung und Anwendung der Richtlinie 95/46/EG*.

siehe Seite 77

EG 10 – Unionsweites Datenschutzniveau

¹Um ein gleichmäßiges und hohes Datenschutzniveau für natürliche Personen zu gewährleisten und die Hemmnisse für den Verkehr personenbezogener Daten in der Union zu beseitigen, sollte das Schutzniveau für die Rechte und Freiheiten von natürlichen Personen bei der Verarbeitung dieser Daten in allen Mitgliedstaaten gleichwertig sein. ²Die Vorschriften zum Schutz der Grundrechte und Grundfreiheiten von natürlichen Personen bei der Verarbeitung personenbezogener Daten sollten unionsweit gleichmäßig und einheitlich angewandt werden. ³Hinsichtlich der Verarbeitung personenbezogener Daten zur Erfüllung einer rechtlichen Verpflichtung oder zur Wahrnehmung einer Aufgabe, die im öffentlichen Interesse liegt oder in Ausübung öffentlicher Gewalt erfolgt, die dem Verantwortlichen übertragen wurde, sollten die Mitgliedstaaten die Möglichkeit haben, nationale Bestimmungen, mit denen die Anwendung der Vorschriften dieser Verordnung genauer festgelegt wird, beizubehalten oder einzuführen. ⁴In Verbindung mit den allgemeinen und horizontalen Rechtsvorschriften über den Datenschutz zur Umsetzung der Richtlinie 95/46/EG* gibt es in den Mitgliedstaaten mehrere sektorspezifische Rechtsvorschriften in Bereichen, die spezifischere Bestimmungen erfordern. ⁵Diese Verordnung bietet den Mitgliedstaaten zudem einen Spielraum für die Spezifizierung ihrer Vorschriften, auch für die

Verarbeitung besonderer Kategorien von personenbezogenen Daten (im Folgenden "sensible Daten"). [6]Diesbezüglich schließt diese Verordnung nicht Rechtsvorschriften der Mitgliedstaaten aus, in denen die Umstände besonderer Verarbeitungssituationen festgelegt werden, einschließlich einer genaueren Bestimmung der Voraussetzungen, unter denen die Verarbeitung personenbezogener Daten rechtmäßig ist.

siehe Seite 77

EG 11 – Gleiche Befugnisse, gleiche Sanktionen

Ein unionsweiter wirksamer Schutz personenbezogener Daten erfordert die Stärkung und präzise Festlegung der Rechte der betroffenen Personen sowie eine Verschärfung der Verpflichtungen für diejenigen, die personenbezogene Daten verarbeiten und darüber entscheiden, ebenso wie - in den Mitgliedstaaten - gleiche Befugnisse bei der Überwachung und Gewährleistung der Einhaltung der Vorschriften zum Schutz personenbezogener Daten sowie gleiche Sanktionen im Falle ihrer Verletzung.

EG 12 – Ermächtigung Parlament und Rat

Artikel 16 Absatz 2 AEUV ermächtigt das Europäische Parlament und den Rat, Vorschriften über den Schutz natürlicher Personen bei der Verarbeitung personenbezogener Daten und zum freien Verkehr solcher Daten zu erlassen.

EG 13 – Berücksichtigung der Unternehmensgröße

[1]Damit in der Union ein gleichmäßiges Datenschutzniveau für natürliche Personen gewährleistet ist und Unterschiede, die den freien Verkehr personenbezogener Daten im Binnenmarkt behindern könnten, beseitigt werden, ist eine Verordnung erforderlich, die für die Wirtschaftsteilnehmer einschließlich Kleinstunternehmen sowie kleiner und mittlerer Unternehmen Rechtssicherheit und Transparenz schafft, natürliche Personen in allen Mitgliedstaaten mit demselben Niveau an durchsetzbaren Rechten ausstattet, dieselben Pflichten und Zuständigkeiten

für die Verantwortlichen und Auftragsverarbeiter vorsieht und eine gleichmäßige Kontrolle der Verarbeitung personenbezogener Daten und gleichwertige Sanktionen in allen Mitgliedstaaten sowie eine wirksame Zusammenarbeit zwischen den Aufsichtsbehörden der einzelnen Mitgliedstaaten gewährleistet. ²Das reibungslose Funktionieren des Binnenmarkts erfordert, dass der freie Verkehr personenbezogener Daten in der Union nicht aus Gründen des Schutzes natürlicher Personen bei der Verarbeitung personenbezogener Daten eingeschränkt oder verboten wird. ³Um der besonderen Situation der Kleinstunternehmen sowie der kleinen und mittleren Unternehmen Rechnung zu tragen, enthält diese Verordnung eine abweichende Regelung hinsichtlich des Führens eines Verzeichnisses für Einrichtungen, die weniger als 250 Mitarbeiter beschäftigen. ⁴Außerdem werden die Organe und Einrichtungen der Union sowie die Mitgliedstaaten und deren Aufsichtsbehörden dazu angehalten, bei der Anwendung dieser Verordnung die besonderen Bedürfnisse von Kleinstunternehmen sowie von kleinen und mittleren Unternehmen zu berücksichtigen. ⁵Für die Definition des Begriffs "Kleinstunternehmen sowie kleine und mittlere Unternehmen" sollte Artikel 2 des Anhangs zur Empfehlung 2003/361/EG der Kommission * maßgebend sein.

* Empfehlung der Kommission vom 6. Mai 2003 betreffend die Definition der Kleinstunternehmen sowie der kleinen und mittleren Unternehmen (C(2003) 1422) (ABl. L 124 vom 20.5.2003, S. 36).

EG 14 – Keine Anwendung für juristische Personen

¹Der durch diese Verordnung gewährte Schutz sollte für die Verarbeitung der personenbezogenen Daten natürlicher Personen ungeachtet ihrer Staatsangehörigkeit oder ihres Aufenthaltsorts gelten. ²Diese Verordnung gilt nicht für die Verarbeitung personenbezogener Daten juristischer Personen und insbesondere als juristische Person gegründeter Unternehmen, einschließlich Name, Rechtsform oder Kontaktdaten der juristischen Person.

EG 15 – Technologieneutraler Schutz

¹Um ein ernsthaftes Risiko einer Umgehung der Vorschriften zu vermeiden, sollte der Schutz natürlicher Personen technologieneutral sein und nicht von den verwendeten Techniken abhängen. ²Der Schutz natürlicher Personen sollte für die automatisierte Verarbeitung personenbezogener Daten ebenso gelten wie für die manuelle Verarbeitung von personenbezogenen Daten, wenn die personenbezogenen Daten in einem Dateisystem gespeichert sind oder gespeichert werden sollen. ³Akten oder Aktensammlungen sowie ihre Deckblätter, die nicht nach bestimmten Kriterien geordnet sind, sollten nicht in den Anwendungsbereich dieser Verordnung fallen.

EG 16 – Ausnahmen Geltungsbereich

¹Diese Verordnung gilt nicht für Fragen des Schutzes von Grundrechten und Grundfreiheiten und des freien Verkehrs personenbezogener Daten im Zusammenhang mit Tätigkeiten, die nicht in den Anwendungsbereich des Unionsrechts fallen, wie etwa die nationale Sicherheit betreffende Tätigkeiten. ²Diese Verordnung gilt nicht für die von den Mitgliedstaaten im Rahmen der Gemeinsamen Außen- und Sicherheitspolitik der Union durchgeführte Verarbeitung personenbezogener Daten.

EG 17 - Verordnung (EG) Nr. 45/2001

¹Die Verordnung (EG) Nr. 45/2001 des Europäischen Parlaments und des Rates* gilt für die Verarbeitung personenbezogener Daten durch die Organe, Einrichtungen, Ämter und Agenturen der Union. ²Die Verordnung (EG) Nr. 45/2001 und sonstige Rechtsakte der Union, die diese Verarbeitung personenbezogener Daten regeln, sollten an die Grundsätze und Vorschriften der vorliegenden Verordnung angepasst und im Lichte der vorliegenden Verordnung angewandt werden. ³Um einen soliden und kohärenten Rechtsrahmen im Bereich des Datenschutzes in der Union zu gewährleisten, sollten die erforderlichen Anpassungen der Verordnung (EG) Nr. 45/2001 im Anschluss an den Erlass der vorliegenden Verordnung vorgenommen werden, damit sie gleichzeitig mit der vorliegenden Verordnung

angewandt werden können.

* *Verordnung (EG) Nr. 45/2001 des Europäischen Parlaments und des Rates vom 18. Dezember 2000 zum Schutz natürlicher Personen bei der Verarbeitung personenbezogener Daten durch die Organe und Einrichtungen der Gemeinschaft und zum freien Datenverkehr (ABl. L 8 vom 12.1.2001, S. 1).*

EG 18 - Haushaltsausnahme

[1]Diese Verordnung gilt nicht für die Verarbeitung von personenbezogenen Daten, die von einer natürlichen Person zur Ausübung ausschließlich persönlicher oder familiärer Tätigkeiten und somit ohne Bezug zu einer beruflichen oder wirtschaftlichen Tätigkeit vorgenommen wird. [2]Als persönliche oder familiäre Tätigkeiten könnten auch das Führen eines Schriftverkehrs oder von Anschriftenverzeichnissen oder die Nutzung sozialer Netze und Online-Tätigkeiten im Rahmen solcher Tätigkeiten gelten. [3]Diese Verordnung gilt jedoch für die Verantwortlichen oder Auftragsverarbeiter, die die Instrumente für die Verarbeitung personenbezogener Daten für solche persönlichen oder familiären Tätigkeiten bereitstellen.

EG 19 – Keine Anwendung in der Strafverfolgung

[1]Der Schutz natürlicher Personen bei der Verarbeitung personenbezogener Daten durch die zuständigen Behörden zum Zwecke der Verhütung, Ermittlung, Aufdeckung oder Verfolgung von Straftaten oder der Strafvollstreckung, einschließlich des Schutzes vor und der Abwehr von Gefahren für die öffentliche Sicherheit, sowie der freie Verkehr dieser Daten sind in einem eigenen Unionsrechtsakt geregelt. [2]Deshalb sollte diese Verordnung auf Verarbeitungstätigkeiten dieser Art keine Anwendung finden. [3]Personenbezogene Daten, die von Behörden nach dieser Verordnung verarbeitet werden, sollten jedoch, wenn sie zu den vorstehenden Zwecken verwendet werden, einem spezifischeren Unionsrechtsakt, nämlich der Richtlinie (EU) 2016/680* des Europäischen Parlaments und des Rates unterliegen. [4]Die Mitgliedstaaten können die zuständigen Behörden

im Sinne der Richtlinie (EU) 2016/680* mit Aufgaben betrauen, die nicht zwangsläufig für die Zwecke der Verhütung, Ermittlung, Aufdeckung oder Verfolgung von Straftaten oder der Strafvollstreckung, einschließlich des Schutzes vor und der Abwehr von Gefahren für die öffentliche Sicherheit, ausgeführt werden, so dass die Verarbeitung von personenbezogenen Daten für diese anderen Zwecke insoweit in den Anwendungsbereich dieser Verordnung fällt, als sie in den Anwendungsbereich des Unionsrechts fällt.

[5]In Bezug auf die Verarbeitung personenbezogener Daten durch diese Behörden für Zwecke, die in den Anwendungsbereich dieser Verordnung fallen, sollten die Mitgliedstaaten spezifischere Bestimmungen beibehalten oder einführen können, um die Anwendung der Vorschriften dieser Verordnung anzupassen. [6]In den betreffenden Bestimmungen können die Auflagen für die Verarbeitung personenbezogener Daten durch diese zuständigen Behörden für jene anderen Zwecke präziser festgelegt werden, wobei der verfassungsmäßigen, organisatorischen und administrativen Struktur des betreffenden Mitgliedstaats Rechnung zu tragen ist. [7]Soweit diese Verordnung für die Verarbeitung personenbezogener Daten durch private Stellen gilt, sollte sie vorsehen, dass die Mitgliedstaaten einige Pflichten und Rechte unter bestimmten Voraussetzungen mittels Rechtsvorschriften beschränken können, wenn diese Beschränkung in einer demokratischen Gesellschaft eine notwendige und verhältnismäßige Maßnahme zum Schutz bestimmter wichtiger Interessen darstellt, wozu auch die öffentliche Sicherheit und die Verhütung, Ermittlung, Aufdeckung und Verfolgung von Straftaten oder die Strafvollstreckung zählen, einschließlich des Schutzes vor und der Abwehr von Gefahren für die öffentliche Sicherheit. [8]Dies ist beispielsweise für im Rahmen der Bekämpfung der Geldwäsche oder der Arbeit kriminaltechnischer Labors von Bedeutung.

* Richtlinie 2000/31/EG des Europäischen Parlaments und des Rates vom 8. Juni 2000 über bestimmte rechtliche Aspekte der Dienste der Informationsgesellschaft, insbesondere des elektronischen Geschäftsverkehrs, im Binnenmarkt („Richtlinie über den

elektronischen Geschäftsverkehr") *(ABl. L 178 vom 17.7.2000, S. 1-16)*

EG 20 – Unabhängigkeit der Judikative

[1]Die Verordnung gilt zwar unter anderem für die Tätigkeiten der Gerichte und anderer Justizbehörden, doch könnte im Unionsrecht oder im Recht der Mitgliedstaaten festgelegt werden, wie die Verarbeitungsvorgänge und Verarbeitungsverfahren bei der Verarbeitung personenbezogener Daten durch Gerichte und andere Justizbehörden im Einzelnen auszusehen haben. [2]Damit die Unabhängigkeit der Justiz bei der Ausübung ihrer gerichtlichen Aufgaben einschließlich ihrer Beschlussfassung unangetastet bleibt, sollten die Aufsichtsbehörden nicht für die Verarbeitung personenbezogener Daten durch Gerichte im Rahmen ihrer justiziellen Tätigkeit zuständig sein. [3]Mit der Aufsicht über diese Datenverarbeitungsvorgänge sollten besondere Stellen im Justizsystem des Mitgliedstaats betraut werden können, die insbesondere die Einhaltung der Vorschriften dieser Verordnung sicherstellen, Richter und Staatsanwälte besser für ihre Pflichten aus dieser Verordnung sensibilisieren und Beschwerden in Bezug auf derartige Datenverarbeitungsvorgänge bearbeiten sollten.

EG 21 - Richtlinie 2000/31/EG

[1]Die vorliegende Verordnung berührt nicht die Anwendung der Richtlinie 2000/31/EG des Europäischen Parlaments und des Rates* und insbesondere die der Vorschriften der Artikel 12 bis 15 jener Richtlinie zur Verantwortlichkeit von Anbietern reiner Vermittlungsdienste. [2]Die genannte Richtlinie soll dazu beitragen, dass der Binnenmarkt einwandfrei funktioniert, indem sie den freien Verkehr von Diensten der Informationsgesellschaft zwischen den Mitgliedstaaten sicherstellt.

* Richtlinie 2000/31/EG des Europäischen Parlaments und des Rates vom 8. Juni 2000 über bestimmte rechtliche Aspekte der Dienste der Informationsgesellschaft, insbesondere des elektronischen Geschäftsverkehrs, im Binnenmarkt ("Richtlinie über den elektronischen Geschäftsverkehr") (ABl. L 178 vom 17.7.2000, S. 1).

EG 22 – Niederlassungsprinzip

¹Jede Verarbeitung personenbezogener Daten im Rahmen der Tätigkeiten einer Niederlassung eines Verantwortlichen oder eines Auftragsverarbeiters in der Union sollte gemäß dieser Verordnung erfolgen, gleich, ob die Verarbeitung in oder außerhalb der Union stattfindet. ²Eine Niederlassung setzt die effektive und tatsächliche Ausübung einer Tätigkeit durch eine feste Einrichtung voraus. ³Die Rechtsform einer solchen Einrichtung, gleich, ob es sich um eine Zweigstelle oder eine Tochtergesellschaft mit eigener Rechtspersönlichkeit handelt, ist dabei nicht ausschlaggebend.

EG 23 – Angebote für Personen in der Union

¹Damit einer natürlichen Person der gemäß dieser Verordnung gewährleistete Schutz nicht vorenthalten wird, sollte die Verarbeitung personenbezogener Daten von betroffenen Personen, die sich in der Union befinden, durch einen nicht in der Union niedergelassenen Verantwortlichen oder Auftragsverarbeiter dieser Verordnung unterliegen, wenn die Verarbeitung dazu dient, diesen betroffenen Personen gegen Entgelt oder unentgeltlich Waren oder Dienstleistungen anzubieten. ²Um festzustellen, ob dieser Verantwortliche oder Auftragsverarbeiter betroffenen Personen, die sich in der Union befinden, Waren oder Dienstleistungen anbietet, sollte festgestellt werden, ob der Verantwortliche oder Auftragsverarbeiter offensichtlich beabsichtigt, betroffenen Personen in einem oder mehreren Mitgliedstaaten der Union Dienstleistungen anzubieten. ³Während die bloße Zugänglichkeit der Website des Verantwortlichen, des Auftragsverarbeiters oder eines Vermittlers in der Union, einer E-Mail-Adresse oder anderer Kontaktdaten oder die Verwendung einer Sprache, die in dem Drittland, in dem der Verantwortliche niedergelassen ist, allgemein gebräuchlich ist, hierfür kein ausreichender Anhaltspunkt ist, können andere Faktoren wie die Verwendung einer Sprache oder Währung, die in einem oder mehreren Mitgliedstaaten gebräuchlich ist, in Verbindung mit der Möglichkeit, Waren und Dienstleistungen in dieser anderen Sprache zu bestellen, oder die Erwähnung von Kunden oder Nutzern, die sich in der Union befinden, darauf hindeuten, dass

der Verantwortliche beabsichtigt, den Personen in der Union Waren oder Dienstleistungen anzubieten.

EG 24 – Beobachtung von Personen in der Union

[1]Die Verarbeitung personenbezogener Daten von betroffenen Personen, die sich in der Union befinden, durch einen nicht in der Union niedergelassenen Verantwortlichen oder Auftragsverarbeiter sollte auch dann dieser Verordnung unterliegen, wenn sie dazu dient, das Verhalten dieser betroffenen Personen zu beobachten, soweit ihr Verhalten in der Union erfolgt. [2]Ob eine Verarbeitungstätigkeit der Beobachtung des Verhaltens von betroffenen Personen gilt, sollte daran festgemacht werden, ob ihre Internetaktivitäten nachvollzogen werden, einschließlich der möglichen nachfolgenden Verwendung von Techniken zur Verarbeitung personenbezogener Daten, durch die von einer natürlichen Person ein Profil erstellt wird, das insbesondere die Grundlage für sie betreffende Entscheidungen bildet oder anhand dessen ihre persönlichen Vorlieben, Verhaltensweisen oder Gepflogenheiten analysiert oder vorausgesagt werden sollen.

EG 25 – Diplomatische oder konsularische Vertretungen

Ist nach Völkerrecht das Recht eines Mitgliedstaats anwendbar, z. B. in einer diplomatischen oder konsularischen Vertretung eines Mitgliedstaats, so sollte die Verordnung auch auf einen nicht in der Union niedergelassenen Verantwortlichen Anwendung finden.

EG 26 – Anonyme Daten

[1]Die Grundsätze des Datenschutzes sollten für alle Informationen gelten, die sich auf eine identifizierte oder identifizierbare natürliche Person beziehen. [2]Einer Pseudonymisierung unterzogene personenbezogene Daten, die durch Heranziehung zusätzlicher Informationen einer natürlichen Person zugeordnet werden könnten, sollten als Informationen über eine identifizierbare natürliche Person betrachtet werden. [3]Um festzustellen, ob eine natürliche Person identifizierbar ist, sollten alle Mittel

berücksichtigt werden, die von dem Verantwortlichen oder einer anderen Person nach allgemeinem Ermessen wahrscheinlich genutzt werden, um die natürliche Person direkt oder indirekt zu identifizieren, wie beispielsweise das Aussondern. [4]Bei der Feststellung, ob Mittel nach allgemeinem Ermessen wahrscheinlich zur Identifizierung der natürlichen Person genutzt werden, sollten alle objektiven Faktoren, wie die Kosten der Identifizierung und der dafür erforderliche Zeitaufwand, herangezogen werden, wobei die zum Zeitpunkt der Verarbeitung verfügbare Technologie und technologische Entwicklungen zu berücksichtigen sind. [5]Die Grundsätze des Datenschutzes sollten daher nicht für anonyme Informationen gelten, d.h. für Informationen, die sich nicht auf eine identifizierte oder identifizierbare natürliche Person beziehen, oder personenbezogene Daten, die in einer Weise anonymisiert worden sind, dass die betroffene Person nicht oder nicht mehr identifiziert werden kann. [6]Diese Verordnung betrifft somit nicht die Verarbeitung solcher anonymer Daten, auch für statistische oder für Forschungszwecke.

EG 27 - Verstorbene

Diese Verordnung gilt nicht für die personenbezogenen Daten Verstorbener. Die Mitgliedstaaten können Vorschriften für die Verarbeitung der personenbezogenen Daten Verstorbener vorsehen.

EG 28 - Pseudonymisierung

[1]Die Anwendung der Pseudonymisierung auf personenbezogene Daten kann die Risiken für die betroffenen Personen senken und die Verantwortlichen und die Auftragsverarbeiter bei der Einhaltung ihrer Datenschutzpflichten unterstützen. [2]Durch die ausdrückliche Einführung der "Pseudonymisierung" in dieser Verordnung ist nicht beabsichtigt, andere Datenschutzmaßnahmen auszuschließen.

EG 29 – Anreize für Pseudonymisierungsmaßnahmen

[1]Um Anreize für die Anwendung der Pseudonymisierung bei

der Verarbeitung personenbezogener Daten zu schaffen, sollten Pseudonymisierungsmaßnahmen, die jedoch eine allgemeine Analyse zulassen, bei demselben Verantwortlichen möglich sein, wenn dieser die erforderlichen technischen und organisatorischen Maßnahmen getroffen hat, um – für die jeweilige Verarbeitung – die Umsetzung dieser Verordnung zu gewährleisten, wobei sicherzustellen ist, dass zusätzliche Informationen, mit denen die personenbezogenen Daten einer speziellen betroffenen Person zugeordnet werden können, gesondert aufbewahrt werden. ²Der für die Verarbeitung der personenbezogenen Daten Verantwortliche, sollte die befugten Personen bei diesem Verantwortlichen angeben.

EG 30 – Online-Kennungen

¹Natürlichen Personen werden unter Umständen Online-Kennungen wie IP-Adressen und Cookie-Kennungen, die sein Gerät oder Software-Anwendungen und -Tools oder Protokolle liefern, oder sonstige Kennungen wie Funkfrequenzkennzeichnungen zugeordnet. ²Dies kann Spuren hinterlassen, die insbesondere in Kombination mit eindeutigen Kennungen und anderen beim Server eingehenden Informationen dazu benutzt werden können, um Profile der natürlichen Personen zu erstellen und sie zu identifizieren.

EG 31 - Behörden

¹Behörden, gegenüber denen personenbezogene Daten aufgrund einer rechtlichen Verpflichtung für die Ausübung ihres offiziellen Auftrags offengelegt werden, wie Steuer- und Zollbehörden, Finanzermittlungsstellen, unabhängige Verwaltungsbehörden oder Finanzmarktbehörden, die für die Regulierung und Aufsicht von Wertpapiermärkten zuständig sind, sollten nicht als Empfänger gelten, wenn sie personenbezogene Daten erhalten, die für die Durchführung – gemäß dem Unionsrecht oder dem Recht der Mitgliedstaaten – eines einzelnen Untersuchungsauftrags im Interesse der Allgemeinheit erforderlich sind. ²Anträge auf Offenlegung, die von Behörden ausgehen, sollten immer schriftlich erfolgen, mit Gründen versehen sein

und gelegentlichen Charakter haben, und sie sollten nicht vollständige Dateisysteme betreffen oder zur Verknüpfung von Dateisystemen führen. ³Die Verarbeitung personenbezogener Daten durch die genannten Behörden sollte für die Zwecke der Verarbeitung geltenden Datenschutzvorschriften entsprechen.

EG 32 - Einwilligung

¹Die Einwilligung sollte durch eine eindeutige bestätigende Handlung erfolgen, mit der freiwillig, für den konkreten Fall, in informierter Weise und unmissverständlich bekundet wird, dass die betroffene Person mit der Verarbeitung der sie betreffenden personenbezogenen Daten einverstanden ist, etwa in Form einer schriftlichen Erklärung, die auch elektronisch erfolgen kann, oder einer mündlichen Erklärung. ²Dies könnte etwa durch Anklicken eines Kästchens beim Besuch einer Internetseite, durch die Auswahl technischer Einstellungen für Dienste der Informationsgesellschaft oder durch eine andere Erklärung oder Verhaltensweise geschehen, mit der die betroffene Person in dem jeweiligen Kontext eindeutig ihr Einverständnis mit der beabsichtigten Verarbeitung ihrer personenbezogenen Daten signalisiert. ³Stillschweigen, bereits angekreuzte Kästchen oder Untätigkeit der betroffenen Person sollten daher keine Einwilligung darstellen. ⁴Die Einwilligung sollte sich auf alle zu demselben Zweck oder denselben Zwecken vorgenommenen Verarbeitungsvorgänge beziehen. ⁵Wenn die Verarbeitung mehreren Zwecken dient, sollte für alle diese Verarbeitungszwecke eine Einwilligung gegeben werden. ⁶Wird die betroffene Person auf elektronischem Weg zur Einwilligung aufgefordert, so muss die Aufforderung in klarer und knapper Form und ohne unnötige Unterbrechung des Dienstes, für den die Einwilligung gegeben wird, erfolgen.

EG 33 – Wissenschaftliche Forschung

¹Oftmals kann der Zweck der Verarbeitung personenbezogener Daten für Zwecke der wissenschaftlichen Forschung zum Zeitpunkt der Erhebung der personenbezogenen Daten nicht vollständig angegeben werden. ²Daher sollte es betroffenen

Personen erlaubt sein, ihre Einwilligung für bestimmte Bereiche wissenschaftlicher Forschung zu geben, wenn dies unter Einhaltung der anerkannten ethischen Standards der wissenschaftlichen Forschung geschieht. ³Die betroffenen Personen sollten Gelegenheit erhalten, ihre Einwilligung nur für bestimme Forschungsbereiche oder Teile von Forschungsprojekten in dem vom verfolgten Zweck zugelassenen Maße zu erteilen.

EG 34 – Genetische Daten

Genetische Daten sollten als personenbezogene Daten über die ererbten oder erworbenen genetischen Eigenschaften einer natürlichen Person definiert werden, die aus der Analyse einer biologischen Probe der betreffenden natürlichen Person, insbesondere durch eine Chromosomen, Desoxyribonukleinsäure (DNS)- oder Ribonukleinsäure (RNS)-Analyse oder der Analyse eines anderen Elements, durch die gleichwertige Informationen erlangt werden können, gewonnen werden.

EG 35 - Gesundheitsdaten

¹Zu den personenbezogenen Gesundheitsdaten sollten alle Daten zählen, die sich auf den Gesundheitszustand einer betroffenen Person beziehen und aus denen Informationen über den früheren, gegenwärtigen und künftigen körperlichen oder geistigen Gesundheitszustand der betroffenen Person hervorgehen. ²Dazu gehören auch Informationen über die natürliche Person, die im Zuge der Anmeldung für sowie der Erbringung von Gesundheitsdienstleistungen im Sinne der Richtlinie 2011/24/EU des Europäischen Parlaments und des Rates* für die natürliche Person erhoben werden, Nummern, Symbole oder Kennzeichen, die einer natürlichen Person zugeteilt wurden, um diese natürliche Person für gesundheitliche Zwecke eindeutig zu identifizieren, Informationen, die von der Prüfung oder Untersuchung eines Körperteils oder einer körpereigenen Substanz, auch aus genetischen Daten und biologischen Proben, abgeleitet wurden, und Informationen etwa über Krankheiten, Behinderungen, Krankheitsrisiken, Vorerkrankungen, klinische Behandlungen oder den physiologischen oder biomedizinischen

Zustand der betroffenen Person unabhängig von der Herkunft der Daten, ob sie nun von einem Arzt oder sonstigem Angehörigen eines Gesundheitsberufes, einem Krankenhaus, einem Medizinprodukt oder einem In-Vitro-Diagnostikum stammen.

* *Richtlinie 2011/24/EU des Europäischen Parlaments und des Rates vom 9. März 2011 über die Ausübung der Patientenrechte in der grenzüberschreitenden Gesundheitsversorgung (ABl. L 88 vom 4.4.2011, S. 45).*

EG 36 - Hauptniederlassung

¹Die Hauptniederlassung des Verantwortlichen in der Union sollte der Ort seiner Hauptverwaltung in der Union sein, es sei denn, dass Entscheidungen über die Zwecke und Mittel der Verarbeitung personenbezogener Daten in einer anderen Niederlassung des Verantwortlichen in der Union getroffen werden; in diesem Fall sollte die letztgenannte als Hauptniederlassung gelten. ²Zur Bestimmung der Hauptniederlassung eines Verantwortlichen in der Union sollten objektive Kriterien herangezogen werden; ein Kriterium sollte dabei die effektive und tatsächliche Ausübung von Managementtätigkeiten durch eine feste Einrichtung sein, in deren Rahmen die Grundsatzentscheidungen zur Festlegung der Zwecke und Mittel der Verarbeitung getroffen werden. ³Dabei sollte nicht ausschlaggebend sein, ob die Verarbeitung der personenbezogenen Daten tatsächlich an diesem Ort ausgeführt wird. ⁴Das Vorhandensein und die Verwendung technischer Mittel und Verfahren zur Verarbeitung personenbezogener Daten oder Verarbeitungstätigkeiten begründen an sich noch keine Hauptniederlassung und sind daher kein ausschlaggebender Faktor für das Bestehen einer Hauptniederlassung.
⁵Die Hauptniederlassung des Auftragsverarbeiters sollte der Ort sein, an dem der Auftragsverarbeiter seine Hauptverwaltung in der Union hat, oder – wenn er keine Hauptverwaltung in der Union hat – der Ort, an dem die wesentlichen Verarbeitungstätigkeiten in der Union stattfinden.
⁶Sind sowohl der Verantwortliche als auch der Auftragsverarbeiter betroffen, so sollte die Aufsichtsbehörde des Mitgliedstaats, in dem der Verantwortliche seine Hauptniederlassung

hat, die zuständige federführende Aufsichtsbehörde bleiben, doch sollte die Aufsichtsbehörde des Auftragsverarbeiters als betroffene Aufsichtsbehörde betrachtet werden und diese Aufsichtsbehörde sollte sich an dem in dieser Verordnung vorgesehenen Verfahren der Zusammenarbeit beteiligen. [7]Auf jeden Fall sollten die Aufsichtsbehörden des Mitgliedstaats oder der Mitgliedstaaten, in dem bzw. denen der Auftragsverarbeiter eine oder mehrere Niederlassungen hat, nicht als betroffene Aufsichtsbehörden betrachtet werden, wenn sich der Beschlussentwurf nur auf den Verantwortlichen bezieht. [8]Wird die Verarbeitung durch eine Unternehmensgruppe vorgenommen, so sollte die Hauptniederlassung des herrschenden Unternehmens als Hauptniederlassung der Unternehmensgruppe gelten, es sei denn, die Zwecke und Mittel der Verarbeitung werden von einem anderen Unternehmen festgelegt.

EG 37 - Unternehmensgruppe

[1]Eine Unternehmensgruppe sollte aus einem herrschenden Unternehmen und den von diesem abhängigen Unternehmen bestehen, wobei das herrschende Unternehmen dasjenige sein sollte, das zum Beispiel aufgrund der Eigentumsverhältnisse, der finanziellen Beteiligung oder der für das Unternehmen geltenden Vorschriften oder der Befugnis, Datenschutzvorschriften umsetzen zu lassen, einen beherrschenden Einfluss auf die übrigen Unternehmen ausüben kann. [2]Ein Unternehmen, das die Verarbeitung personenbezogener Daten in ihm angeschlossenen Unternehmen kontrolliert, sollte zusammen mit diesen als eine "Unternehmensgruppe" betrachtet werden.

EG 38 - Kinder

[1]Kinder verdienen bei ihren personenbezogenen Daten besonderen Schutz, da Kinder sich der betreffenden Risiken, Folgen und Garantien und ihrer Rechte bei der Verarbeitung personenbezogener Daten möglicherweise weniger bewusst sind. [2]Ein solcher besonderer Schutz sollte insbesondere die Verwendung personenbezogener Daten von Kindern für Werbezwecke oder für die Erstellung von Persönlichkeits- oder Nutzerprofilen und

die Erhebung von personenbezogenen Daten von Kindern bei der Nutzung von Diensten, die Kindern direkt angeboten werden, betreffen. [3]Die Einwilligung des Trägers der elterlichen Verantwortung sollte im Zusammenhang mit Präventions- oder Beratungsdiensten, die unmittelbar einem Kind angeboten werden, nicht erforderlich sein.

EG 39 – Grundsätze der Verarbeitung

[1]Jede Verarbeitung personenbezogener Daten sollte rechtmäßig und nach Treu und Glauben erfolgen. [2]Für natürliche Personen sollte Transparenz dahingehend bestehen, dass sie betreffende personenbezogene Daten erhoben, verwendet, eingesehen oder anderweitig verarbeitet werden und in welchem Umfang die personenbezogenen Daten verarbeitet werden und künftig noch verarbeitet werden. [3]Der Grundsatz der Transparenz setzt voraus, dass alle Informationen und Mitteilungen zur Verarbeitung dieser personenbezogenen Daten leicht zugänglich und verständlich und in klarer und einfacher Sprache abgefasst sind. [4]Dieser Grundsatz betrifft insbesondere die Informationen über die Identität des Verantwortlichen und die Zwecke der Verarbeitung und sonstige Informationen, die eine faire und transparente Verarbeitung im Hinblick auf die betroffenen natürlichen Personen gewährleisten, sowie deren Recht, eine Bestätigung und Auskunft darüber zu erhalten, welche sie betreffende personenbezogene Daten verarbeitet werden. [5]Natürliche Personen sollten über die Risiken, Vorschriften, Garantien und Rechte im Zusammenhang mit der Verarbeitung personenbezogener Daten informiert und darüber aufgeklärt werden, wie sie ihre diesbezüglichen Rechte geltend machen können. [6]Insbesondere sollten die bestimmten Zwecke, zu denen die personenbezogenen Daten verarbeitet werden, eindeutig und rechtmäßig sein und zum Zeitpunkt der Erhebung der personenbezogenen Daten feststehen. [7]Die personenbezogenen Daten sollten für die Zwecke, zu denen sie verarbeitet werden, angemessen und erheblich sowie auf das für die Zwecke ihrer Verarbeitung notwendige Maß beschränkt sein. [8]Dies erfordert insbesondere, dass die Speicherfrist für personenbezogene Daten auf das unbedingt erforderliche Mindestmaß beschränkt bleibt. [9]Personenbezogene

Daten sollten nur verarbeitet werden dürfen, wenn der Zweck der Verarbeitung nicht in zumutbarer Weise durch andere Mittel erreicht werden kann. [10]Um sicherzustellen, dass die personenbezogenen Daten nicht länger als nötig gespeichert werden, sollte der Verantwortliche Fristen für ihre Löschung oder regelmäßige Überprüfung vorsehen. [11]Es sollten alle vertretbaren Schritte unternommen werden, damit unrichtige personenbezogene Daten gelöscht oder berichtigt werden. [12]Personenbezogene Daten sollten so verarbeitet werden, dass ihre Sicherheit und Vertraulichkeit hinreichend gewährleistet ist, wozu auch gehört, dass Unbefugte keinen Zugang zu den Daten haben und weder die Daten noch die Geräte, mit denen diese verarbeitet werden, benutzen können.

EG 40 – Rechtmäßigkeit der Verarbeitung

Damit die Verarbeitung rechtmäßig ist, müssen personenbezogene Daten mit Einwilligung der betroffenen Person oder auf einer sonstigen zulässigen Rechtsgrundlage verarbeitet werden, die sich aus dieser Verordnung oder – wann immer in dieser Verordnung darauf Bezug genommen wird – aus dem sonstigen Unionsrecht oder dem Recht der Mitgliedstaaten ergibt, so unter anderem auf der Grundlage, dass sie zur Erfüllung der rechtlichen Verpflichtung, der der Verantwortliche unterliegt, oder zur Erfüllung eines Vertrags, dessen Vertragspartei die betroffene Person ist, oder für die Durchführung vorvertraglicher Maßnahmen, die auf Anfrage der betroffenen Person erfolgen, erforderlich ist.

EG 41 – Bezugnahme auf Rechtsgrundlagen

[1]Wenn in dieser Verordnung auf eine Rechtsgrundlage oder eine Gesetzgebungsmaßnahme Bezug genommen wird, erfordert dies nicht notwendigerweise einen von einem Parlament angenommenen Gesetzgebungsakt; davon unberührt bleiben Anforderungen gemäß der Verfassungsordnung des betreffenden Mitgliedstaats. [2]Die entsprechende Rechtsgrundlage oder Gesetzgebungsmaßnahme sollte jedoch klar und präzise sein und ihre Anwendung sollte für die Rechtsunterworfenen gemäß der

Rechtsprechung des Gerichtshofs der Europäischen Union (im Folgenden "Gerichtshof") und des Europäischen Gerichtshofs für Menschenrechte vorhersehbar sein.

EG 42 –Einwilligung, Nachweis und Anforderungen

¹Erfolgt die Verarbeitung mit Einwilligung der betroffenen Person, sollte der Verantwortliche nachweisen können, dass die betroffene Person ihre Einwilligung zu dem Verarbeitungsvorgang gegeben hat. ²Insbesondere bei Abgabe einer schriftlichen Erklärung in anderer Sache sollten Garantien sicherstellen, dass die betroffene Person weiß, dass und in welchem Umfang sie ihre Einwilligung erteilt. ³Gemäß der Richtlinie 93/13/EWG des Rates * sollte eine vom Verantwortlichen vorformulierte Einwilligungserklärung in verständlicher und leicht zugänglicher Form in einer klaren und einfachen Sprache zur Verfügung gestellt werden, und sie sollte keine missbräuchlichen Klauseln beinhalten. ⁴Damit sie in Kenntnis der Sachlage ihre Einwilligung geben kann, sollte die betroffene Person mindestens wissen, wer der Verantwortliche ist und für welche Zwecke ihre personenbezogenen Daten verarbeitet werden sollen. ⁵Es sollte nur dann davon ausgegangen werden, dass sie ihre Einwilligung freiwillig gegeben hat, wenn sie eine echte oder freie Wahl hat und somit in der Lage ist, die Einwilligung zu verweigern oder zurückzuziehen, ohne Nachteile zu erleiden.

* *Richtlinie 93/13/EWG des Rates vom 5. April 1993 über missbräuchliche Klauseln in Verbraucherverträgen (ABl. L 95 vom 21.4.1993, S. 29).*

EG 43 – Einwilligung, Sicherstellung der Freiwilligkeit

¹Um sicherzustellen, dass die Einwilligung freiwillig erfolgt ist, sollte diese in besonderen Fällen, wenn zwischen der betroffenen Person und dem Verantwortlichen ein klares Ungleichgewicht besteht, insbesondere wenn es sich bei dem Verantwortlichen um eine Behörde handelt, und es deshalb in Anbetracht aller Umstände in dem speziellen Fall unwahrscheinlich ist, dass die Einwilligung freiwillig gegeben wurde, keine gültige

Rechtsgrundlage liefern. ²Die Einwilligung gilt nicht als freiwillig erteilt, wenn zu verschiedenen Verarbeitungsvorgängen von personenbezogenen Daten nicht gesondert eine Einwilligung erteilt werden kann, obwohl dies im Einzelfall angebracht ist, oder wenn die Erfüllung eines Vertrags, einschließlich der Erbringung einer Dienstleistung, von der Einwilligung abhängig ist, obwohl diese Einwilligung für die Erfüllung nicht erforderlich ist.

EG 44 – Verarbeitung für Vertragszwecke

Die Verarbeitung von Daten sollte als rechtmäßig gelten, wenn sie für die Erfüllung oder den geplanten Abschluss eines Vertrags erforderlich ist.

EG 45 - Rechtmäßigkeit der Verarbeitung personenbezogener Daten, Behörden

¹Erfolgt die Verarbeitung durch den Verantwortlichen aufgrund einer ihm obliegenden rechtlichen Verpflichtung oder ist die Verarbeitung zur Wahrnehmung einer Aufgabe im öffentlichen Interesse oder in Ausübung öffentlicher Gewalt erforderlich, muss hierfür eine Grundlage im Unionsrecht oder im Recht eines Mitgliedstaats bestehen. ²Mit dieser Verordnung wird nicht für jede einzelne Verarbeitung ein spezifisches Gesetz verlangt. ³Ein Gesetz als Grundlage für mehrere Verarbeitungsvorgänge kann ausreichend sein, wenn die Verarbeitung aufgrund einer dem Verantwortlichen obliegenden rechtlichen Verpflichtung erfolgt oder wenn die Verarbeitung zur Wahrnehmung einer Aufgabe im öffentlichen Interesse oder in Ausübung öffentlicher Gewalt erforderlich ist. ⁴Desgleichen sollte im Unionsrecht oder im Recht der Mitgliedstaaten geregelt werden, für welche Zwecke die Daten verarbeitet werden dürfen. ⁵Ferner könnten in diesem Recht die allgemeinen Bedingungen dieser Verordnung zur Regelung der Rechtmäßigkeit der Verarbeitung personenbezogener Daten präzisiert und es könnte darin festgelegt werden, wie der Verantwortliche zu bestimmen ist, welche Art von personenbezogenen Daten verarbeitet werden, welche Personen betroffen sind, welchen Einrichtungen die

personenbezogenen Daten offengelegt, für welche Zwecke und wie lange sie gespeichert werden dürfen und welche anderen Maßnahmen ergriffen werden, um zu gewährleisten, dass die Verarbeitung rechtmäßig und nach Treu und Glauben erfolgt. [6]Desgleichen sollte im Unionsrecht oder im Recht der Mitgliedstaaten geregelt werden, ob es sich bei dem Verantwortlichen, der eine Aufgabe wahrnimmt, die im öffentlichen Interesse liegt oder in Ausübung öffentlicher Gewalt erfolgt, um eine Behörde oder um eine andere unter das öffentliche Recht fallende natürliche oder juristische Person oder, sofern dies durch das öffentliche Interesse einschließlich gesundheitlicher Zwecke, wie die öffentliche Gesundheit oder die soziale Sicherheit oder die Verwaltung von Leistungen der Gesundheitsfürsorge, gerechtfertigt ist, eine natürliche oder juristische Person des Privatrechts, wie beispielsweise eine Berufsvereinigung, handeln sollte.

EG 46 – Lebenswichtige Interessen

[1]Die Verarbeitung personenbezogener Daten sollte ebenfalls als rechtmäßig angesehen werden, wenn sie erforderlich ist, um ein lebenswichtiges Interesse der betroffenen Person oder einer anderen natürlichen Person zu schützen. [2]Personenbezogene Daten sollten grundsätzlich nur dann aufgrund eines lebenswichtigen Interesses einer anderen natürlichen Person verarbeitet werden, wenn die Verarbeitung offensichtlich nicht auf eine andere Rechtsgrundlage gestützt werden kann. [3]Einige Arten der Verarbeitung können sowohl wichtigen Gründen des öffentlichen Interesses als auch lebenswichtigen Interessen der betroffenen Person dienen; so kann beispielsweise die Verarbeitung für humanitäre Zwecke einschließlich der Überwachung von Epidemien und deren Ausbreitung oder in humanitären Notfällen insbesondere bei Naturkatastrophen oder vom Menschen verursachten Katastrophen erforderlich sein.

EG 47 – Berechtigtes Interesse

[1]Die Rechtmäßigkeit der Verarbeitung kann durch die berechtigten Interessen eines Verantwortlichen, auch eines Verantwortlichen, dem die personenbezogenen Daten offengelegt

werden dürfen, oder eines Dritten begründet sein, sofern die Interessen oder die Grundrechte und Grundfreiheiten der betroffenen Person nicht überwiegen; dabei sind die vernünftigen Erwartungen der betroffenen Personen, die auf ihrer Beziehung zu dem Verantwortlichen beruhen, zu berücksichtigen.
²Ein berechtigtes Interesse könnte beispielsweise vorliegen, wenn eine maßgebliche und angemessene Beziehung zwischen der betroffenen Person und dem Verantwortlichen besteht, z.B. wenn die betroffene Person ein Kunde des Verantwortlichen ist oder in seinen Diensten steht.
³Auf jeden Fall wäre das Bestehen eines berechtigten Interesses besonders sorgfältig abzuwägen, wobei auch zu prüfen ist, ob eine betroffene Person zum Zeitpunkt der Erhebung der personenbezogenen Daten und angesichts der Umstände, unter denen sie erfolgt, vernünftigerweise absehen kann, dass möglicherweise eine Verarbeitung für diesen Zweck erfolgen wird.
⁴Insbesondere dann, wenn personenbezogene Daten in Situationen verarbeitet werden, in denen eine betroffene Person vernünftigerweise nicht mit einer weiteren Verarbeitung rechnen muss, könnten die Interessen und Grundrechte der betroffenen Person das Interesse des Verantwortlichen überwiegen. ⁵Da es dem Gesetzgeber obliegt, per Rechtsvorschrift die Rechtsgrundlage für die Verarbeitung personenbezogener Daten durch die Behörden zu schaffen, sollte diese Rechtsgrundlage nicht für Verarbeitungen durch Behörden gelten, die diese in Erfüllung ihrer Aufgaben vornehmen. ⁶Die Verarbeitung personenbezogener Daten im für die Verhinderung von Betrug unbedingt erforderlichen Umfang stellt ebenfalls ein berechtigtes Interesse des jeweiligen Verantwortlichen dar. ⁷Die Verarbeitung personenbezogener Daten zum Zwecke der Direktwerbung kann als eine einem berechtigten Interesse dienende Verarbeitung betrachtet werden.

EG 48 – Datenübermittlung innerhalb einer Unternehmensgruppe

¹Verantwortliche, die Teil einer Unternehmensgruppe oder einer Gruppe von Einrichtungen sind, die einer zentralen Stelle zugeordnet sind können ein berechtigtes Interesse haben,

personenbezogene Daten innerhalb der Unternehmensgruppe für interne Verwaltungszwecke, einschließlich der Verarbeitung personenbezogener Daten von Kunden und Beschäftigten, zu übermitteln. [2]Die Grundprinzipien für die Übermittlung personenbezogener Daten innerhalb von Unternehmensgruppen an ein Unternehmen in einem Drittland bleiben unberührt.

EG 49 – Netz- und Informationssicherheit

[1]Die Verarbeitung von personenbezogenen Daten durch Behörden, Computer-Notdienste (Computer Emergency Response Teams – CERT, beziehungsweise Computer Security Incident Response Teams – CSIRT), Betreiber von elektronischen Kommunikationsnetzen und -diensten sowie durch Anbieter von Sicherheitstechnologien und -diensten stellt in dem Maße ein berechtigtes Interesse des jeweiligen Verantwortlichen dar, wie dies für die Gewährleistung der Netz- und Informationssicherheit unbedingt notwendig und verhältnismäßig ist, d.h. soweit dadurch die Fähigkeit eines Netzes oder Informationssystems gewährleistet wird, mit einem vorgegebenen Grad der Zuverlässigkeit Störungen oder widerrechtliche oder mutwillige Eingriffe abzuwehren, die die Verfügbarkeit, Authentizität, Vollständigkeit und Vertraulichkeit von gespeicherten oder übermittelten personenbezogenen Daten sowie die Sicherheit damit zusammenhängender Dienste, die über diese Netze oder Informationssysteme angeboten werden bzw. zugänglich sind, beeinträchtigen. [2]Ein solches berechtigtes Interesse könnte beispielsweise darin bestehen, den Zugang Unbefugter zu elektronischen Kommunikationsnetzen und die Verbreitung schädlicher Programmcodes zu verhindern sowie Angriffe in Form der gezielten Überlastung von Servern ("Denial of service"-Angriffe) und Schädigungen von Computer- und elektronischen Kommunikationssystemen abzuwehren.

EG 50 - Zweckänderung

[1]Die Verarbeitung personenbezogener Daten für andere Zwecke als die, für die die personenbezogenen Daten ursprünglich erhoben wurden, sollte nur zulässig sein, wenn die Verarbeitung mit

den Zwecken, für die die personenbezogenen Daten ursprünglich erhoben wurden, vereinbar ist. ²In diesem Fall ist keine andere gesonderte Rechtsgrundlage erforderlich als diejenige für die Erhebung der personenbezogenen Daten. ³Ist die Verarbeitung für die Wahrnehmung einer Aufgabe erforderlich, die im öffentlichen Interesse liegt oder in Ausübung öffentlicher Gewalt erfolgt, die dem Verantwortlichen übertragen wurde, so können im Unionsrecht oder im Recht der Mitgliedstaaten die Aufgaben und Zwecke bestimmt und konkretisiert werden, für die eine Weiterverarbeitung als vereinbar und rechtmäßig erachtet wird. ⁴Die Weiterverarbeitung für im öffentlichen Interesse liegende Archivzwecke, für wissenschaftliche oder historische Forschungszwecke oder für statistische Zwecke sollte als vereinbarer und rechtmäßiger Verarbeitungsvorgang gelten. ⁵Die im Unionsrecht oder im Recht der Mitgliedstaaten vorgesehene Rechtsgrundlage für die Verarbeitung personenbezogener Daten kann auch als Rechtsgrundlage für eine Weiterverarbeitung dienen. ⁶Um festzustellen, ob ein Zweck der Weiterverarbeitung mit dem Zweck, für den die personenbezogenen Daten ursprünglich erhoben wurden, vereinbar ist, sollte der Verantwortliche nach Einhaltung aller Anforderungen für die Rechtmäßigkeit der ursprünglichen Verarbeitung unter anderem prüfen, ob ein Zusammenhang zwischen den Zwecken, für die die personenbezogenen Daten erhoben wurden, und den Zwecken der beabsichtigten Weiterverarbeitung besteht, in welchem Kontext die Daten erhoben wurden, insbesondere die vernünftigen Erwartungen der betroffenen Personen, die auf ihrer Beziehung zu dem Verantwortlichen beruhen, in Bezug auf die weitere Verwendung dieser Daten, um welche Art von personenbezogenen Daten es sich handelt, welche Folgen die beabsichtigte Weiterverarbeitung für die betroffenen Personen hat und ob sowohl beim ursprünglichen als auch beim beabsichtigten Weiterverarbeitungsvorgang geeignete Garantien bestehen.

⁷Hat die betroffene Person ihre Einwilligung erteilt oder beruht die Verarbeitung auf Unionsrecht oder dem Recht der Mitgliedstaaten, was in einer demokratischen Gesellschaft eine notwendige und verhältnismäßige Maßnahme zum Schutz insbesondere wichtiger Ziele des allgemeinen öffentlichen Interesses

darstellt, so sollte der Verantwortliche die personenbezogenen Daten ungeachtet der Vereinbarkeit der Zwecke weiterverarbeiten dürfen. [8]In jedem Fall sollte gewährleistet sein, dass die in dieser Verordnung niedergelegten Grundsätze angewandt werden und insbesondere die betroffene Person über diese anderen Zwecke und über ihre Rechte einschließlich des Widerspruchsrechts unterrichtet wird. [9]Der Hinweis des Verantwortlichen auf mögliche Straftaten oder Bedrohungen der öffentlichen Sicherheit und die Übermittlung der maßgeblichen personenbezogenen Daten in Einzelfällen oder in mehreren Fällen, die im Zusammenhang mit derselben Straftat oder derselben Bedrohung der öffentlichen Sicherheit stehen, an eine zuständige Behörde sollten als berechtigtes Interesse des Verantwortlichen gelten. [10]Eine derartige Übermittlung personenbezogener Daten im berechtigten Interesse des Verantwortlichen oder deren Weiterverarbeitung sollte jedoch unzulässig sein, wenn die Verarbeitung mit einer rechtlichen, beruflichen oder sonstigen verbindlichen Pflicht zur Geheimhaltung unvereinbar ist.

EG 51 - Sensible Daten, Lichtbilder

[1]Personenbezogene Daten, die ihrem Wesen nach hinsichtlich der Grundrechte und Grundfreiheiten besonders sensibel sind, verdienen einen besonderen Schutz, da im Zusammenhang mit ihrer Verarbeitung erhebliche Risiken für die Grundrechte und Grundfreiheiten auftreten können. [2]Diese personenbezogenen Daten sollten personenbezogene Daten umfassen, aus denen die rassische oder ethnische Herkunft hervorgeht, wobei die Verwendung des Begriffs "rassische Herkunft" in dieser Verordnung nicht bedeutet, dass die Union Theorien, mit denen versucht wird, die Existenz verschiedener menschlicher Rassen zu belegen, gutheißt.
[3]Die Verarbeitung von Lichtbildern sollte nicht grundsätzlich als Verarbeitung besonderer Kategorien von personenbezogenen Daten angesehen werden, da Lichtbilder nur dann von der Definition des Begriffs "biometrische Daten" erfasst werden, wenn sie mit speziellen technischen Mitteln verarbeitet werden, die die eindeutige Identifizierung oder Authentifizierung einer natürlichen Person ermöglichen. [4]Derartige personenbezogene

Daten sollten nicht verarbeitet werden, es sei denn, die Verarbeitung ist in den in dieser Verordnung dargelegten besonderen Fällen zulässig, wobei zu berücksichtigen ist, dass im Recht der Mitgliedstaaten besondere Datenschutzbestimmungen festgelegt sein können, um die Anwendung der Bestimmungen dieser Verordnung anzupassen, damit die Einhaltung einer rechtlichen Verpflichtung oder die Wahrnehmung einer Aufgabe im öffentlichen Interesse oder die Ausübung öffentlicher Gewalt, die dem Verantwortlichen übertragen wurde, möglich ist.
⁵Zusätzlich zu den speziellen Anforderungen an eine derartige Verarbeitung sollten die allgemeinen Grundsätze und andere Bestimmungen dieser Verordnung, insbesondere hinsichtlich der Bedingungen für eine rechtmäßige Verarbeitung, gelten.
⁶Ausnahmen von dem allgemeinen Verbot der Verarbeitung dieser besonderen Kategorien personenbezogener Daten sollten ausdrücklich vorgesehen werden, unter anderem bei ausdrücklicher Einwilligung der betroffenen Person oder bei bestimmten Notwendigkeiten, insbesondere wenn die Verarbeitung im Rahmen rechtmäßiger Tätigkeiten bestimmter Vereinigungen oder Stiftungen vorgenommen wird, die sich für die Ausübung von Grundfreiheiten einsetzen.

EG 52 –Ausnahmen vom Verbot der Verarbeitung besonderer Kategorien personenbezogener Daten

¹Ausnahmen vom Verbot der Verarbeitung besonderer Kategorien von personenbezogenen Daten sollten auch erlaubt sein, wenn sie im Unionsrecht oder dem Recht der Mitgliedstaaten vorgesehen sind, und – vorbehaltlich angemessener Garantien zum Schutz der personenbezogenen Daten und anderer Grundrechte – wenn dies durch das öffentliche Interesse gerechtfertigt ist, insbesondere für die Verarbeitung von personenbezogenen Daten auf dem Gebiet des Arbeitsrechts und des Rechts der sozialen Sicherheit einschließlich Renten und zwecks Sicherstellung und Überwachung der Gesundheit und Gesundheitswarnungen, Prävention oder Kontrolle ansteckender Krankheiten und anderer schwerwiegender Gesundheitsgefahren.
²Eine solche Ausnahme kann zu gesundheitlichen Zwecken gemacht werden, wie der Gewährleistung der öffentlichen

Gesundheit und der Verwaltung von Leistungen der Gesundheitsversorgung, insbesondere wenn dadurch die Qualität und Wirtschaftlichkeit der Verfahren zur Abrechnung von Leistungen in den sozialen Krankenversicherungssystemen sichergestellt werden soll, oder wenn die Verarbeitung im öffentlichen Interesse liegenden Archivzwecken, wissenschaftlichen oder historischen Forschungszwecken oder statistischen Zwecken dient.
[3]Die Verarbeitung solcher personenbezogener Daten sollte zudem ausnahmsweise erlaubt sein, wenn sie erforderlich ist, um rechtliche Ansprüche, sei es in einem Gerichtsverfahren oder in einem Verwaltungsverfahren oder einem außergerichtlichen Verfahren, geltend zu machen, auszuüben oder zu verteidigen.

EG 53 – Gesundheitsbezogene Zwecke

[1]Besondere Kategorien personenbezogener Daten, die eines höheren Schutzes verdienen, sollten nur dann für gesundheitsbezogene Zwecke verarbeitet werden, wenn dies für das Erreichen dieser Zwecke im Interesse einzelner natürlicher Personen und der Gesellschaft insgesamt erforderlich ist, insbesondere im Zusammenhang mit der Verwaltung der Dienste und Systeme des Gesundheits- oder Sozialbereichs, einschließlich der Verarbeitung dieser Daten durch die Verwaltung und die zentralen nationalen Gesundheitsbehörden zwecks Qualitätskontrolle, Verwaltungsinformationen und der allgemeinen nationalen und lokalen Überwachung des Gesundheitssystems oder des Sozialsystems und zwecks Gewährleistung der Kontinuität der Gesundheits- und Sozialfürsorge und der grenzüberschreitenden Gesundheitsversorgung oder Sicherstellung und Überwachung der Gesundheit und Gesundheitswarnungen oder für im öffentlichen Interesse liegende Archivzwecke, zu wissenschaftlichen oder historischen Forschungszwecken oder statistischen Zwecken, die auf Rechtsvorschriften der Union oder der Mitgliedstaaten beruhen, die einem im öffentlichen Interesse liegenden Ziel dienen müssen, sowie für Studien, die im öffentlichen Interesse im Bereich der öffentlichen Gesundheit durchgeführt werden. [2]Diese Verordnung sollte daher harmonisierte Bedingungen für die Verarbeitung besonderer Kategorien

personenbezogener Gesundheitsdaten im Hinblick auf bestimmte Erfordernisse harmonisieren, insbesondere wenn die Verarbeitung dieser Daten für gesundheitsbezogene Zwecke von Personen durchgeführt wird, die gemäß einer rechtlichen Verpflichtung dem Berufsgeheimnis unterliegen. ³Im Recht der Union oder der Mitgliedstaaten sollten besondere und angemessene Maßnahmen zum Schutz der Grundrechte und der personenbezogenen Daten natürlicher Personen vorgesehen werden. ⁴Den Mitgliedstaaten sollte gestattet werden, weitere Bedingungen – einschließlich Beschränkungen – in Bezug auf die Verarbeitung von genetischen Daten, biometrischen Daten oder Gesundheitsdaten beizubehalten oder einzuführen. ⁵Dies sollte jedoch den freien Verkehr personenbezogener Daten innerhalb der Union nicht beeinträchtigen, falls die betreffenden Bedingungen für die grenzüberschreitende Verarbeitung solcher Daten gelten.

EG 54 – Öffentliche Gesundheit

¹Aus Gründen des öffentlichen Interesses in Bereichen der öffentlichen Gesundheit kann es notwendig sein, besondere Kategorien personenbezogener Daten auch ohne Einwilligung der betroffenen Person zu verarbeiten. ²Diese Verarbeitung sollte angemessenen und besonderen Maßnahmen zum Schutz der Rechte und Freiheiten natürlicher Personen unterliegen.
³In diesem Zusammenhang sollte der Begriff "öffentliche Gesundheit" im Sinne der Verordnung (EG) Nr. 1338/2008 des Europäischen Parlaments und des Rates* ausgelegt werden und alle Elemente im Zusammenhang mit der Gesundheit wie den Gesundheitszustand einschließlich Morbidität und Behinderung, die sich auf diesen Gesundheitszustand auswirkenden Determinanten, den Bedarf an Gesundheitsversorgung, die der Gesundheitsversorgung zugewiesenen Mittel, die Bereitstellung von Gesundheitsversorgungsleistungen und den allgemeinen Zugang zu diesen Leistungen sowie die entsprechenden Ausgaben und die Finanzierung und schließlich die Ursachen der Mortalität einschließen.
⁴Eine solche Verarbeitung von Gesundheitsdaten aus Gründen des öffentlichen Interesses darf nicht dazu führen, dass Dritte,

unter anderem Arbeitgeber oder Versicherungs- und Finanzunternehmen, solche personenbezogene Daten zu anderen Zwecken verarbeiten.

* Verordnung (EG) Nr. [5]1338/2008 des Europäischen Parlaments und des Rates vom 16. [6]Dezember 2008 zu Gemeinschaftsstatistiken über öffentliche Gesundheit und über Gesundheitsschutz und Sicherheit am Arbeitsplatz (ABl. [7]L 354 vom 31.12.2008, S. 70).

EG 55 – Staatliche Stellen

Auch die Verarbeitung personenbezogener Daten durch staatliche Stellen zu verfassungsrechtlich oder völkerrechtlich verankerten Zielen von staatlich anerkannten Religionsgemeinschaften erfolgt aus Gründen des öffentlichen Interesses.

EG 56 - Wahlen, politische Parteien

Wenn es in einem Mitgliedstaat das Funktionieren des demokratischen Systems erfordert, dass die politischen Parteien im Zusammenhang mit Wahlen personenbezogene Daten über die politische Einstellung von Personen sammeln, kann die Verarbeitung derartiger Daten aus Gründen des öffentlichen Interesses zugelassen werden, sofern geeignete Garantien vorgesehen werden.

EG 57 - Identifizierung

[1]Kann der Verantwortliche anhand der von ihm verarbeiteten personenbezogenen Daten eine natürliche Person nicht identifizieren, so sollte er nicht verpflichtet sein, zur bloßen Einhaltung einer Vorschrift dieser Verordnung zusätzliche Daten einzuholen, um die betroffene Person zu identifizieren. [2]Allerdings sollte er sich nicht weigern, zusätzliche Informationen entgegenzunehmen, die von der betroffenen Person beigebracht werden, um ihre Rechte geltend zu machen. [3]Die Identifizierung sollte die digitale Identifizierung einer betroffenen Person – beispielsweise durch Authentifizierungsverfahren etwa mit denselben Berechtigungsnachweisen, wie sie die betroffene Person

verwendet, um sich bei dem von dem Verantwortlichen bereitgestellten Online-Dienst anzumelden – einschließen.

EG 58 - Grundsatz der Transparenz

¹Der Grundsatz der Transparenz setzt voraus, dass eine für die Öffentlichkeit oder die betroffene Person bestimmte Information präzise, leicht zugänglich und verständlich sowie in klarer und einfacher Sprache abgefasst ist und gegebenenfalls zusätzlich visuelle Elemente verwendet werden. ²Diese Information könnte in elektronischer Form bereitgestellt werden, beispielsweise auf einer Website, wenn sie für die Öffentlichkeit bestimmt ist. ³Dies gilt insbesondere für Situationen, wo die große Zahl der Beteiligten und die Komplexität der dazu benötigten Technik es der betroffenen Person schwer machen, zu erkennen und nachzuvollziehen, ob, von wem und zu welchem Zweck sie betreffende personenbezogene Daten erfasst werden, wie etwa bei der Werbung im Internet. ⁴Wenn sich die Verarbeitung an Kinder richtet, sollten aufgrund der besonderen Schutzwürdigkeit von Kindern Informationen und Hinweise in einer dergestalt klaren und einfachen Sprache erfolgen, dass ein Kind sie verstehen kann.

EG 59 - Ausübung von Betroffenenrechte

¹Es sollten Modalitäten festgelegt werden, die einer betroffenen Person die Ausübung der Rechte, die ihr nach dieser Verordnung zustehen, erleichtern, darunter auch Mechanismen, die dafür sorgen, dass sie unentgeltlich insbesondere Zugang zu personenbezogenen Daten und deren Berichtigung oder Löschung beantragen und gegebenenfalls erhalten oder von ihrem Widerspruchsrecht Gebrauch machen kann. ²So sollte der Verantwortliche auch dafür sorgen, dass Anträge elektronisch gestellt werden können, insbesondere wenn die personenbezogenen Daten elektronisch verarbeitet werden. ³Der Verantwortliche sollte verpflichtet werden, den Antrag der betroffenen Person unverzüglich, spätestens aber innerhalb eines Monats zu beantworten und gegebenenfalls zu begründen, warum er den Antrag ablehnt.

EG 60 - Unterrichtungs- und Informationspflicht

¹Die Grundsätze einer fairen und transparenten Verarbeitung machen es erforderlich, dass die betroffene Person über die Existenz des Verarbeitungsvorgangs und seine Zwecke unterrichtet wird. ²Der Verantwortliche sollte der betroffenen Person alle weiteren Informationen zur Verfügung stellen, die unter Berücksichtigung der besonderen Umstände und Rahmenbedingungen, unter denen die personenbezogenen Daten verarbeitet werden, notwendig sind, um eine faire und transparente Verarbeitung zu gewährleisten. ³Darüber hinaus sollte er die betroffene Person darauf hinweisen, dass Profiling stattfindet und welche Folgen dies hat. ⁴Werden die personenbezogenen Daten bei der betroffenen Person erhoben, so sollte dieser darüber hinaus mitgeteilt werden, ob sie verpflichtet ist, die personenbezogenen Daten bereitzustellen, und welche Folgen eine Zurückhaltung der Daten nach sich ziehen würde. ⁵Die betreffenden Informationen können in Kombination mit standardisierten Bildsymbolen bereitgestellt werden, um in leicht wahrnehmbarer, verständlicher und klar nachvollziehbarer Form einen aussagekräftigen Überblick über die beabsichtigte Verarbeitung zu vermitteln. ⁶Werden die Bildsymbole in elektronischer Form dargestellt, so sollten sie maschinenlesbar sein.

EG 61 - Inhalt der Informationspflicht

¹Dass sie betreffende personenbezogene Daten verarbeitet werden, sollte der betroffenen Person zum Zeitpunkt der Erhebung mitgeteilt werden oder, falls die Daten nicht von ihr, sondern aus einer anderen Quelle erlangt werden, innerhalb einer angemessenen Frist, die sich nach dem konkreten Einzelfall richtet. ²Wenn die personenbezogenen Daten rechtmäßig einem anderen Empfänger offengelegt werden dürfen, sollte die betroffene Person bei der erstmaligen Offenlegung der personenbezogenen Daten für diesen Empfänger darüber aufgeklärt werden. ³Beabsichtigt der Verantwortliche, die personenbezogenen Daten für einen anderen Zweck zu verarbeiten als den, für den die Daten erhoben wurden, so sollte er der betroffenen Person vor

dieser Weiterverarbeitung Informationen über diesen anderen Zweck und andere erforderliche Informationen zur Verfügung stellen. ⁴Konnte der betroffenen Person nicht mitgeteilt werden, woher die personenbezogenen Daten stammen, weil verschiedene Quellen benutzt wurden, so sollte die Unterrichtung allgemein gehalten werden.

EG 62 - Ausnahmen von der Informationspflicht

¹Die Pflicht, Informationen zur Verfügung zu stellen, erübrigt sich jedoch, wenn die betroffene Person die Information bereits hat, wenn die Speicherung oder Offenlegung der personenbezogenen Daten ausdrücklich durch Rechtsvorschriften geregelt ist oder wenn sich die Unterrichtung der betroffenen Person als unmöglich erweist oder mit unverhältnismäßig hohem Aufwand verbunden ist.
²Letzteres könnte insbesondere bei Verarbeitungen für im öffentlichen Interesse liegende Archivzwecke, zu wissenschaftlichen oder historischen Forschungszwecken oder zu statistischen Zwecken der Fall sein. ³Als Anhaltspunkte sollten dabei die Zahl der betroffenen Personen, das Alter der Daten oder etwaige geeignete Garantien in Betracht gezogen werden.

EG 63 - Auskunftsrecht

¹Eine betroffene Person sollte ein Auskunftsrecht hinsichtlich der sie betreffenden personenbezogenen Daten, die erhoben worden sind, besitzen und dieses Recht problemlos und in angemessenen Abständen wahrnehmen können, um sich der Verarbeitung bewusst zu sein und deren Rechtmäßigkeit überprüfen zu können.
²Dies schließt das Recht betroffene Personen auf Auskunft über ihre eigenen gesundheitsbezogenen Daten ein, etwa Daten in ihren Patientenakten, die Informationen wie beispielsweise Diagnosen, Untersuchungsergebnisse, Befunde der behandelnden Ärzte und Angaben zu Behandlungen oder Eingriffen enthalten.
³Jede betroffene Person sollte daher ein Anrecht darauf haben zu wissen und zu erfahren, insbesondere zu welchen Zwecken die personenbezogenen Daten verarbeitet werden und, wenn

möglich, wie lange sie gespeichert werden, wer die Empfänger der personenbezogenen Daten sind, nach welcher Logik die automatische Verarbeitung personenbezogener Daten erfolgt und welche Folgen eine solche Verarbeitung haben kann, zumindest in Fällen, in denen die Verarbeitung auf Profiling beruht. [4]Nach Möglichkeit sollte der Verantwortliche den Fernzugang zu einem sicheren System bereitstellen können, der der betroffenen Person direkten Zugang zu ihren personenbezogenen Daten ermöglichen würde. [5]Dieses Recht sollte die Rechte und Freiheiten anderer Personen, etwa Geschäftsgeheimnisse oder Rechte des geistigen Eigentums und insbesondere das Urheberrecht an Software, nicht beeinträchtigen. [6]Dies darf jedoch nicht dazu führen, dass der betroffenen Person jegliche Auskunft verweigert wird. [7]Verarbeitet der Verantwortliche eine große Menge von Informationen über die betroffene Person, so sollte er verlangen können, dass die betroffene Person präzisiert, auf welche Information oder welche Verarbeitungsvorgänge sich ihr Auskunftsersuchen bezieht, bevor er ihr Auskunft erteilt.

EG 64 - Identitätsprüfung

[1]Der Verantwortliche sollte alle vertretbaren Mittel nutzen, um die Identität einer Auskunft suchenden betroffenen Person zu überprüfen, insbesondere im Rahmen von Online- Diensten und im Fall von Online-Kennungen. [2]Ein Verantwortlicher sollte personenbezogene Daten nicht allein zu dem Zweck speichern, auf mögliche Auskunftsersuchen reagieren zu können.

EG 65 - Recht auf Berichtigung, Recht auf Vergessenwerden, Einwilligung im Kindesalter

[1]Eine betroffene Person sollte ein Recht auf Berichtigung der sie betreffenden personenbezogenen Daten besitzen sowie ein "Recht auf Vergessenwerden", wenn die Speicherung ihrer Daten gegen diese Verordnung oder gegen das Unionsrecht oder das Recht der Mitgliedstaaten, dem der Verantwortliche unterliegt, verstößt. [2]Insbesondere sollten betroffene Personen Anspruch darauf haben, dass ihre personenbezogenen Daten gelöscht und nicht mehr verarbeitet werden, wenn die

personenbezogenen Daten hinsichtlich der Zwecke, für die sie erhoben bzw. anderweitig verarbeitet wurden, nicht mehr benötigt werden, wenn die betroffenen Personen ihre Einwilligung in die Verarbeitung widerrufen oder Widerspruch gegen die Verarbeitung der sie betreffenden personenbezogenen Daten eingelegt haben oder wenn die Verarbeitung ihrer personenbezogenen Daten aus anderen Gründen gegen diese Verordnung verstößt. ³Dieses Recht ist insbesondere wichtig in Fällen, in denen die betroffene Person ihre Einwilligung noch im Kindesalter gegeben hat und insofern die mit der Verarbeitung verbundenen Gefahren nicht in vollem Umfang absehen konnte und die personenbezogenen Daten – insbesondere die im Internet gespeicherten – später löschen möchte. ⁴Die betroffene Person sollte dieses Recht auch dann ausüben können, wenn sie kein Kind mehr ist.
⁵Die weitere Speicherung der personenbezogenen Daten sollte jedoch rechtmäßig sein, wenn dies für die Ausübung des Rechts auf freie Meinungsäußerung und Information, zur Erfüllung einer rechtlichen Verpflichtung, für die Wahrnehmung einer Aufgabe, die im öffentlichen Interesse liegt oder in Ausübung öffentlicher Gewalt erfolgt, die dem Verantwortlichen übertragen wurde, aus Gründen des öffentlichen Interesses im Bereich der öffentlichen Gesundheit, für im öffentlichen Interesse liegende Archivzwecke, zu wissenschaftlichen oder historischen Forschungszwecken oder zu statistischen Zwecken oder zur Geltendmachung, Ausübung oder Verteidigung von Rechtsansprüchen erforderlich ist.

EG 66 - Recht auf Vergessenwerden

¹Um dem "Recht auf Vergessenwerden" im Netz mehr Geltung zu verschaffen, sollte das Recht auf Löschung ausgeweitet werden, indem ein Verantwortlicher, der die personenbezogenen Daten öffentlich gemacht hat, verpflichtet wird, den Verantwortlichen, die diese personenbezogenen Daten verarbeiten, mitzuteilen, alle Links zu diesen personenbezogenen Daten oder Kopien oder Replikationen der personenbezogenen Daten zu löschen. ²Dabei sollte der Verantwortliche, unter Berücksichtigung der verfügbaren Technologien und der ihm zur

Verfügung stehenden Mittel, angemessene Maßnahmen - auch technischer Art - treffen, um die Verantwortlichen, die diese personenbezogenen Daten verarbeiten, über den Antrag der betroffenen Person zu informieren.

EG 67 - Beschränkung der Verarbeitung

[1]Methoden zur Beschränkung der Verarbeitung personenbezogener Daten könnten unter anderem darin bestehen, dass ausgewählte personenbezogenen Daten vorübergehend auf ein anderes Verarbeitungssystem übertragen werden, dass sie für Nutzer gesperrt werden oder dass veröffentliche Daten vorübergehend von einer Website entfernt werden.
[2]In automatisierten Dateisystemen sollte die Einschränkung der Verarbeitung grundsätzlich durch technische Mittel so erfolgen, dass die personenbezogenen Daten in keiner Weise weiterverarbeitet werden und nicht verändert werden können. [3]Auf die Tatsache, dass die Verarbeitung der personenbezogenen Daten beschränkt wurde, sollte in dem System unmissverständlich hingewiesen werden.

EG 68 - Transportabilität

[1]Um im Fall der Verarbeitung personenbezogener Daten mit automatischen Mitteln eine bessere Kontrolle über die eigenen Daten zu haben, sollte die betroffene Person außerdem berechtigt sein, die sie betreffenden personenbezogenen Daten, die sie einem Verantwortlichen bereitgestellt hat, in einem strukturierten, gängigen, maschinenlesbaren und interoperablen Format zu erhalten und sie einem anderen Verantwortlichen zu übermitteln. [2]Die Verantwortlichen sollten dazu aufgefordert werden, interoperable Formate zu entwickeln, die die Datenübertragbarkeit ermöglichen. [3]Dieses Recht sollte dann gelten, wenn die betroffene Person die personenbezogenen Daten mit ihrer Einwilligung zur Verfügung gestellt hat oder die Verarbeitung zur Erfüllung eines Vertrags erforderlich ist. [4]Es sollte nicht gelten, wenn die Verarbeitung auf einer anderen Rechtsgrundlage als ihrer Einwilligung oder eines Vertrags erfolgt. [5]Dieses Recht sollte naturgemäß nicht gegen Verantwortliche ausgeübt

werden, die personenbezogenen Daten in Erfüllung ihrer öffentlichen Aufgaben verarbeiten. ⁶Es sollte daher nicht gelten, wenn die Verarbeitung der personenbezogenen Daten zur Erfüllung einer rechtlichen Verpflichtung, der der Verantwortliche unterliegt, oder für die Wahrnehmung einer ihm übertragenen Aufgabe, die im öffentlichen Interesse liegt oder in Ausübung einer ihm übertragenen öffentlichen Gewalt erfolgt, erforderlich ist. ⁷Das Recht der betroffenen Person, sie betreffende personenbezogene Daten zu übermitteln oder zu empfangen, sollte für den Verantwortlichen nicht die Pflicht begründen, technisch kompatible Datenverarbeitungssysteme zu übernehmen oder beizubehalten. ⁸Ist im Fall eines bestimmten Satzes personenbezogener Daten mehr als eine betroffene Person tangiert, so sollte das Recht auf Empfang der Daten die Grundrechte und Grundfreiheiten anderer betroffener Personen nach dieser Verordnung unberührt lassen. ⁹Dieses Recht sollte zudem das Recht der betroffenen Person auf Löschung ihrer personenbezogenen Daten und die Beschränkungen dieses Rechts gemäß dieser Verordnung nicht berühren und insbesondere nicht bedeuten, dass die Daten, die sich auf die betroffene Person beziehen und von ihr zur Erfüllung eines Vertrags zur Verfügung gestellt worden sind, gelöscht werden, soweit und solange diese personenbezogenen Daten für die Erfüllung des Vertrags notwendig sind. ¹⁰Soweit technisch machbar, sollte die betroffene Person das Recht haben, zu erwirken, dass die personenbezogenen Daten direkt von einem Verantwortlichen einem anderen Verantwortlichen übermittelt werden.

EG 69 - Widerspruchsrecht

¹Dürfen die personenbezogenen Daten möglicherweise rechtmäßig verarbeitet werden, weil die Verarbeitung für die Wahrnehmung einer Aufgabe, die im öffentlichen Interesse liegt oder in Ausübung öffentlicher Gewalt – die dem Verantwortlichen übertragen wurde, – oder aufgrund des berechtigten Interesses des Verantwortlichen oder eines Dritten erforderlich ist, sollte jede betroffene Person trotzdem das Recht haben, Widerspruch gegen die Verarbeitung der sich aus ihrer besonderen Situation ergebenden personenbezogenen Daten einzulegen. ²Der für die

Verarbeitung Verantwortliche sollte darlegen müssen, dass seine zwingenden berechtigten Interessen Vorrang vor den Interessen oder Grundrechten und Grundfreiheiten der betroffenen Person haben.

EG 70 - Widerspruchsrecht bei Direktwerbung

[1]Werden personenbezogene Daten verarbeitet, um Direktwerbung zu betreiben, so sollte die betroffene Person jederzeit unentgeltlich insoweit Widerspruch gegen eine solche – ursprüngliche oder spätere – Verarbeitung einschließlich des Profilings einlegen können, als sie mit dieser Direktwerbung zusammenhängt. [2]Die betroffene Person sollte ausdrücklich auf dieses Recht hingewiesen werden; dieser Hinweis sollte in einer verständlichen und von anderen Informationen getrennten Form erfolgen.

EG 71 - Profiling -

[1]Die betroffene Person sollte das Recht haben, keiner Entscheidung – was eine Maßnahme einschließen kann – zur Bewertung von sie betreffenden persönlichen Aspekten unterworfen zu werden, die ausschließlich auf einer automatisierten Verarbeitung beruht und die rechtliche Wirkung für die betroffene Person entfaltet oder sie in ähnlicher Weise erheblich beeinträchtigt, wie die automatische Ablehnung eines Online-Kreditantrags oder Online-Einstellungsverfahren ohne jegliches menschliche Eingreifen. [2]Zu einer derartigen Verarbeitung zählt auch das "Profiling", das in jeglicher Form automatisierter Verarbeitung personenbezogener Daten unter Bewertung der persönlichen Aspekte in Bezug auf eine natürliche Person besteht, insbesondere zur Analyse oder Prognose von Aspekten bezüglich Arbeitsleistung, wirtschaftliche Lage, Gesundheit, persönliche Vorlieben oder Interessen, Zuverlässigkeit oder Verhalten, Aufenthaltsort oder Ortswechsel der betroffenen Person, soweit dies rechtliche Wirkung für die betroffene Person entfaltet oder sie in ähnlicher Weise erheblich beeinträchtigt. [3]Eine auf einer derartigen Verarbeitung, einschließlich des Profilings, beruhende Entscheidungsfindung sollte allerdings erlaubt sein,

wenn dies nach dem Unionsrecht oder dem Recht der Mitgliedstaaten, dem der für die Verarbeitung Verantwortliche unterliegt, ausdrücklich zulässig ist, auch um im Einklang mit den Vorschriften, Standards und Empfehlungen der Institutionen der Union oder der nationalen Aufsichtsgremien Betrug und Steuerhinterziehung zu überwachen und zu verhindern und die Sicherheit und Zuverlässigkeit eines von dem Verantwortlichen bereitgestellten Dienstes zu gewährleisten, oder wenn dies für den Abschluss oder die Erfüllung eines Vertrags zwischen der betroffenen Person und einem Verantwortlichen erforderlich ist oder wenn die betroffene Person ihre ausdrückliche Einwilligung hierzu erteilt hat. [4]In jedem Fall sollte eine solche Verarbeitung mit angemessenen Garantien verbunden sein, einschließlich der spezifischen Unterrichtung der betroffenen Person und des Anspruchs auf direktes Eingreifen einer Person, auf Darlegung des eigenen Standpunkts, auf Erläuterung der nach einer entsprechenden Bewertung getroffenen Entscheidung sowie des Rechts auf Anfechtung der Entscheidung. [5]Diese Maßnahme sollte kein Kind betreffen.

[6]Um unter Berücksichtigung der besonderen Umstände und Rahmenbedingungen, unter denen die personenbezogenen Daten verarbeitet werden, der betroffenen Person gegenüber eine faire und transparente Verarbeitung zu gewährleisten, sollte der für die Verarbeitung Verantwortliche geeignete mathematische oder statistische Verfahren für das Profiling verwenden, technische und organisatorische Maßnahmen treffen, mit denen in geeigneter Weise insbesondere sichergestellt wird, dass Faktoren, die zu unrichtigen personenbezogenen Daten führen, korrigiert werden und das Risiko von Fehlern minimiert wird, und personenbezogene Daten in einer Weise sichern, dass den potenziellen Bedrohungen für die Interessen und Rechte der betroffenen Person Rechnung getragen wird und unter anderem verhindern, dass es gegenüber natürlichen Personen aufgrund von Rasse, ethnischer Herkunft, politischer Meinung, Religion oder Weltanschauung, Gewerkschaftszugehörigkeit, genetischer Anlagen oder Gesundheitszustand sowie sexueller Orientierung zu diskriminierenden Wirkungen oder zu einer Verarbeitung kommt, die eine solche Wirkung hat. [7]Automatisierte Entscheidungsfindung und Profiling auf der Grundlage besonderer Kategorien

von personenbezogenen Daten sollten nur unter bestimmten Bedingungen erlaubt sein.

EG 72 - Profiling - Europäischer Datenschutzausschuss

¹Das Profiling unterliegt den Vorschriften dieser Verordnung für die Verarbeitung personenbezogener Daten, wie etwa die Rechtsgrundlage für die Verarbeitung oder die Datenschutzgrundsätze. ²Der durch diese Verordnung eingerichtete Europäische Datenschutzausschuss (im Folgenden "Ausschuss") sollte, diesbezüglich Leitlinien herausgeben können.

EG 73 - Beschränkungen

¹Im Recht der Union oder der Mitgliedstaaten können Beschränkungen hinsichtlich bestimmter Grundsätze und hinsichtlich des Rechts auf Unterrichtung, Auskunft zu und Berichtigung oder Löschung personenbezogener Daten und des Rechts auf Datenübertragbarkeit und Widerspruch, von Entscheidungen, die auf der Erstellung von Profilen beruhen, und von Mitteilungen über eine Verletzung des Schutzes personenbezogener Daten an eine betroffene Person sowie von bestimmten damit zusammenhängenden Pflichten der Verantwortlichen vorgesehen werden, soweit dies in einer demokratischen Gesellschaft notwendig und verhältnismäßig ist, um die öffentliche Sicherheit aufrechtzuerhalten, wozu unter anderem der Schutz von Menschenleben insbesondere bei Naturkatastrophen oder vom Menschen verursachten Katastrophen, die Verhütung, Aufdeckung und Verfolgung von Straftaten oder die Strafvollstreckung – was auch den Schutz vor und die Abwehr von Gefahren für die öffentliche Sicherheit einschließt – oder die Verhütung, Aufdeckung und Verfolgung von Verstößen gegen Berufsstandsregeln bei reglementierten Berufen, das Führen öffentlicher Register aus Gründen des allgemeinen öffentlichen Interesses sowie die Weiterverarbeitung von archivierten personenbezogenen Daten zur Bereitstellung spezifischer Informationen im Zusammenhang mit dem politischen Verhalten unter ehemaligen totalitären Regimen gehört, und zum Schutz sonstiger wichtiger Ziele des allgemeinen öffentlichen Interesses der Union oder eines

Mitgliedstaats, etwa wichtige wirtschaftliche oder finanzielle Interessen, oder die betroffene Person und die Rechte und Freiheiten anderer Personen, einschließlich in den Bereichen soziale Sicherheit, öffentliche Gesundheit und humanitäre Hilfe, zu schützen. ²Diese Beschränkungen sollten mit der Charta und mit der Europäischen Konvention zum Schutz der Menschenrechte und Grundfreiheiten im Einklang stehen.

EG 74 - Verantwortung und Haftung

¹Die Verantwortung und Haftung des Verantwortlichen für jedwede Verarbeitung personenbezogener Daten, die durch ihn oder in seinem Namen erfolgt, sollte geregelt werden. ²Insbesondere sollte der Verantwortliche geeignete und wirksame Maßnahmen treffen müssen und nachweisen können, dass die Verarbeitungstätigkeiten im Einklang mit dieser Verordnung stehen und die Maßnahmen auch wirksam sind. ³Dabei sollte er die Art, den Umfang, die Umstände und die Zwecke der Verarbeitung und das Risiko für die Rechte und Freiheiten natürlicher Personen berücksichtigen.

EG 75 - Risiken durch die Verarbeitung personenbezogener Daten

Die Risiken für die Rechte und Freiheiten natürlicher Personen – mit unterschiedlicher Eintrittswahrscheinlichkeit und Schwere – können aus einer Verarbeitung personenbezogener Daten hervorgehen, die zu einem physischen, materiellen oder immateriellen Schaden führen könnte, insbesondere wenn die Verarbeitung zu einer Diskriminierung, einem Identitätsdiebstahl oder -betrug, einem finanziellen Verlust, einer Rufschädigung, einem Verlust der Vertraulichkeit von dem Berufsgeheimnis unterliegenden personenbezogenen Daten, der unbefugten Aufhebung der Pseudonymisierung oder anderen erheblichen wirtschaftlichen oder gesellschaftlichen Nachteilen führen kann, wenn die betroffenen Personen um ihre Rechte und Freiheiten gebracht oder daran gehindert werden, die sie betreffenden personenbezogenen Daten zu kontrollieren, wenn personenbezogene Daten, aus denen die rassische oder ethnische

Herkunft, politische Meinungen, religiöse oder weltanschauliche Überzeugungen oder die Zugehörigkeit zu einer Gewerkschaft hervorgehen, und genetische Daten, Gesundheitsdaten oder das Sexualleben oder strafrechtliche Verurteilungen und Straftaten oder damit zusammenhängende Sicherungsmaßregeln betreffende Daten verarbeitet werden, wenn persönliche Aspekte bewertet werden, insbesondere wenn Aspekte, die die Arbeitsleistung, wirtschaftliche Lage, Gesundheit, persönliche Vorlieben oder Interessen, die Zuverlässigkeit oder das Verhalten, den Aufenthaltsort oder Ortswechsel betreffen, analysiert oder prognostiziert werden, um persönliche Profile zu erstellen oder zu nutzen, wenn personenbezogene Daten schutzbedürftiger natürlicher Personen, insbesondere Daten von Kindern, verarbeitet werden oder wenn die Verarbeitung eine große Menge personenbezogener Daten und eine große Anzahl von betroffenen Personen betrifft.

EG 76 - Beurteilung der Risiken

[1]Eintrittswahrscheinlichkeit und Schwere des Risikos für die Rechte und Freiheiten der betroffenen Person sollten in Bezug auf die Art, den Umfang, die Umstände und die Zwecke der Verarbeitung bestimmt werden. [2]Das Risiko sollte anhand einer objektiven Bewertung beurteilt werden, bei der festgestellt wird, ob die Datenverarbeitung ein Risiko oder ein hohes Risiko birgt.

EG 77 - Ermittlung der Risiken

[1]Anleitungen, wie der Verantwortliche oder Auftragsverarbeiter geeignete Maßnahmen durchzuführen hat und wie die Einhaltung der Anforderungen nachzuweisen ist, insbesondere was die Ermittlung des mit der Verarbeitung verbundenen Risikos, dessen Abschätzung in Bezug auf Ursache, Art, Eintrittswahrscheinlichkeit und Schwere und die Festlegung bewährter Verfahren für dessen Eindämmung betrifft, könnten insbesondere in Form von genehmigten Verhaltensregeln, genehmigten Zertifizierungsverfahren, Leitlinien des Ausschusses oder Hinweisen eines Datenschutzbeauftragten gegeben werden. [2]Der

Ausschuss „ kann ferner Leitlinien für Verarbeitungsvorgänge ausgeben, bei denen davon auszugehen ist, dass sie kein hohes Risiko für die Rechte und Freiheiten natürlicher Personen mit sich bringen, und angeben, welche Abhilfemaßnahmen in diesen Fällen ausreichend sein können.

EG 78 - Maßnahmen zur Sicherstellung des Datenschutzes

[1]Zum Schutz der in Bezug auf die Verarbeitung personenbezogener Daten bestehenden Rechte und Freiheiten natürlicher Personen ist es erforderlich, dass geeignete technische und organisatorische Maßnahmen getroffen werden, damit die Anforderungen dieser Verordnung erfüllt werden. [2]Um die Einhaltung dieser Verordnung nachweisen zu können, sollte der Verantwortliche interne Strategien festlegen und Maßnahmen ergreifen, die insbesondere den Grundsätzen des Datenschutzes durch Technik (data protection by design) und durch datenschutzfreundliche Voreinstellungen (data protection by default) Genüge tun. [3]Solche Maßnahmen könnten unter anderem darin bestehen, dass die Verarbeitung personenbezogener Daten minimiert wird, personenbezogene Daten so schnell wie möglich pseudonymisiert werden, Transparenz in Bezug auf die Funktionen und die Verarbeitung personenbezogener Daten hergestellt wird, der betroffenen Person ermöglicht wird, die Verarbeitung personenbezogener Daten zu überwachen, und der Verantwortliche in die Lage versetzt wird, Sicherheitsfunktionen zu schaffen und zu verbessern. [4]In Bezug auf Entwicklung, Gestaltung, Auswahl und Nutzung von Anwendungen, Diensten und Produkten, die entweder auf der Verarbeitung von personenbezogenen Daten beruhen oder zur Erfüllung ihrer Aufgaben personenbezogene Daten verarbeiten, sollten die Hersteller der Produkte, Dienste und Anwendungen ermutigt werden, das Recht auf Datenschutz bei der Entwicklung und Gestaltung der Produkte, Dienste und Anwendungen zu berücksichtigen und unter gebührender Berücksichtigung des Stands der Technik sicherzustellen, dass die Verantwortlichen und die Verarbeiter in der Lage sind, ihren Datenschutzpflichten nachzukommen. [5]Den Grundsätzen des Datenschutzes durch Technik und durch datenschutzfreundliche Voreinstellungen sollte auch bei

öffentlichen Ausschreibungen Rechnung getragen werden.

EG 79 - Zuteilung der Verantwortlichkeiten

Zum Schutz der Rechte und Freiheiten der betroffenen Personen sowie bezüglich der Verantwortung und Haftung der Verantwortlichen und der Auftragsverarbeiter bedarf es – auch mit Blick auf die Überwachungs- und sonstigen Maßnahmen von Aufsichtsbehörden - einer klaren Zuteilung der Verantwortlichkeiten durch diese Verordnung, einschließlich der Fälle, in denen ein Verantwortlicher die Verarbeitungszwecke und -mittel gemeinsam mit anderen Verantwortlichen festlegt oder ein Verarbeitungsvorgang im Auftrag eines Verantwortlichen durchgeführt wird.

EG 80 - Benennung eines Vertreters

[1]Jeder Verantwortliche oder Auftragsverarbeiter ohne Niederlassung in der Union, dessen Verarbeitungstätigkeiten sich auf betroffene Personen beziehen, die sich in der Union aufhalten, und dazu dienen, diesen Personen in der Union Waren oder Dienstleistungen anzubieten – unabhängig davon, ob von der betroffenen Person eine Zahlung verlangt wird - oder deren Verhalten, soweit dieses innerhalb der Union erfolgt, zu beobachten, sollte einen Vertreter benennen müssen, es sei denn, die Verarbeitung erfolgt gelegentlich, schließt nicht die umfangreiche Verarbeitung besonderer Kategorien personenbezogener Daten oder die Verarbeitung von personenbezogenen Daten über strafrechtliche Verurteilungen und Straftaten ein und bringt unter Berücksichtigung ihrer Art, ihrer Umstände, ihres Umfangs und ihrer Zwecke wahrscheinlich kein Risiko für die Rechte und Freiheiten natürlicher Personen mit sich oder bei dem Verantwortlichen handelt es sich um eine Behörde oder öffentliche Stelle. [2]Der Vertreter sollte im Namen des Verantwortlichen oder des Auftragsverarbeiters tätig werden und den Aufsichtsbehörden als Ansprechpartner Anlaufstelle dienen. [3]Der Verantwortliche oder der Auftragsverarbeiter sollte den Vertreter ausdrücklich bestellen und schriftlich beauftragen, in Bezug auf die ihnen nach dieser Verordnung obliegenden

Verpflichtungen an seiner Stelle zu handeln. ⁴Die Benennung eines solchen Vertreters berührt nicht die Verantwortung und Haftung des Verantwortlichen oder des Auftragsverarbeiters nach Maßgabe dieser Verordnung. ⁵Der Vertreter sollte seine Aufgaben entsprechend dem Mandat des Verantwortlichen oder Auftragsverarbeiters ausführen und insbesondere mit den zuständigen Aufsichtsbehörden in Bezug auf Maßnahmen, die die Einhaltung dieser Verordnung sicherstellen sollen, zusammenarbeiten. ⁶Bei Verstößen des Verantwortlichen oder Auftragsverarbeiters sollte der bestellte Vertreter Durchsetzungsverfahren unterworfen werden.

EG 81 - Auftragsverarbeiter

¹Damit die Anforderungen dieser Verordnung in Bezug auf die vom Auftragsverarbeiter im Namen des Verantwortlichen vorzunehmende Verarbeitung eingehalten werden, sollte ein Verantwortlicher, der einen Auftragsverarbeiter mit Verarbeitungstätigkeiten betrauen will, nur Auftragsverarbeiter heranziehen, die – insbesondere im Hinblick auf Fachwissen, Zuverlässigkeit und Ressourcen – hinreichende Garantien dafür bieten, dass technische und organisatorische Maßnahmen – auch für die Sicherheit der Verarbeitung – getroffen werden, die den Anforderungen dieser Verordnung genügen. ²Die Einhaltung genehmigter Verhaltensregeln oder eines genehmigten Zertifizierungsverfahrens durch einen Auftragsverarbeiter kann als Faktor herangezogen werden, um die Erfüllung der Pflichten des Verantwortlichen nachzuweisen. ³Die Durchführung einer Verarbeitung durch einen Auftragsverarbeiter sollte auf Grundlage eines Vertrags oder eines anderen Rechtsinstruments nach dem Recht der Union oder der Mitgliedstaaten erfolgen, der bzw. das den Auftragsverarbeiter an den Verantwortlichen bindet und in dem Gegenstand und Dauer der Verarbeitung, Art und Zwecke der Verarbeitung, die Art der personenbezogenen Daten und die Kategorien von betroffenen Personen festgelegt sind, wobei die besonderen Aufgaben und Pflichten des Auftragsverarbeiters bei der geplanten Verarbeitung und das Risiko für die Rechte und Freiheiten der betroffenen Person zu berücksichtigen sind. ⁴Der Verantwortliche und der Auftragsverarbeiter können

entscheiden, ob sie einen individuellen Vertrag oder Standardvertragsklauseln verwenden, die entweder unmittelbar von der Kommission erlassen oder aber nach dem Kohärenzverfahren von einer Aufsichtsbehörde angenommen und dann von der Kommission erlassen wurden. [5]Nach Beendigung der Verarbeitung im Namen des Verantwortlichen sollte der Auftragsverarbeiter die personenbezogenen Daten nach Wahl des Verantwortlichen entweder zurückgeben oder löschen, sofern nicht nach dem Recht der Union oder der Mitgliedstaaten, dem der Auftragsverarbeiter unterliegt, eine Verpflichtung zur Speicherung der personenbezogenen Daten besteht.

EG 82 - Verzeichnis der Verarbeitungstätigkeiten

[1]Zum Nachweis der Einhaltung dieser Verordnung sollte der Verantwortliche oder der Auftragsverarbeiter ein Verzeichnis der Verarbeitungstätigkeiten, die seiner Zuständigkeit unterliegen, führen. [2]Jeder Verantwortliche und jeder Auftragsverarbeiter sollte verpflichtet sein, mit der Aufsichtsbehörde zusammenzuarbeiten und dieser auf Anfrage das entsprechende vorzulegen, damit die betreffenden Verarbeitungsvorgänge anhand dieser Verzeichnisse kontrolliert werden können.

EG 83 - Schutzniveau

[1]Zur Aufrechterhaltung der Sicherheit und zur Vorbeugung gegen eine gegen diese Verordnung verstoßende Verarbeitung sollte der Verantwortliche oder der Auftragsverarbeiter die mit der Verarbeitung verbundenen Risiken ermitteln und Maßnahmen zu ihrer Eindämmung, wie etwa eine Verschlüsselung, treffen. [2]Diese Maßnahmen sollten unter Berücksichtigung des Stands der Technik und der Implementierungskosten ein Schutzniveau – auch hinsichtlich der Vertraulichkeit – gewährleisten, das den von der Verarbeitung ausgehenden Risiken und der Art der zu schützenden personenbezogenen Daten angemessen ist. [3]Bei der Bewertung der Datensicherheitsrisiken sollten die mit der Verarbeitung personenbezogener Daten verbundenen Risiken berücksichtigt werden, wie etwa Vernichtung, Verlust oder Veränderung, ob unbeabsichtigt oder unrechtmäßig,

oder unbefugte Offenlegung von oder unbefugter Zugang zu personenbezogenen Daten, die übermittelt, gespeichert oder auf sonstige Weise verarbeitet wurden, insbesondere wenn dies zu einem physischen, materiellen oder immateriellen Schaden führen könnte.

EG 84 - Datenschutz-Folgeabschätzung

[1]Damit diese Verordnung in Fällen, in denen die Verarbeitungsvorgänge wahrscheinlich ein hohes Risiko für die Rechte und Freiheiten natürlicher Personen mit sich bringen, besser eingehalten wird, sollte der Verantwortliche für die Durchführung einer Datenschutz-Folgenabschätzung, mit der insbesondere die Ursache, Art, Besonderheit und Schwere dieses Risikos evaluiert werden, verantwortlich sein. [2]Die Ergebnisse der Abschätzung sollten berücksichtigt werden, wenn darüber entschieden wird, welche geeigneten Maßnahmen ergriffen werden müssen, um nachzuweisen, dass die Verarbeitung der personenbezogenen Daten mit dieser Verordnung in Einklang steht. [3]Geht aus einer Datenschutz-Folgenabschätzung hervor, dass Verarbeitungsvorgänge ein hohes Risiko bergen, das der Verantwortliche nicht durch geeignete Maßnahmen in Bezug auf verfügbare Technik und Implementierungskosten eindämmen kann, so sollte die Aufsichtsbehörde vor der Verarbeitung konsultiert werden.

EG 85 - Meldepflicht

[1]Eine Verletzung des Schutzes personenbezogener Daten kann – wenn nicht rechtzeitig und angemessen reagiert wird – einen physischen, materiellen oder immateriellen Schaden für natürliche Personen nach sich ziehen, wie etwa Verlust der Kontrolle über ihre personenbezogenen Daten oder Einschränkung ihrer Rechte, Diskriminierung, Identitätsdiebstahl oder -betrug, finanzielle Verluste, unbefugte Aufhebung der Pseudonymisierung, Rufschädigung, Verlust der Vertraulichkeit von dem Berufsgeheimnis unterliegenden Daten oder andere erhebliche wirtschaftliche oder gesellschaftliche Nachteile für die betroffene natürliche Person. [2]Deshalb sollte der Verantwortliche,

sobald ihm eine Verletzung des Schutzes personenbezogener Daten bekannt wird, die Aufsichtsbehörde von der Verletzung des Schutzes personenbezogener Daten unverzüglich und, falls möglich, binnen höchstens 72 Stunden, nachdem ihm die Verletzung bekannt wurde, unterrichten, es sei denn, der Verantwortliche kann im Einklang mit dem Grundsatz der Rechenschaftspflicht nachweisen, dass die Verletzung des Schutzes personenbezogener Daten voraussichtlich nicht zu einem Risiko für die persönlichen Rechte und Freiheiten natürlicher Personen führt. [3]Falls diese Benachrichtigung nicht binnen 72 Stunden erfolgen kann, sollten in ihr die Gründe für die Verzögerung angegeben werden müssen, und die Informationen können schrittweise ohne unangemessene weitere Verzögerung bereitgestellt werden.

EG 86 - Benachrichtigung der Betroffenen (EG 85)

[1]Der für die Verarbeitung Verantwortliche sollte die betroffene Person unverzüglich von der Verletzung des Schutzes personenbezogener Daten benachrichtigen, wenn diese Verletzung des Schutzes personenbezogener Daten voraussichtlich zu einem hohen Risiko für die persönlichen Rechte und Freiheiten natürlicher Personen führt, damit diese die erforderlichen Vorkehrungen treffen können. [2]Die Benachrichtigung sollte eine Beschreibung der Art der Verletzung des Schutzes personenbezogener Daten sowie an die betroffene natürliche Person gerichtete Empfehlungen zur Minderung etwaiger nachteiliger Auswirkungen dieser Verletzung enthalten. [3]Solche Benachrichtigungen der betroffenen Person sollten stets so rasch wie nach allgemeinem Ermessen möglich, in enger Absprache mit der Aufsichtsbehörde und nach Maßgabe der von dieser oder von anderen zuständigen Behörden wie beispielsweise Strafverfolgungsbehörden erteilten Weisungen erfolgen. [4]Um beispielsweise das Risiko eines unmittelbaren Schadens mindern zu können, müssten betroffene Personen sofort benachrichtigt werden, wohingegen eine längere Benachrichtigungsfrist gerechtfertigt sein kann, wenn es darum geht, geeignete Maßnahmen gegen fortlaufende oder vergleichbare Verletzungen des Schutzes personenbezogener Daten zu treffen.

EG 87 - Maßnahmen zur Sicherstellung der Feststellung einer Datenschutzverletzung

[1]Es sollte festgestellt werden, ob alle geeigneten technischen Schutz- sowie organisatorischen Maßnahmen getroffen wurden, um sofort feststellen zu können, ob eine Verletzung des Schutzes personenbezogener Daten aufgetreten ist, und um die Aufsichtsbehörde und die betroffene Person umgehend unterrichten zu können. [2]Bei der Feststellung, ob die Meldung unverzüglich erfolgt ist, sollten die Art und Schwere der Verletzung des Schutzes personenbezogener Daten sowie deren Folgen und nachteilige Auswirkungen für die betroffene Person berücksichtigt werden. [3]Die entsprechende Meldung kann zu einem Tätigwerden der Aufsichtsbehörde im Einklang mit ihren in dieser Verordnung festgelegten Aufgaben und Befugnissen führen.

EG 88 - Anforderungen an Meldungen

[1]Bei der detaillierten Regelung des Formats und der Verfahren für die Meldung von Verletzungen des Schutzes personenbezogener Daten , sollten die Umstände der Verletzung hinreichend berücksichtigt werden, beispielsweise ob personenbezogene Daten durch geeignete technische Sicherheitsvorkehrungen geschützt waren, die die Wahrscheinlichkeit eines Identitätsbetrugs oder anderer Formen des Datenmissbrauchs wirksam verringern. [2]Überdies sollten solche Regeln und Verfahren den berechtigten Interessen der Strafverfolgungsbehörden in Fällen Rechnung tragen, in denen die Untersuchung der Umstände einer Verletzung des Schutzes personenbezogener Daten durch eine frühzeitiges Offenlegung in unnötiger Weise behindert würde.

EG 89 - Entfall der allgemeinen Meldepflicht

[1]Gemäß der Richtlinie 95/46/EG* waren Verarbeitungen personenbezogener Daten bei den Aufsichtsbehörden generell meldepflichtig. [2]Diese Meldepflicht ist mit einem bürokratischen und finanziellen Aufwand verbunden und hat dennoch nicht in allen Fällen zu einem besseren Schutz personenbezogener Daten geführt. [3]Diese unterschiedslosen allgemeinen

Meldepflichten , sollten daher abgeschafft und durch wirksame Verfahren und Mechanismen ersetzt werden, die sich stattdessen vorrangig mit denjenigen Arten von Verarbeitungsvorgängen befassen, die aufgrund ihrer Art, ihres Umfangs, ihrer Umstände und ihrer Zwecke wahrscheinlich ein hohes Risiko für die Rechte und Freiheiten natürlicher Personen mit sich bringen. [4]Zu solchen Arten von Verarbeitungsvorgängen gehören insbesondere solche, bei denen neue Technologien eingesetzt werden oder die neuartig sind und bei denen der Verantwortliche noch keine Datenschutz-Folgenabschätzung durchgeführt hat bzw. bei denen aufgrund der seit der ursprünglichen Verarbeitung vergangenen Zeit eine Datenschutz-Folgenabschätzung notwendig geworden ist.

* *siehe Seite* 77

EG 90 - Datenschutz-Folgenabschätzungen

[1]In derartigen Fällen sollte der Verantwortliche vor der Verarbeitung eine Datenschutz-Folgenabschätzung durchführen, mit der die spezifische Eintrittswahrscheinlichkeit und die Schwere dieses hohen Risikos unter Berücksichtigung der Art, des Umfangs, der Umstände und der Zwecke der Verarbeitung und der Ursachen des Risikos bewertet werden. [2]Diese Folgenabschätzung sollte sich insbesondere mit den Maßnahmen, Garantien und Verfahren befassen, durch die dieses Risiko eingedämmt, der Schutz personenbezogener Daten sichergestellt und die Einhaltung der Bestimmungen dieser Verordnung nachgewiesen werden soll.

EG 91 - Datenschutz-Folgenabschätzungen (Fallgruppen)

[1]Dies sollte insbesondere für umfangreiche Verarbeitungsvorgänge gelten, die dazu dienen, große Mengen personenbezogener Daten auf regionaler, nationaler oder supranationaler Ebene zu verarbeiten, eine große Zahl von Personen betreffen könnten und – beispielsweise aufgrund ihrer Sensibilität – wahrscheinlich ein hohes Risiko mit sich bringen und bei denen

entsprechend dem jeweils aktuellen Stand der Technik in großem Umfang eine neue Technologie eingesetzt wird, sowie für andere Verarbeitungsvorgänge, die ein hohes Risiko für die Rechte und Freiheiten der betroffenen Personen mit sich bringen, insbesondere dann, wenn diese Verarbeitungsvorgänge den betroffenen Personen die Ausübung ihrer Rechte erschweren. ²Eine Datenschutz-Folgenabschätzung sollte auch durchgeführt werden, wenn die personenbezogenen Daten für das Treffen von Entscheidungen in Bezug auf bestimmte natürliche Personen im Anschluss an eine systematische und eingehende Bewertung persönlicher Aspekte natürlicher Personen auf der Grundlage eines Profilings dieser Daten oder im Anschluss an die Verarbeitung besonderer Kategorien von personenbezogenen Daten, biometrischen Daten oder von Daten über strafrechtliche Verurteilungen und Straftaten sowie damit zusammenhängende Sicherungsmaßregeln verarbeitet werden. ³Gleichermaßen erforderlich ist eine Datenschutz-Folgenabschätzung für die weiträumige Überwachung öffentlich zugänglicher Bereiche, insbesondere mittels optoelektronischer Vorrichtungen, oder für alle anderen Vorgänge, bei denen nach Auffassung der zuständigen Aufsichtsbehörde die Verarbeitung wahrscheinlich ein hohes Risiko für die Rechte und Freiheiten der betroffenen Personen mit sich bringt, insbesondere weil sie die betroffenen Personen an der Ausübung eines Rechts oder der Nutzung einer Dienstleistung bzw. ⁴Durchführung eines Vertrags hindern oder weil sie systematisch in großem Umfang erfolgen. ⁵Die Verarbeitung personenbezogener Daten sollte nicht als umfangreich gelten, wenn die Verarbeitung personenbezogene Daten von Patienten oder von Mandanten betrifft und durch einen einzelnen Arzt, sonstigen Angehörigen eines Gesundheitsberufes oder Rechtsanwalt erfolgt. ⁶In diesen Fällen sollte eine Datenschutz-Folgenabschätzung nicht zwingend vorgeschrieben sein.

EG 92 - Datenschutz-Folgenabschätzungen bei umfangreicher Tätigkeit

Unter bestimmten Umständen kann es vernünftig und unter ökonomischen Gesichtspunkten zweckmäßig sein, eine Datenschutz-Folgenabschätzung nicht lediglich auf ein bestimmtes

Projekt zu beziehen, sondern sie thematisch breiter anzulegen – beispielsweise wenn Behörden oder öffentliche Stellen eine gemeinsame Anwendung oder Verarbeitungsplattform schaffen möchten oder wenn mehrere Verantwortliche eine gemeinsame Anwendung oder Verarbeitungsumgebung für einen gesamten Wirtschaftssektor, für ein bestimmtes Marktsegment oder für eine weit verbreitete horizontale Tätigkeit einführen möchten.

EG 93 - Datenschutz-Folgenabschätzungen durch Behörden

Anlässlich des Erlasses des Gesetzes des Mitgliedstaats, auf dessen Grundlage die Behörde oder öffentliche Stelle ihre Aufgaben wahrnimmt und das den fraglichen Verarbeitungsvorgang oder die fraglichen Arten von Verarbeitungsvorgängen regelt, können die Mitgliedstaaten es für erforderlich erachten, solche Folgeabschätzungen vor den Verarbeitungsvorgängen durchzuführen.

EG 94 - Unterstützung durch Aufsichtsbehörden

[1]Geht aus einer Datenschutz-Folgenabschätzung hervor, dass die Verarbeitung bei Fehlen von Garantien, Sicherheitsvorkehrungen und Mechanismen zur Minderung des Risikos ein hohes Risiko für die Rechte und Freiheiten natürlicher Personen mit sich bringen würde, und ist der Verantwortliche der Auffassung, dass das Risiko nicht durch in Bezug auf verfügbare Technologien und Implementierungskosten vertretbare Mittel eingedämmt werden kann, so sollte die Aufsichtsbehörde vor Beginn der Verarbeitungstätigkeiten konsultiert werden. [2]Ein solches hohes Risiko ist wahrscheinlich mit bestimmten Arten der Verarbeitung und dem Umfang und der Häufigkeit der Verarbeitung verbunden, die für natürliche Personen auch eine Schädigung oder eine Beeinträchtigung der persönlichen Rechte und Freiheiten mit sich bringen können. [3]Die Aufsichtsbehörde sollte das Beratungsersuchen innerhalb einer bestimmten Frist beantworten. [4]Allerdings kann sie, auch wenn sie nicht innerhalb dieser Frist reagiert hat, entsprechend ihren in dieser Verordnung festgelegten Aufgaben und Befugnissen eingreifen,

was die Befugnis einschließt, Verarbeitungsvorgänge zu untersagen. ⁵Im Rahmen dieses Konsultationsprozesses kann das Ergebnis einer im Hinblick auf die betreffende Verarbeitung personenbezogener Daten durchgeführten Datenschutz-Folgenabschätzung der Aufsichtsbehörde unterbreitet werden; dies gilt insbesondere für die zur Eindämmung des Risikos für die Rechte und Freiheiten natürlicher Personen geplanten Maßnahmen.

EG 95 - Datenschutz-Folgeabschätzungen - Auftragsverarbeiter

Der Auftragsverarbeiter sollte erforderlichenfalls den Verantwortlichen auf Anfrage bei der Gewährleistung der Einhaltung der sich aus der Durchführung der Datenschutz-Folgenabschätzung und der vorherigen Konsultation der Aufsichtsbehörde ergebenden Auflagen unterstützen.

EG 96 - Konsultation der Aufscihtsbehörden

Eine Konsultation der Aufsichtsbehörde sollte auch während der Ausarbeitung von Gesetzes- oder Regelungsvorschriften, in denen eine Verarbeitung personenbezogener Daten vorgesehen ist, erfolgen, um die Vereinbarkeit der geplanten Verarbeitung mit dieser Verordnung sicherzustellen und insbesondere das mit ihr für die betroffene Person verbundene Risiko einzudämmen.

EG 97 - Personelle Unterstützung

¹In Fällen, in denen die Verarbeitung durch eine Behörde – mit Ausnahmen von Gerichten oder unabhängigen Justizbehörden, die im Rahmen ihrer justiziellen Tätigkeit handeln – , im privaten Sektor durch einen Verantwortlichen erfolgt, dessen Kerntätigkeit in Verarbeitungsvorgängen besteht, die eine regelmäßige und systematische Überwachung der betroffenen Personen in großem Umfang erfordern, oder wenn die Kerntätigkeit des Verantwortlichen oder des Auftragsverarbeiters in der umfangreichen Verarbeitung besonderer Kategorien von personenbezogenen Daten oder von Daten über strafrechtliche

Verurteilungen und Straftaten besteht, sollte der Verantwortliche oder der Auftragsverarbeiter bei der Überwachung der internen Einhaltung der Bestimmungen dieser Verordnung von einer weiteren Person, die über Fachwissen auf dem Gebiet des Datenschutzrechts und der Datenschutzverfahren verfügt, unterstützt werden Im privaten Sektor bezieht sich die Kerntätigkeit eines Verantwortlichen auf seine Haupttätigkeiten und nicht auf die Verarbeitung personenbezogener Daten als Nebentätigkeit. ²Das erforderliche Niveau des Fachwissens sollte sich insbesondere nach den durchgeführten Datenverarbeitungsvorgängen und dem erforderlichen Schutz für die von dem Verantwortlichen oder dem Auftragsverarbeiter verarbeiteten personenbezogenen Daten richten. ³Derartige Datenschutzbeauftragte sollten unabhängig davon, ob es sich bei ihnen um Beschäftigte des Verantwortlichen handelt oder nicht, ihre Pflichten und Aufgaben in vollständiger Unabhängigkeit ausüben können.

EG 98 - Verhaltensregeln für Verbände usw.

¹Verbände oder andere Vereinigungen, die bestimmte Kategorien von Verantwortlichen oder Auftragsverarbeitern vertreten, sollten ermutigt werden, in den Grenzen dieser Verordnung Verhaltensregeln auszuarbeiten, um eine wirksame Anwendung dieser Verordnung zu erleichtern, wobei den Besonderheiten der in bestimmten Sektoren erfolgenden Verarbeitungen und den besonderen Bedürfnissen der Kleinstunternehmen sowie der kleinen und mittleren Unternehmen Rechnung zu tragen ist. ²Insbesondere könnten in diesen Verhaltensregeln – unter Berücksichtigung des mit der Verarbeitung wahrscheinlich einhergehenden Risikos für die Rechte und Freiheiten natürlicher Personen - die Pflichten der Verantwortlichen und der Auftragsverarbeiter bestimmt werden.

EG 99 - Konsultation bei Erstellung von Verhaltensregeln

Bei der Ausarbeitung oder bei der Änderung oder Erweiterung solcher Verhaltensregeln sollten Verbände und oder andere Vereinigungen, die bestimmte Kategorien von

Verantwortlichen oder Auftragsverarbeitern vertreten, die maßgeblichen Interessenträger, möglichst auch die betroffenen Personen, konsultieren und die Eingaben und Stellungnahmen, die sie dabei erhalten, berücksichtigen.

EG 100 - Zertifizierungsverfahren, Datenschutzsiegel

Um die Transparenz zu erhöhen und die Einhaltung dieser Verordnung zu verbessern, sollte angeregt werden, dass Zertifizierungsverfahren sowie Datenschutzsiegel und -prüfzeichen eingeführt werden, die den betroffenen Personen einen raschen Überblick über das Datenschutzniveau einschlägiger Produkte und Dienstleistungen ermöglichen.

EG 101 - Drittländer, internationale Organisationen

[1]Der Fluss personenbezogener Daten aus Drittländern und internationalen Organisationen und in Drittländer und internationale Organisationen ist für die Ausweitung des internationalen Handels und der internationalen Zusammenarbeit notwendig. [2]Durch die Zunahme dieser Datenströme sind neue Herausforderungen und Anforderungen in Bezug auf den Schutz personenbezogener Daten entstanden. [3]Das durch diese Verordnung unionsweit gewährleistete Schutzniveau für natürliche Personen sollte jedoch bei der Übermittlung personenbezogener Daten aus der Union an Verantwortliche, Auftragsverarbeiter oder andere Empfänger in Drittländern oder an internationale Organisationen nicht untergraben werden, und zwar auch dann nicht, wenn aus einem Drittland oder von einer internationalen Organisation personenbezogene Daten an Verantwortliche oder Auftragsverarbeiter in demselben oder einem anderen Drittland oder an dieselbe oder eine andere internationale Organisation weiterübermittelt werden. [4]In jedem Fall sind derartige Datenübermittlungen an Drittländer und internationale Organisationen nur unter strikter Einhaltung dieser Verordnung zulässig. [5]Eine Datenübermittlung könnte nur stattfinden, wenn die in dieser Verordnung festgelegten Bedingungen zur Übermittlung personenbezogener Daten an Drittländer oder internationale Organisationen vorbehaltlich der übrigen Bestimmungen dieser

Verordnung von dem Verantwortlichen oder dem Auftragsverarbeiter erfüllt werden.

EG 102 - Internationale Abkommen

[1]Internationale Abkommen zwischen der Union und Drittländern über die Übermittlung von personenbezogenen Daten einschließlich geeigneter Garantien für die betroffenen Personen werden von dieser Verordnung nicht berührt. [2]Die Mitgliedstaaten können völkerrechtliche Übereinkünfte schließen, die die Übermittlung personenbezogener Daten an Drittländer oder internationale Organisationen beinhalten, sofern sich diese Übereinkünfte weder auf diese Verordnung noch auf andere Bestimmungen des Unionsrechts auswirken und ein angemessenes Schutzniveau für die Grundrechte der betroffenen Personen umfassen.

EG 103 - Angemessenheitsbeschluss

[1]Die Kommission darf mit Wirkung für die gesamte Union beschließen, dass ein bestimmtes Drittland, ein Gebiet oder ein bestimmter Sektor eines Drittlands oder eine internationale Organisation ein angemessenes Datenschutzniveau bietet, und auf diese Weise in Bezug auf die Drittländer und internationalen Organisationen, die für fähig gehalten werden, ein solches Schutzniveau zu bieten, in der gesamten Union Rechtssicherheit schaffen und eine einheitliche Rechtsanwendung sicherstellen. [2]In derartigen Fällen dürfen personenbezogene Daten ohne weitere Genehmigung an dieses Land oder diese internationale Organisation übermittelt werden. [3]Die Kommission kann, nach Abgabe einer ausführlichen Erklärung, in der dem Drittland oder der internationalen Organisation eine Begründung gegeben wird, auch entscheiden, eine solche Feststellung zu widerrufen.

EG 104 - Angemessenheitsbeschluss - Kriterien

[1]In Übereinstimmung mit den Grundwerten der Union, zu denen insbesondere der Schutz der Menschenrechte zählt, sollte die Kommission bei der Bewertung des Drittlands oder eines Gebiets oder eines bestimmten Sektors eines Drittlands

berücksichtigen, inwieweit dort die Rechtsstaatlichkeit gewahrt ist, der Rechtsweg gewährleistet ist und die internationalen Menschenrechtsnormen und -standards eingehalten werden und welche allgemeinen und sektorspezifischen Vorschriften, wozu auch die Vorschriften über die öffentliche Sicherheit, die Landesverteidigung und die nationale Sicherheit sowie die öffentliche Ordnung und das Strafrecht zählen, dort gelten. ²Die Annahme eines Angemessenheitsbeschlusses in Bezug auf ein Gebiet oder einen bestimmten Sektor eines Drittlands sollte unter Berücksichtigung eindeutiger und objektiver Kriterien wie bestimmter Verarbeitungsvorgänge und des Anwendungsbereichs anwendbarer Rechtsnormen und geltender Rechtsvorschriften in dem Drittland erfolgen. ³Das Drittland sollte Garantien für ein angemessenes Schutzniveau bieten, das dem innerhalb der Union gewährleisteten Schutzniveau der Sache nach gleichwertig ist, insbesondere in Fällen, in denen personenbezogene Daten in einem oder mehreren spezifischen Sektoren verarbeitet werden. ⁴Das Drittland sollte insbesondere eine wirksame unabhängige Überwachung des Datenschutzes gewährleisten und Mechanismen für eine Zusammenarbeit mit den Datenschutzbehörden der Mitgliedstaaten vorsehen, und den betroffenen Personen sollten wirksame und durchsetzbare Rechte sowie wirksame verwaltungsrechtliche und gerichtliche Rechtsbehelfe eingeräumt werden.

EG 105 - Angemessenheitsbeschluss - weitere Kriterien

¹Die Kommission sollte neben den internationalen Verpflichtungen, die das Drittland oder die internationale Organisation eingegangen ist, die Verpflichtungen, die sich aus der Teilnahme des Drittlands oder der internationalen Organisation an multilateralen oder regionalen Systemen insbesondere im Hinblick auf den Schutz personenbezogener Daten ergeben, sowie die Umsetzung dieser Verpflichtungen berücksichtigen. ²Insbesondere sollte der Beitritt des Drittlands zum Übereinkommen des Europarates vom 28. Januar 1981 zum Schutz des Menschen bei der automatischen Verarbeitung personenbezogener Daten und dem dazugehörigen Zusatzprotokoll berücksichtigt werden. ³Die Kommission sollte den Ausschuss

konsultieren, wenn sie das Schutzniveau in Drittländern oder internationalen Organisationen bewertet.

EG 106 - Angemessenheitsbeschluss - Überwachung

¹Die Kommission sollte die Wirkungsweise von Feststellungen zum Schutzniveau in einem Drittland, einem Gebiet oder einem bestimmten Sektor eines Drittlands oder einer internationalen Organisation überwachen; sie sollte auch die Wirkungsweise der Feststellungen, die auf der Grundlage des Artikels 25 Absatz 6 oder des Artikels 26 Absatz 4 der Richtlinie 95/46/EG* erlassen werden, überwachen. ²In ihren Angemessenheitsbeschlüssen sollte die Kommission einen Mechanismus für die regelmäßige Überprüfung von deren Wirkungsweise vorsehen. ³Diese regelmäßige Überprüfung sollte in Konsultation mit dem betreffenden Drittland oder der betreffenden internationalen Organisation erfolgen und allen maßgeblichen Entwicklungen in dem Drittland oder der internationalen Organisation Rechnung tragen. ⁴Für die Zwecke der Überwachung und der Durchführung der regelmäßigen Überprüfungen sollte die Kommission die Standpunkte und Feststellungen des Europäischen Parlaments und des Rates sowie der anderen einschlägigen Stellen und Quellen berücksichtigen. ⁵Die Kommission sollte innerhalb einer angemessenen Frist die Wirkungsweise der letztgenannten Beschlüsse bewerten und dem durch diese Verordnung eingesetzten Ausschuss im Sinne der Verordnung (EU) Nr. 182/2011 des Europäischen Parlaments und des Rates sowie dem Europäischen Parlament und dem Rat über alle maßgeblichen Feststellungen Bericht erstatten.

siehe Seite 77

EG 107 - negativer Angemessenheitsbeschluss

¹Die Kommission kann feststellen, dass ein Drittland, ein Gebiet oder ein bestimmter Sektor eines Drittlands oder eine internationale Organisation kein angemessenes Datenschutzniveau mehr bietet. ²Die Übermittlung personenbezogener Daten an

dieses Drittland oder an diese internationale Organisation sollte daraufhin verboten werden, es sei denn, die Anforderungen dieser Verordnung in Bezug auf die Datenübermittlung vorbehaltlich geeigneter Garantien, einschließlich verbindlicher interner Datenschutzvorschriften und auf Ausnahmen für bestimmte Fälle werden erfüllt. ³In diesem Falle sollten Konsultationen zwischen der Kommission und den betreffenden Drittländern oder internationalen Organisationen vorgesehen werden. ⁴Die Kommission sollte dem Drittland oder der internationalen Organisation frühzeitig die Gründe mitteilen und Konsultationen aufnehmen, um Abhilfe für die Situation zu schaffen.

EG 108 - Fehlender Angemessenheitsbeschluss

¹Bei Fehlen eines Angemessenheitsbeschlusses sollte der Verantwortliche oder der Auftragsverarbeiter als Ausgleich für den in einem Drittland bestehenden Mangel an Datenschutz geeignete Garantien für den Schutz der betroffenen Person vorsehen. ²Diese geeigneten Garantien können darin bestehen, dass auf verbindliche interne Datenschutzvorschriften, von der Kommission oder von einer Aufsichtsbehörde angenommene Standarddatenschutzklauseln oder von einer Aufsichtsbehörde genehmigte Vertragsklauseln zurückgegriffen wird. ³Diese Garantien sollten sicherstellen, dass die Datenschutzvorschriften und die Rechte der betroffenen Personen auf eine der Verarbeitung innerhalb der Union angemessene Art und Weise beachtet werden; dies gilt auch hinsichtlich der Verfügbarkeit von durchsetzbaren Rechten der betroffenen Person und von wirksamen Rechtsbehelfen einschließlich des Rechts auf wirksame verwaltungsrechtliche oder gerichtliche Rechtsbehelfe sowie des Rechts auf Geltendmachung von Schadenersatzansprüchen in der Union oder in einem Drittland. ⁴Sie sollten sich insbesondere auf die Einhaltung der allgemeinen Grundsätze für die Verarbeitung personenbezogener Daten, die Grundsätze des Datenschutzes durch Technik und durch datenschutzfreundliche Voreinstellungen beziehen. ⁵Datenübermittlungen dürfen auch von Behörden oder öffentlichen Stellen an Behörden oder öffentliche Stellen in Drittländern oder an internationale Organisationen mit entsprechenden Pflichten oder Aufgaben vorgenommen

werden, auch auf der Grundlage von Bestimmungen, die in Verwaltungsvereinbarungen – wie beispielsweise einer gemeinsamen Absichtserklärung –, mit denen den betroffenen Personen durchsetzbare und wirksame Rechte eingeräumt werden, aufzunehmen sind. [6]Die Genehmigung der zuständigen Aufsichtsbehörde sollte erlangt werden, wenn die Garantien in nicht rechtsverbindlichen Verwaltungsvereinbarungen vorgesehen sind.

EG 109 - Standard-Datenschutzklauseln

[1]Die dem Verantwortlichen oder dem Auftragsverarbeiter offenstehende Möglichkeit, auf die von der Kommission oder einer Aufsichtsbehörde festgelegten Standard- Datenschutzklauseln zurückzugreifen, sollte den Verantwortlichen oder den Auftragsverarbeiter weder daran hindern, die Standard-Datenschutzklauseln auch in umfangreicheren Verträgen, wie zum Beispiel Verträgen zwischen dem Auftragsverarbeiter und einem anderen Auftragsverarbeiter, zu verwenden , noch ihn daran hindern, ihnen weitere Klauseln oder zusätzliche Garantien hinzuzufügen, solange diese weder mittelbar noch unmittelbar im Widerspruch zu den von der Kommission oder einer Aufsichtsbehörde erlassenen Standard-Datenschutzklauseln stehen oder die Grundrechte und Grundfreiheiten der betroffenen Personen beschneiden. [2]Die Verantwortlichen und die Auftragsverarbeiter sollten ermutigt werden, mit vertraglichen Verpflichtungen, die die Standard-Schutzklauseln ergänzen, zusätzliche Garantien zu bieten.

EG 110 - Corporate Binding Rules (CBR)

Jede Unternehmensgruppe oder jede Gruppe von Unternehmen, die eine gemeinsame Wirtschaftstätigkeit ausüben, sollte für ihre internationalen Datenübermittlungen aus der Union an Organisationen derselben Unternehmensgruppe oder derselben Gruppe von Unternehmen, die eine gemeinsame Wirtschaftstätigkeit ausüben, genehmigte verbindliche interne Datenschutzvorschriften anwenden dürfen, sofern diese sämtliche Grundprinzipien und durchsetzbaren Rechte enthalten, die geeignete Garantien für die Übermittlungen beziehungsweise Kategorien von Übermittlungen personenbezogener Daten bieten.

EG 111 - Zulässigkeit Datenübermittlungen

[1]Datenübermittlungen sollten unter bestimmten Voraussetzungen zulässig sein, nämlich wenn die betroffene Person ihre ausdrückliche Einwilligung erteilt hat, wenn die Übermittlung gelegentlich erfolgt und im Rahmen eines Vertrags oder zur Geltendmachung von Rechtsansprüchen, sei es vor Gericht oder auf dem Verwaltungswege oder in außergerichtlichen Verfahren, wozu auch Verfahren vor Regulierungsbehörden zählen, erforderlich ist. [2]Die Übermittlung sollte zudem möglich sein, wenn sie zur Wahrung eines im Unionsrecht oder im Recht eines Mitgliedstaats festgelegten wichtigen öffentlichen Interesses erforderlich ist oder wenn sie aus einem durch Rechtsvorschriften vorgesehenen Register erfolgt, das von der Öffentlichkeit oder Personen mit berechtigtem Interesse eingesehen werden kann. [3]In letzterem Fall sollte sich eine solche Übermittlung nicht auf die Gesamtheit oder ganze Kategorien der im Register enthaltenen personenbezogenen Daten erstrecken dürfen. [4]Ist das betreffende Register zur Einsichtnahme durch Personen mit berechtigtem Interesse bestimmt, sollte die Übermittlung nur auf Anfrage dieser Personen oder nur dann erfolgen, wenn diese Personen die Adressaten der Übermittlung sind, wobei den Interessen und Grundrechten der betroffenen Person in vollem Umfang Rechnung zu tragen ist.

EG 112 - Datenübermittlungen zur Wahrung öffentlicher Interessen

[1]Diese Ausnahmen sollten insbesondere für Datenübermittlungen gelten, die aus wichtigen Gründen des öffentlichen Interesses erforderlich sind, beispielsweise für den internationalen Datenaustausch zwischen Wettbewerbs-, Steuer- oder Zollbehörden, zwischen Finanzaufsichtsbehörden oder zwischen für Angelegenheiten der sozialen Sicherheit oder für die öffentliche Gesundheit zuständigen Diensten, beispielsweise im Falle der Umgebungsuntersuchung bei ansteckenden Krankheiten oder zur Verringerung und/oder Beseitigung des Dopings im Sport.

²Die Übermittlung personenbezogener Daten sollte ebenfalls als rechtmäßig angesehen werden, wenn sie erforderlich ist, um ein Interesse, das für die lebenswichtigen Interessen – einschließlich der körperlichen Unversehrtheit oder des Lebens – der betroffenen Person oder einer anderen Person wesentlich ist, zu schützen und die betroffene Person außerstande ist, ihre Einwilligung zu geben. ³Liegt kein Angemessenheitsbeschluss vor, so können im Unionsrecht oder im Recht der Mitgliedstaaten aus wichtigen Gründen des öffentlichen Interesses ausdrücklich Beschränkungen der Übermittlung bestimmter Kategorien von Daten an Drittländer oder internationale Organisationen vorgesehen werden. ⁴Die Mitgliedstaaten sollten solche Bestimmungen der Kommission mitteilen. ⁵Jede Übermittlung personenbezogener Daten einer betroffenen Person, die aus physischen oder rechtlichen Gründen außerstande ist, ihre Einwilligung zu erteilen, an eine internationale humanitäre Organisation, die erfolgt, um eine nach den Genfer Konventionen obliegende Aufgabe auszuführen oder um dem in bewaffneten Konflikten anwendbaren humanitären Völkerrecht nachzukommen, könnte als aus einem wichtigen Grund im öffentlichen Interesse notwendig oder als im lebenswichtigen Interesse der betroffenen Person liegend erachtet werden.

EG 113 – Übermittlungen zur Wahrung zwingender berechtigter Interessen

¹Übermittlungen, die als nicht wiederholt erfolgend gelten können und nur eine begrenzte Zahl von betroffenen Personen betreffen, könnten auch zur Wahrung der zwingenden berechtigten Interessen des Verantwortlichen möglich sein, sofern die Interessen oder Rechte und Freiheiten der betroffenen Person nicht überwiegen und der Verantwortliche sämtliche Umstände der Datenübermittlung geprüft hat. ²Der Verantwortliche sollte insbesondere die Art der personenbezogenen Daten, den Zweck und die Dauer der vorgesehenen Verarbeitung, die Situation im Herkunftsland, in dem betreffenden Drittland und im Endbestimmungsland berücksichtigen und angemessene Garantien zum Schutz der Grundrechte und Grundfreiheiten natürlicher Personen in Bezug auf die Verarbeitung ihrer

personenbezogener Daten vorsehen. ³Diese Übermittlungen sollten nur in den verbleibenden Fällen möglich sein, in denen keiner der anderen Gründe für die Übermittlung anwendbar ist. ⁴Bei wissenschaftlichen oder historischen Forschungszwecken oder bei statistischen Zwecken sollten die legitimen gesellschaftlichen Erwartungen in Bezug auf einen Wissenszuwachs berücksichtigt werden. ⁵Der Verantwortliche sollte die Aufsichtsbehörde und die betroffene Person von der Übermittlung in Kenntnis setzen.

EG 114 - Übermittlungen in Drittland bei fehlendem Angemessenheitsbeschluss

In allen Fällen, in denen kein Kommissionsbeschluss zur Angemessenheit des in einem Drittland bestehenden Datenschutzniveaus vorliegt, sollte der Verantwortliche oder der Auftragsverarbeiter auf Lösungen zurückgreifen, mit denen den betroffenen Personen durchsetzbare und wirksame Rechte in Bezug auf die Verarbeitung ihrer personenbezogenen Daten in der Union nach der Übermittlung dieser Daten eingeräumt werden, damit sie weiterhin die Grundrechte und Garantien genießen können.

EG 115 - Regelungen von Drittländern

¹Manche Drittländer erlassen Gesetze, Vorschriften und sonstige Rechtsakte, die vorgeben, die Verarbeitungstätigkeiten natürlicher und juristischer Personen, die der Rechtsprechung der Mitgliedstaaten unterliegen, unmittelbar zu regeln. ²Dies kann Urteile von Gerichten und Entscheidungen von Verwaltungsbehörden in Drittländern umfassen, mit denen von einem Verantwortlichen oder einem Auftragsverarbeiter die Übermittlung oder Offenlegung personenbezogener Daten verlangt wird und die nicht auf eine in Kraft befindliche internationale Übereinkunft wie etwa ein Rechtshilfeabkommen zwischen dem ersuchenden Drittland und der Union oder einem Mitgliedstaat gestützt sind. ³Die Anwendung dieser Gesetze, Verordnungen und sonstigen Rechtsakte außerhalb des Hoheitsgebiets der betreffenden Drittländer kann gegen internationales Recht verstoßen

und dem durch diese Verordnung in der Union gewährleisteten Schutz natürlicher Personen zuwiderlaufen. [4]Datenübermittlungen sollten daher nur zulässig sein, wenn die Bedingungen dieser Verordnung für Datenübermittlungen an Drittländer eingehalten werden. [5]Dies kann unter anderem der Fall sein, wenn die Offenlegung aus einem wichtigen öffentlichen Interesse erforderlich ist, das im Unionsrecht oder im Recht des Mitgliedstaats, dem der Verantwortliche unterliegt, anerkannt ist.

EG 116 - Zusammenarbeit Datenschutzaufsichtsbehörden

[1]Wenn personenbezogene Daten in ein anderes Land außerhalb der Union übermittelt werden, besteht eine erhöhte Gefahr, dass natürliche Personen ihre Datenschutzrechte nicht wahrnehmen können und sich insbesondere gegen die unrechtmäßige Nutzung oder Offenlegung dieser Informationen zu schützen. [2]Ebenso kann es vorkommen, dass Aufsichtsbehörden Beschwerden nicht nachgehen oder Untersuchungen nicht durchführen können, die einen Bezug zu Tätigkeiten außerhalb der Grenzen ihres Mitgliedstaats haben. [3]Ihre Bemühungen um grenzüberschreitende Zusammenarbeit können auch durch unzureichende Präventiv- und Abhilfebefugnisse, widersprüchliche Rechtsordnungen und praktische Hindernisse wie Ressourcenknappheit behindert werden. [4]Die Zusammenarbeit zwischen den Datenschutzaufsichtsbehörden muss daher gefördert werden, damit sie Informationen austauschen und mit den Aufsichtsbehörden in anderen Ländern Untersuchungen durchführen können. [5]Um Mechanismen der internationalen Zusammenarbeit zu entwickeln, die die internationale Amtshilfe bei der Durchsetzung von Rechtsvorschriften zum Schutz personenbezogener Daten erleichtern und sicherstellen, sollten die Kommission und die Aufsichtsbehörden Informationen austauschen und bei Tätigkeiten, die mit der Ausübung ihrer Befugnisse in Zusammenhang stehen, mit den zuständigen Behörden der Drittländer nach dem Grundsatz der Gegenseitigkeit und gemäß dieser Verordnung zusammenarbeiten.

EG 117 - Errichtung von Aufsichtsbehörden

¹Die Errichtung von Aufsichtsbehörden in den Mitgliedstaaten, die befugt sind, ihre Aufgaben und Befugnisse völlig unabhängig wahrzunehmen, ist ein wesentlicher Bestandteil des Schutzes natürlicher Personen bei der Verarbeitung personenbezogener Daten. ²Die Mitgliedstaaten sollten mehr als eine Aufsichtsbehörde errichten können, wenn dies ihrer verfassungsmäßigen, organisatorischen und administrativen Struktur entspricht.

EG 118 - Überprüfung Aufsichtsbehörden

Die Tatsache, dass die Aufsichtsbehörden unabhängig sind, sollte nicht bedeuten, dass sie hinsichtlich ihrer Ausgaben keinem Kontroll- oder Überwachungsmechanismus unterworfen werden bzw. sie keiner gerichtlichen Überprüfung unterzogen werden können.

EG 119 - Mehrere Aufsichtsbehörden in einem Mitgliedsstaat

¹Errichtet ein Mitgliedstaat mehrere Aufsichtsbehörden, so sollte er mittels Rechtsvorschriften sicherstellen, dass diese Aufsichtsbehörden am Kohärenzverfahren wirksam beteiligt werden. ²Insbesondere sollte dieser Mitgliedstaat eine Aufsichtsbehörde bestimmen, die als zentrale Anlaufstelle für eine wirksame Beteiligung dieser Behörden an dem Verfahren fungiert und eine rasche und reibungslose Zusammenarbeit mit anderen Aufsichtsbehörden, dem Ausschuss und der Kommission gewährleistet.

EG 120 - Ausstattung der Aufsichtsbehörden

¹Jede Aufsichtsbehörde sollte mit Finanzmitteln, Personal, Räumlichkeiten und einer Infrastruktur ausgestattet werden, wie sie für die wirksame Wahrnehmung ihrer Aufgaben, einschließlich derer im Zusammenhang mit der Amtshilfe und Zusammenarbeit mit anderen Aufsichtsbehörden in der gesamten Union, notwendig sind. ²Jede Aufsichtsbehörde sollte über einen eigenen, öffentlichen, jährlichen Haushaltsplan verfügen,

der Teil des gesamten Staatshaushalts oder nationalen Haushalts sein kann.

EG 121 - Anforderungen an die Aufsichtsbehörden

[1]Die allgemeinen Anforderungen an das Mitglied oder die Mitglieder der Aufsichtsbehörde sollten durch Rechtsvorschriften von jedem Mitgliedstaat geregelt werden und insbesondere vorsehen, dass diese Mitglieder im Wege eines transparenten Verfahrens entweder – auf Vorschlag der Regierung, eines Mitglieds der Regierung, des Parlaments oder einer Parlamentskammer – vom Parlament, der Regierung oder dem Staatsoberhaupt des Mitgliedstaats oder von einer unabhängigen Stelle ernannt werden, die nach dem Recht des Mitgliedstaats mit der Ernennung betraut wird. [2]Um die Unabhängigkeit der Aufsichtsbehörde zu gewährleisten, sollten ihre Mitglieder ihr Amt integer ausüben, von allen mit den Aufgaben ihres Amts nicht zu vereinbarenden Handlungen absehen und während ihrer Amtszeit keine andere mit ihrem Amt nicht zu vereinbarende entgeltliche oder unentgeltliche Tätigkeit ausüben. [3]Die Aufsichtsbehörde sollte über eigenes Personal verfügen, das sie selbst oder eine nach dem Recht des Mitgliedstaats eingerichtete unabhängige Stelle auswählt und das ausschließlich der Leitung des Mitglieds oder der Mitglieder der Aufsichtsbehörde unterstehen sollte.

EG 122 - Aufsichtsbehörde, Befugnisse

[1]Jede Aufsichtsbehörde sollte dafür zuständig sein, im Hoheitsgebiet ihres Mitgliedstaats die Befugnisse auszuüben und die Aufgaben zu erfüllen, die ihr mit dieser Verordnung übertragen wurden. [2]Dies sollte insbesondere für Folgendes gelten: die Verarbeitung im Rahmen der Tätigkeiten einer Niederlassung des Verantwortlichen oder Auftragsverarbeiters im Hoheitsgebiet ihres Mitgliedstaats, die Verarbeitung personenbezogener Daten durch Behörden oder private Stellen, die im öffentlichen Interesse handeln, Verarbeitungstätigkeiten, die Auswirkungen auf betroffene Personen in ihrem Hoheitsgebiet haben, oder Verarbeitungstätigkeiten eines Verantwortlichen oder

Auftragsverarbeiters ohne Niederlassung in der Union, sofern sie auf betroffene Personen mit Wohnsitz in ihrem Hoheitsgebiet ausgerichtet sind. ³Dies sollte auch die Bearbeitung von Beschwerden einer betroffenen Person, die Durchführung von Untersuchungen über die Anwendung dieser Verordnung sowie die Förderung der Information der Öffentlichkeit über Risiken, Vorschriften, Garantien und Rechte im Zusammenhang mit der Verarbeitung personenbezogener Daten einschließen.

EG 123 - Aufsichtsbehörde, Zusammenarbeit mit der Kommission

¹Die Aufsichtsbehörden sollten die Anwendung der Bestimmungen dieser Verordnung überwachen und zu ihrer einheitlichen Anwendung in der gesamten Union beitragen, um natürliche Personen im Hinblick auf die Verarbeitung ihrer Daten zu schützen und den freien Verkehr personenbezogener Daten im Binnenmarkt zu erleichtern. ²Zu diesem Zweck sollten die Aufsichtsbehörden untereinander und mit der Kommission zusammenarbeiten, ohne dass eine Vereinbarung zwischen den Mitgliedstaaten über die Leistung von Amtshilfe oder über eine derartige Zusammenarbeit erforderlich wäre.

EG 124 - Federführende Aufsichtsbehörde

¹Findet die Verarbeitung personenbezogener Daten im Zusammenhang mit der Tätigkeit einer Niederlassung eines Verantwortlichen oder eines Auftragsverarbeiters in der Union statt und hat der Verantwortliche oder der Auftragsverarbeiter Niederlassungen in mehr als einem Mitgliedstaat oder hat die Verarbeitungstätigkeit im Zusammenhang mit der Tätigkeit einer einzigen Niederlassung eines Verantwortlichen oder Auftragsverarbeiters in der Union erhebliche Auswirkungen auf betroffene Personen in mehr als einem Mitgliedstaat bzw. wird sie voraussichtlich solche Auswirkungen haben, so sollte die Aufsichtsbehörde für die Hauptniederlassung des Verantwortlichen oder Auftragsverarbeiters oder für die einzige Niederlassung des Verantwortlichen oder Auftragsverarbeiters als federführende Behörde fungieren. ²Sie sollte mit den anderen Behörden

zusammenarbeiten, die betroffen sind, weil der Verantwortliche oder Auftragsverarbeiter eine Niederlassung im Hoheitsgebiet ihres Mitgliedstaats hat, weil die Verarbeitung erhebliche Auswirkungen auf betroffene Personen mit Wohnsitz in ihrem Hoheitsgebiet hat oder weil bei ihnen eine Beschwerde eingelegt wurde. [3]Auch wenn eine betroffene Person ohne Wohnsitz in dem betreffenden Mitgliedstaat eine Beschwerde eingelegt hat, sollte die Aufsichtsbehörde, bei der Beschwerde eingelegt wurde, auch eine betroffene Aufsichtsbehörde sein. [4]Der Ausschuss sollte – im Rahmen seiner Aufgaben in Bezug auf die Herausgabe von Leitlinien zu allen Fragen im Zusammenhang mit der Anwendung dieser Verordnung – insbesondere Leitlinien zu den Kriterien ausgeben können, die bei der Feststellung zu berücksichtigen sind, ob die fragliche Verarbeitung erhebliche Auswirkungen auf betroffene Personen in mehr als einem Mitgliedstaat hat und was einen maßgeblichen und begründeten Einspruch darstellt.

EG 125 - Beschlüsse der federführenden Aufsichtsbehörde

[1]Die federführende Behörde sollte berechtigt sein, verbindliche Beschlüsse über Maßnahmen zu erlassen, mit denen die ihr gemäß dieser Verordnung übertragenen Befugnisse ausgeübt werden. [2]In ihrer Eigenschaft als federführende Behörde sollte diese Aufsichtsbehörde für die enge Einbindung und Koordinierung der betroffenen Aufsichtsbehörden im Entscheidungsprozess sorgen. [3]Wird beschlossen, die Beschwerde der betroffenen Person vollständig oder teilweise abzuweisen, so sollte dieser Beschluss von der Aufsichtsbehörde angenommen werden, bei der die Beschwerde eingelegt wurde.

EG 126 – Gemeinsame Beschlüsse der federführenden Aufsichtsbehörde und den betroffenen Aufsichtsbehörden

[1]Der Beschluss sollte von der federführenden Aufsichtsbehörde und den betroffenen Aufsichtsbehörden gemeinsam vereinbart werden und an die Hauptniederlassung oder die einzige Niederlassung des Verantwortlichen oder Auftragsverarbeiters gerichtet sein und für den Verantwortlichen und den

Auftragsverarbeiter verbindlich sein. ²Der Verantwortliche oder Auftragsverarbeiter sollte die erforderlichen Maßnahmen treffen, um die Einhaltung dieser Verordnung und die Umsetzung des Beschlusses zu gewährleisten, der der Hauptniederlassung des Verantwortlichen oder Auftragsverarbeiters im Hinblick auf die Verarbeitungstätigkeiten in der Union von der federführenden Aufsichtsbehörde mitgeteilt wurde.

EG 127 - Sonderzuständigkeiten einer Aufsichtsbehörde

¹Jede Aufsichtsbehörde, die nicht als federführende Aufsichtsbehörde fungiert, sollte in örtlichen Fällen zuständig sein, wenn der Verantwortliche oder Auftragsverarbeiter Niederlassungen in mehr als einem Mitgliedstaat hat, der Gegenstand der spezifischen Verarbeitung aber nur die Verarbeitungstätigkeiten in einem einzigen Mitgliedstaat und nur betroffene Personen in diesem einen Mitgliedstaat betrifft, beispielsweise wenn es um die Verarbeitung von personenbezogenen Daten von Arbeitnehmern im spezifischen Beschäftigungskontext eines Mitgliedstaats geht. ²In solchen Fällen sollte die Aufsichtsbehörde unverzüglich die federführende Aufsichtsbehörde über diese Angelegenheit unterrichten. ³Nach ihrer Unterrichtung sollte die federführende Aufsichtsbehörde entscheiden, ob sie den Fall nach den Bestimmungen zur Zusammenarbeit zwischen der federführenden Aufsichtsbehörde und anderen betroffenen Aufsichtsbehörden gemäß der Vorschrift zur Zusammenarbeit zwischen der federführenden Aufsichtsbehörde und anderen betroffenen Aufsichtsbehörden (im Folgenden "Verfahren der Zusammenarbeit und Kohärenz") regelt oder ob die Aufsichtsbehörde, die sie unterrichtet hat, den Fall auf örtlicher Ebene regeln sollte. ⁴Dabei sollte die federführende Aufsichtsbehörde berücksichtigen, ob der Verantwortliche oder der Auftragsverarbeiter in dem Mitgliedstaat, dessen Aufsichtsbehörde sie unterrichtet hat, eine Niederlassung hat, damit Beschlüsse gegenüber dem Verantwortlichen oder dem Auftragsverarbeiter wirksam durchgesetzt werden. ⁵Entscheidet die federführende Aufsichtsbehörde, den Fall selbst zu regeln, sollte die Aufsichtsbehörde, die sie unterrichtet hat, die Möglichkeit haben, einen Beschlussentwurf vorzulegen, dem die federführende

Aufsichtsbehörde bei der Ausarbeitung ihres Beschlussentwurfs im Rahmen dieses Verfahrens der Zusammenarbeit und Kohärenz weitestgehend Rechnung tragen sollte.

EG 128 - Federführende Behörden, Ausnahmen

[1]Die Vorschriften über die federführende Behörde und das Verfahren der Zusammenarbeit und Kohärenz sollten keine Anwendung finden, wenn die Verarbeitung durch Behörden oder private Stellen im öffentlichen Interesse erfolgt. [2]In diesen Fällen sollte die Aufsichtsbehörde des Mitgliedstaats, in dem die Behörde oder private Einrichtung ihren Sitz hat, die einzige Aufsichtsbehörde sein, die dafür zuständig ist, die Befugnisse auszuüben, die ihr mit dieser Verordnung übertragen wurden.

EG 129 - Aufsichtsbehörden, Aufgaben und Befugnisse

[1]Um die einheitliche Überwachung und Durchsetzung dieser Verordnung in der gesamten Union sicherzustellen, sollten die Aufsichtsbehörden in jedem Mitgliedstaat dieselben Aufgaben und wirksamen Befugnisse haben, darunter, insbesondere im Fall von Beschwerden natürlicher Personen, Untersuchungsbefugnisse, Abhilfebefugnisse und Sanktionsbefugnisse und Genehmigungsbefugnisse und beratende Befugnisse, sowie – unbeschadet der Befugnisse der Strafverfolgungsbehörden nach dem Recht der Mitgliedstaaten – die Befugnis, Verstöße gegen diese Verordnung den Justizbehörden zur Kenntnis zu bringen und Gerichtsverfahren anzustrengen. [2]Dazu sollte auch die Befugnis zählen, eine vorübergehende oder endgültige Beschränkung der Verarbeitung, einschließlich eines Verbots, zu verhängen. [3]Die Mitgliedstaaten können andere Aufgaben im Zusammenhang mit dem Schutz personenbezogener Daten im Rahmen dieser Verordnung festlegen. [4]Die Befugnisse der Aufsichtsbehörden sollten in Übereinstimmung mit den geeigneten Verfahrensgarantien nach dem Unionsrecht und dem Recht der Mitgliedstaaten unparteiisch, gerecht und innerhalb einer angemessenen Frist ausgeübt werden. [5]Insbesondere sollte jede Maßnahme im Hinblick auf die Gewährleistung der Einhaltung dieser Verordnung geeignet, erforderlich und verhältnismäßig sein,

wobei die Umstände des jeweiligen Einzelfalls zu berücksichtigen sind, das Recht einer jeden Person, gehört zu werden, bevor eine individuelle Maßnahme getroffen wird, die nachteilige Auswirkungen auf diese Person hätte, zu achten ist und überflüssige Kosten und übermäßige Unannehmlichkeiten für die Betroffenen zu vermeiden sind. [6]Untersuchungsbefugnisse im Hinblick auf den Zugang zu Räumlichkeiten sollten im Einklang mit besonderen Anforderungen im Verfahrensrecht der Mitgliedstaaten ausgeübt werden, wie etwa dem Erfordernis einer vorherigen richterlichen Genehmigung. [7]Jede rechtsverbindliche Maßnahme der Aufsichtsbehörde sollte schriftlich erlassen werden und sie sollte klar und eindeutig sein; die Aufsichtsbehörde, die die Maßnahme erlassen hat, und das Datum, an dem die Maßnahme erlassen wurde, sollten angegeben werden und die Maßnahme sollte vom Leiter oder von einem von ihm bevollmächtigen Mitglied der Aufsichtsbehörde unterschrieben sein und eine Begründung für die Maßnahme sowie einen Hinweis auf das Recht auf einen wirksamen Rechtsbehelf enthalten. [8]Dies sollte zusätzliche Anforderungen nach dem Verfahrensrecht der Mitgliedstaaten nicht ausschließen. [9]Der Erlass eines rechtsverbindlichen Beschlusses setzt voraus, dass er in dem Mitgliedstaat der Aufsichtsbehörde, die den Beschluss erlassen hat, gerichtlich überprüft werden kann.

EG 130 - Aufsichtsbehörde, Zusammenarbeit mit federführender Aufsichtsbehörde

[1]Ist die Aufsichtsbehörde, bei der die Beschwerde eingereicht wurde, nicht die federführende Aufsichtsbehörde, so sollte die federführende Aufsichtsbehörde gemäß den Bestimmungen dieser Verordnung über Zusammenarbeit und Kohärenz eng mit der Aufsichtsbehörde zusammenarbeiten, bei der die Beschwerde eingereicht wurde. [2]In solchen Fällen sollte die federführende Aufsichtsbehörde bei Maßnahmen, die rechtliche Wirkungen entfalten sollen, unter anderem bei der Verhängung von Geldbußen, den Standpunkt der Aufsichtsbehörde, bei der die Beschwerde eingereicht wurde und die weiterhin befugt sein sollte, in Abstimmung mit der zuständigen Aufsichtsbehörde Untersuchungen im Hoheitsgebiet ihres eigenen Mitgliedstaats

durchzuführen, weitestgehend berücksichtigen.

EG 131 - Aufsichtsbehörde, Einigung mit einem Verantwortlichen

[1]Wenn eine andere Aufsichtsbehörde als federführende Aufsichtsbehörde für die Verarbeitungstätigkeiten des Verantwortlichen oder des Auftragsverarbeiters fungieren sollte, der konkrete Gegenstand einer Beschwerde oder der mögliche Verstoß jedoch nur die Verarbeitungstätigkeiten des Verantwortlichen oder des Auftragsverarbeiters in dem Mitgliedstaat betrifft, in dem die Beschwerde eingereicht wurde oder der mögliche Verstoß aufgedeckt wurde, und die Angelegenheit keine erheblichen Auswirkungen auf betroffene Personen in anderen Mitgliedstaaten hat oder haben dürfte, sollte die Aufsichtsbehörde, bei der eine Beschwerde eingereicht wurde oder die Situationen, die mögliche Verstöße gegen diese Verordnung darstellen, aufgedeckt hat bzw. auf andere Weise darüber informiert wurde, versuchen, eine gütliche Einigung mit dem Verantwortlichen zu erzielen; falls sich dies als nicht erfolgreich erweist, sollte sie die gesamte Bandbreite ihrer Befugnisse wahrnehmen. [2]Dies sollte auch Folgendes umfassen:die spezifische Verarbeitung im Hoheitsgebiet des Mitgliedstaats der Aufsichtsbehörde oder im Hinblick auf betroffene Personen im Hoheitsgebiet dieses Mitgliedstaats; die Verarbeitung im Rahmen eines Angebots von Waren oder Dienstleistungen, das speziell auf betroffene Personen im Hoheitsgebiet des Mitgliedstaats der Aufsichtsbehörde ausgerichtet ist; oder eine Verarbeitung, die unter Berücksichtigung der einschlägigen rechtlichen Verpflichtungen nach dem Recht der Mitgliedstaaten bewertet werden muss.

EG 132 - Aufsichtsbehörden, Sensibilisierungsmaßnahmen

Auf die Öffentlichkeit ausgerichtete Sensibilisierungsmaßnahmen der Aufsichtsbehörden sollten spezifische Maßnahmen einschließen, die sich an die Verantwortlichen und die Auftragsverarbeiter, einschließlich Kleinstunternehmen sowie kleiner und mittlerer Unternehmen, und an natürliche Personen, insbesondere im Bildungsbereich, richten.

EG 133 - Aufsichtsbehörden, gegenseitige Unterstützung

¹Die Aufsichtsbehörden sollten sich gegenseitig bei der Erfüllung ihrer Aufgaben unterstützen und Amtshilfe leisten, damit eine einheitliche Anwendung und Durchsetzung dieser Verordnung im Binnenmarkt gewährleistet ist. ²Eine Aufsichtsbehörde, die um Amtshilfe ersucht hat, kann eine einstweilige Maßnahme erlassen, wenn sie nicht binnen eines Monats nach Eingang des Amtshilfeersuchens bei der ersuchten Aufsichtsbehörde eine Antwort von dieser erhalten hat.

EG 134 - Aufsichtsbehörden, gegenseitige Unterstützung

¹Jede Aufsichtsbehörde sollte gegebenenfalls an gemeinsamen Maßnahmen von anderen Aufsichtsbehörden teilnehmen. ²Die ersuchte Aufsichtsbehörde sollte auf das Ersuchen binnen einer bestimmten Frist antworten müssen.

EG 135 - Kohärenzverfahren

¹Um die einheitliche Anwendung dieser Verordnung in der gesamten Union sicherzustellen, sollte ein Verfahren zur Gewährleistung einer einheitlichen Rechtsanwendung (Kohärenzverfahren) für die Zusammenarbeit zwischen den Aufsichtsbehörden eingeführt werden. ²Dieses Verfahren sollte insbesondere dann angewendet werden, wenn eine Aufsichtsbehörde beabsichtigt, eine Maßnahme zu erlassen, die rechtliche Wirkungen in Bezug auf Verarbeitungsvorgänge entfalten soll, die für eine bedeutende Zahl betroffener Personen in mehreren Mitgliedstaaten erhebliche Auswirkungen haben. ³Ferner sollte es zur Anwendung kommen, wenn eine betroffene Aufsichtsbehörde oder die Kommission beantragt, dass die Angelegenheit im Rahmen des Kohärenzverfahrens behandelt wird. ⁴Dieses Verfahren sollte andere Maßnahmen, die die Kommission möglicherweise in Ausübung ihrer Befugnisse nach den Verträgen trifft, unberührt lassen.

EG 136 - Kohärenzverfahren, Stellungnahme des Ausschusses

¹Bei Anwendung des Kohärenzverfahrens sollte der Ausschuss, falls von der Mehrheit seiner Mitglieder so entschieden wird oder falls eine andere betroffene Aufsichtsbehörde oder die Kommission darum ersuchen, binnen einer festgelegten Frist eine Stellungnahme abgeben. ²Dem Ausschuss sollte auch die Befugnis übertragen werden, bei Streitigkeiten zwischen Aufsichtsbehörden rechtsverbindliche Beschlüsse zu erlassen. ³Zu diesem Zweck sollte er in klar bestimmten Fällen, in denen die Aufsichtsbehörden insbesondere im Rahmen des Verfahrens der Zusammenarbeit zwischen der federführenden Aufsichtsbehörde und den betroffenen Aufsichtsbehörden widersprüchliche Standpunkte zu dem Sachverhalt, vor allem in der Frage, ob ein Verstoß gegen diese Verordnung vorliegt, vertreten, grundsätzlich mit einer Mehrheit von zwei Dritteln seiner Mitglieder rechtsverbindliche Beschlüsse erlassen.

EG 137 - Aufsichtsbehörde, einstweilige Maßnahmen

¹Es kann dringender Handlungsbedarf zum Schutz der Rechte und Freiheiten von betroffenen Personen bestehen, insbesondere wenn eine erhebliche Behinderung der Durchsetzung des Rechts einer betroffenen Person droht. ²Eine Aufsichtsbehörde sollte daher hinreichend begründete einstweilige Maßnahmen in ihrem Hoheitsgebiet mit einer festgelegten Geltungsdauer von höchstens drei Monaten erlassen können.

EG 138 - Anwendung Kohärenzverfahren

¹Die Anwendung dieses Verfahrens sollte in den Fällen, in denen sie verbindlich vorgeschrieben ist, eine Bedingung für die Rechtmäßigkeit einer Maßnahme einer Aufsichtsbehörde sein, die rechtliche Wirkungen entfalten soll. ²In anderen Fällen von grenzüberschreitender Relevanz sollte das Verfahren der Zusammenarbeit zwischen der federführenden Aufsichtsbehörde und den betroffenen Aufsichtsbehörden zur Anwendung gelangen, und die betroffenen Aufsichtsbehörden können auf bilateraler oder multilateraler Ebene Amtshilfe leisten und

gemeinsame Maßnahmen durchführen, ohne auf das Kohärenzverfahren zurückzugreifen.

EG 139 - Europäischer Datenschutzausschuss

[1]Zur Förderung der einheitlichen Anwendung dieser Verordnung sollte der Ausschuss als unabhängige Einrichtung der Union eingesetzt werden. [2]Damit der Ausschuss seine Ziele erreichen kann, sollte er Rechtspersönlichkeit besitzen. [3]Der Ausschuss sollte von seinem Vorsitz vertreten werden. [4]Er sollte die mit der Richtlinie 95/46/EG* eingesetzte Arbeitsgruppe für den Schutz der Rechte von Personen bei der Verarbeitung personenbezogener Daten ersetzen. [5]Er sollte aus dem Leiter einer Aufsichtsbehörde jedes Mitgliedstaats und dem Europäischen Datenschutzbeauftragten oder deren jeweiligen Vertretern gebildet werden. [6]An den Beratungen des Ausschusses sollte die Kommission ohne Stimmrecht und der Europäische Datenschutzbeauftragte sollte spezifische Stimmrechte haben. [7]Der Ausschuss sollte zur einheitlichen Anwendung der Verordnung in der gesamten Union beitragen, die Kommission insbesondere im Hinblick auf das Schutzniveau in Drittländern oder internationalen Organisationen beraten und die Zusammenarbeit der Aufsichtsbehörden in der Union fördern. [8]Der Ausschuss sollte bei der Erfüllung seiner Aufgaben unabhängig handeln.

siehe Seite 77

EG 140 - Europäischer Datenschutzausschuss, Sekretariat

[1]Der Ausschuss sollte von einem Sekretariat unterstützt werden, das von dem Europäischen Datenschutzbeauftragten bereitgestellt wird. [2]Das Personal des Europäischen Datenschutzbeauftragten, das an der Wahrnehmung der dem Ausschuss gemäß dieser Verordnung übertragenen Aufgaben beteiligt ist, sollte diese Aufgaben ausschließlich gemäß den Anweisungen des Vorsitzes des Ausschusses durchführen und diesem Bericht erstatten.

EG 141 - Beschwerderecht einer betroffenen Person

[1]Jede betroffene Person sollte das Recht haben, bei einer einzigen Aufsichtsbehörde insbesondere in dem Mitgliedstaat ihres gewöhnlichen Aufenthalts eine Beschwerde einzureichen und gemäß Artikel 47 der Charta einen wirksamen gerichtlichen Rechtsbehelf einzulegen, wenn sie sich in ihren Rechten gemäß dieser Verordnung verletzt sieht oder wenn die Aufsichtsbehörde auf eine Beschwerde hin nicht tätig wird, eine Beschwerde teilweise oder ganz abweist oder ablehnt oder nicht tätig wird, obwohl dies zum Schutz der Rechte der betroffenen Person notwendig ist. [2]Die auf eine Beschwerde folgende Untersuchung sollte vorbehaltlich gerichtlicher Überprüfung so weit gehen, wie dies im Einzelfall angemessen ist. [3]Die Aufsichtsbehörde sollte die betroffene Person innerhalb eines angemessenen Zeitraums über den Fortgang und die Ergebnisse der Beschwerde unterrichten. [4]Sollten weitere Untersuchungen oder die Abstimmung mit einer anderen Aufsichtsbehörde erforderlich sein, sollte die betroffene Person über den Zwischenstand informiert werden. [5]Jede Aufsichtsbehörde sollte Maßnahmen zur Erleichterung der Einreichung von Beschwerden treffen, wie etwa die Bereitstellung eines Beschwerdeformulars, das auch elektronisch ausgefüllt werden kann, ohne dass andere Kommunikationsmittel ausgeschlossen werden.

EG 142 - Vertretung der Betroffenen durch Einrichtung, Organisationen oder Verbände

[1]Betroffene Personen, die sich in ihren Rechten gemäß dieser Verordnung verletzt sehen, sollten das Recht haben, nach dem Recht eines Mitgliedstaats gegründete Einrichtungen, Organisationen oder Verbände ohne Gewinnerzielungsabsicht, deren satzungsmäßige Ziele im öffentlichem Interesse liegen und die im Bereich des Schutzes personenbezogener Daten tätig sind, zu beauftragen, in ihrem Namen Beschwerde bei einer Aufsichtsbehörde oder einen gerichtlichen Rechtsbehelf einzulegen oder das Recht auf Schadensersatz in Anspruch zu nehmen, sofern dieses im Recht der Mitgliedstaaten vorgesehen ist. [2]Die Mitgliedstaaten können vorsehen, dass diese Einrichtungen, Organisationen oder Verbände das Recht haben, unabhängig vom

Auftrag einer betroffenen Person in dem betreffenden Mitgliedstaat eine eigene Beschwerde einzulegen, und das Recht auf einen wirksamen gerichtlichen Rechtsbehelf haben sollten, wenn sie Grund zu der Annahme haben, dass die Rechte der betroffenen Person infolge einer nicht im Einklang mit dieser Verordnung stehenden Verarbeitung verletzt worden sind. [3]Diesen Einrichtungen, Organisationen oder Verbänden kann unabhängig vom Auftrag einer betroffenen Person nicht gestattet werden, im Namen einer betroffenen Person Schadenersatz zu verlangen.

EG 143 - Rechtsmittel, Rechtsbehelfe

[1]Jede natürliche oder juristische Person hat das Recht, unter den in Artikel 263 AEUV genannten Voraussetzungen beim Gerichtshof eine Klage auf Nichtigerklärung eines Beschlusses des Ausschusses zu erheben. [2]Als Adressaten solcher Beschlüsse müssen die betroffenen Aufsichtsbehörden, die diese Beschlüsse anfechten möchten, binnen zwei Monaten nach deren Übermittlung gemäß Artikel 263 AEUV Klage erheben. [3]Sofern Beschlüsse des Ausschusses einen Verantwortlichen, einen Auftragsverarbeiter oder den Beschwerdeführer unmittelbar und individuell betreffen, so können diese Personen binnen zwei Monaten nach Veröffentlichung der betreffenden Beschlüsse auf der Website des Ausschusses im Einklang mit Artikel 263 AEUV eine Klage auf Nichtigerklärung erheben. [4]Unbeschadet dieses Rechts nach Artikel 263 AEUV sollte jede natürliche oder juristische Person das Recht auf einen wirksamen gerichtlichen Rechtsbehelf bei dem zuständigen einzelstaatlichen Gericht gegen einen Beschluss einer Aufsichtsbehörde haben, der gegenüber dieser Person Rechtswirkungen entfaltet. [5]Ein derartiger Beschluss betrifft insbesondere die Ausübung von Untersuchungs-, Abhilfe- und Genehmigungsbefugnissen durch die Aufsichtsbehörde oder die Ablehnung oder Abweisung von Beschwerden. [6]Das Recht auf einen wirksamen gerichtlichen Rechtsbehelf umfasst jedoch nicht rechtlich nicht bindende Maßnahmen der Aufsichtsbehörden wie von ihr abgegebene Stellungnahmen oder Empfehlungen. [7]Verfahren gegen eine Aufsichtsbehörde sollten bei den

Gerichten des Mitgliedstaats angestrengt werden, in dem die Aufsichtsbehörde ihren Sitz hat, und sollten im Einklang mit dem Verfahrensrecht dieses Mitgliedstaats durchgeführt werden. [8]Diese Gerichte sollten eine uneingeschränkte Zuständigkeit besitzen, was die Zuständigkeit, sämtliche für den bei ihnen anhängigen Rechtsstreit maßgebliche Sach- und Rechtsfragen zu prüfen, einschließt. [9]Wurde eine Beschwerde von einer Aufsichtsbehörde abgelehnt oder abgewiesen, kann der Beschwerdeführer Klage bei den Gerichten desselben Mitgliedstaats erheben.

[10] Im Zusammenhang mit gerichtlichen Rechtsbehelfen in Bezug auf die Anwendung dieser Verordnung können einzelstaatliche Gerichte, die eine Entscheidung über diese Frage für erforderlich halten, um ihr Urteil erlassen zu können, bzw. müssen einzelstaatliche Gerichte in den Fällen nach Artikel 267 AEUV den Gerichtshof um eine Vorabentscheidung zur Auslegung des Unionsrechts – das auch diese Verordnung einschließt – ersuchen. [11]Wird darüber hinaus der Beschluss einer Aufsichtsbehörde zur Umsetzung eines Beschlusses des Ausschusses vor einem einzelstaatlichen Gericht angefochten und wird die Gültigkeit des Beschlusses des Ausschusses in Frage gestellt, so hat dieses einzelstaatliche Gericht nicht die Befugnis, den Beschluss des Ausschusses für nichtig zu erklären, sondern es muss im Einklang mit Artikel 267 AEUV in der Auslegung des Gerichtshofs den Gerichtshof mit der Frage der Gültigkeit befassen, wenn es den Beschluss für nichtig hält. [12]Allerdings darf ein einzelstaatliches Gericht den Gerichtshof nicht auf Anfrage einer natürlichen oder juristischen Person mit Fragen der Gültigkeit des Beschlusses des Ausschusses befassen, wenn diese Person Gelegenheit hatte, eine Klage auf Nichtigerklärung dieses Beschlusses zu erheben – insbesondere wenn sie unmittelbar und individuell von dem Beschluss betroffen war –, diese Gelegenheit jedoch nicht innerhalb der Frist gemäß Artikel 263 AEUV genutzt hat.

EG 144 - Mehrfache Rechtshängigkeit

[1]Hat ein mit einem Verfahren gegen die Entscheidung einer Aufsichtsbehörde befasstes Gericht Anlass zu der Vermutung,

dass ein dieselbe Verarbeitung betreffendes Verfahren – etwa zu demselben Gegenstand in Bezug auf die Verarbeitung durch denselben Verantwortlichen oder Auftragsverarbeiter oder wegen desselben Anspruchs – vor einem zuständigen Gericht in einem anderen Mitgliedstaat anhängig ist, so sollte es mit diesem Gericht Kontakt aufnehmen, um sich zu vergewissern, dass ein solches verwandtes Verfahren existiert. ²Sind verwandte Verfahren vor einem Gericht in einem anderen Mitgliedstaat anhängig, so kann jedes später angerufene Gericht das Verfahren aussetzen oder sich auf Anfrage einer Partei auch zugunsten des zuerst angerufenen Gerichts für unzuständig erklären, wenn dieses später angerufene Gericht für die betreffenden Verfahren zuständig ist und die Verbindung von solchen verwandten Verfahren nach seinem Recht zulässig ist. ³Verfahren gelten als miteinander verwandt, wenn zwischen ihnen eine so enge Beziehung gegeben ist, dass eine gemeinsame Verhandlung und Entscheidung geboten erscheint, um zu vermeiden, dass in getrennten Verfahren einander widersprechende Entscheidungen ergehen.

EG 145 - Gerichtsstand

Bei Verfahren gegen Verantwortliche oder Auftragsverarbeiter sollte es dem Kläger überlassen bleiben, ob er die Gerichte des Mitgliedstaats anruft, in dem der Verantwortliche oder der Auftragsverarbeiter eine Niederlassung hat, oder des Mitgliedstaats, in dem die betroffene Person wohnt; dies gilt nicht, wenn es sich bei dem Verantwortlichen um eine Behörde eines Mitgliedstaats handelt, die in Ausübung ihrer hoheitlichen Befugnisse tätig geworden ist.

EG 146 - Schadensersatz

¹Der Verantwortliche oder der Auftragsverarbeiter sollte Schäden, die einer Person aufgrund einer Verarbeitung entstehen, die mit dieser Verordnung nicht im Einklang steht, ersetzen. ²Der Verantwortliche oder der Auftragsverarbeiter sollte von seiner Haftung befreit werden, wenn er nachweist, dass er in keiner Weise für den Schaden verantwortlich ist. ³Der Begriff des

Schadens sollte im Lichte der Rechtsprechung des Gerichtshofs weit auf eine Art und Weise ausgelegt werden, die den Zielen dieser Verordnung in vollem Umfang entspricht. ⁴Dies gilt unbeschadet von Schadenersatzforderungen aufgrund von Verstößen gegen andere Vorschriften des Unionsrechts oder des Rechts der Mitgliedstaaten. ⁵Zu einer Verarbeitung, die mit der vorliegenden Verordnung nicht im Einklang steht, zählt auch eine Verarbeitung, die nicht mit den nach Maßgabe der vorliegenden Verordnung erlassenen delegierten Rechtsakten und Durchführungsrechtsakten und Rechtsvorschriften der Mitgliedstaaten zur Präzisierung von Bestimmungen der vorliegenden Verordnung im Einklang steht. ⁶Die betroffenen Personen sollten einen vollständigen und wirksamen Schadenersatz für den erlittenen Schaden erhalten. ⁷Sind Verantwortliche oder Auftragsverarbeiter an derselben Verarbeitung beteiligt, so sollte jeder Verantwortliche oder Auftragsverarbeiter für den gesamten Schaden haftbar gemacht werden. ⁸Werden sie jedoch nach Maßgabe des Rechts der Mitgliedstaaten zu demselben Verfahren hinzugezogen, so können sie im Verhältnis zu der Verantwortung anteilmäßig haftbar gemacht werden, die jeder Verantwortliche oder Auftragsverarbeiter für den durch die Verarbeitung entstandenen Schaden zu tragen hat, sofern sichergestellt ist, dass die betroffene Person einen vollständigen und wirksamen Schadenersatz für den erlittenen Schaden erhält. ⁹Jeder Verantwortliche oder Auftragsverarbeiter, der den vollen Schadenersatz geleistet hat, kann anschließend ein Rückgriffsverfahren gegen andere an derselben Verarbeitung beteiligte Verantwortliche oder Auftragsverarbeiter anstrengen.

EG 147 - Gerichtsbarkeit

Soweit in dieser Verordnung spezifische Vorschriften über die Gerichtsbarkeit – insbesondere in Bezug auf Verfahren im Hinblick auf einen gerichtlichen Rechtsbehelf einschließlich Schadenersatz gegen einen Verantwortlichen oder Auftragsverarbeiter – enthalten sind, sollten die allgemeinen Vorschriften über die Gerichtsbarkeit, wie sie etwa in der Verordnung (EU) Nr. 1215/2012 des Europäischen Parlaments und des Rates enthalten sind, der Anwendung dieser spezifischen Vorschriften nicht entgegenstehen.

EG 148 - Geldbußen

[1]Im Interesse einer konsequenteren Durchsetzung der Vorschriften dieser Verordnung sollten bei Verstößen gegen diese Verordnung zusätzlich zu den geeigneten Maßnahmen, die die Aufsichtsbehörde gemäß dieser Verordnung verhängt, oder an Stelle solcher Maßnahmen Sanktionen einschließlich Geldbußen verhängt werden. [2]Im Falle eines geringfügigeren Verstoßes oder falls voraussichtlich zu verhängende Geldbuße eine unverhältnismäßige Belastung für eine natürliche Person bewirken würde, kann anstelle einer Geldbuße eine Verwarnung erteilt werden. [3]Folgendem sollte jedoch gebührend Rechnung getragen werden:der Art, Schwere und Dauer des Verstoßes, dem vorsätzlichen Charakter des Verstoßes, den Maßnahmen zur Minderung des entstandenen Schadens, dem Grad der Verantwortlichkeit oder jeglichem früheren Verstoß, der Art und Weise, wie der Verstoß der Aufsichtsbehörde bekannt wurde, der Einhaltung der gegen den Verantwortlichen oder Auftragsverarbeiter angeordneten Maßnahmen, der Einhaltung von Verhaltensregeln und jedem anderen erschwerenden oder mildernden Umstand. [4]Für die Verhängung von Sanktionen einschließlich Geldbußen sollte es angemessene Verfahrensgarantien geben, die den allgemeinen Grundsätzen des Unionsrechts und der Charta, einschließlich des Rechts auf wirksamen Rechtsschutz und ein faires Verfahren, entsprechen.

EG 149 - Sanktionen

[1]Die Mitgliedstaaten sollten die strafrechtlichen Sanktionen für Verstöße gegen diese Verordnung, auch für Verstöße gegen auf der Grundlage und in den Grenzen dieser Verordnung erlassene nationale Vorschriften, festlegen können. [2]Diese strafrechtlichen Sanktionen können auch die Einziehung der durch die Verstöße gegen diese Verordnung erzielten Gewinne ermöglichen. [3]Die Verhängung von strafrechtlichen Sanktionen für Verstöße gegen solche nationalen Vorschriften und von verwaltungsrechtlichen Sanktionen sollte jedoch nicht zu einer Verletzung

des Grundsatzes "ne bis in idem", wie er vom Gerichtshof ausgelegt worden ist, führen.

EG 150 - Verhängung von Geldbußen durch Aufsichtsbehörde

[1]Um die verwaltungsrechtlichen Sanktionen bei Verstößen gegen diese Verordnung zu vereinheitlichen und ihnen mehr Wirkung zu verleihen, sollte jede Aufsichtsbehörde befugt sein, Geldbußen zu verhängen. [2]In dieser Verordnung sollten die Verstöße sowie die Obergrenze der entsprechenden Geldbußen und die Kriterien für ihre Festsetzung genannt werden, wobei diese Geldbußen von der zuständigen Aufsichtsbehörde in jedem Einzelfall unter Berücksichtigung aller besonderen Umstände und insbesondere der Art, Schwere und Dauer des Verstoßes und seiner Folgen sowie der Maßnahmen, die ergriffen worden sind, um die Einhaltung der aus dieser Verordnung erwachsenden Verpflichtungen zu gewährleisten und die Folgen des Verstoßes abzuwenden oder abzumildern, festzusetzen sind. [3]Werden Geldbußen Unternehmen auferlegt, sollte zu diesem Zweck der Begriff "Unternehmen" im Sinne der Artikel 101 und 102 AEUV verstanden werden. [4]Werden Geldbußen Personen auferlegt, bei denen es sich nicht um Unternehmen handelt, so sollte die Aufsichtsbehörde bei der Erwägung des angemessenen Betrags für die Geldbuße dem allgemeinen Einkommensniveau in dem betreffenden Mitgliedstaat und der wirtschaftlichen Lage der Personen Rechnung tragen. [5]Das Kohärenzverfahren kann auch genutzt werden, um eine kohärente Anwendung von Geldbußen zu fördern. [6]Die Mitgliedstaaten sollten bestimmen können, ob und inwieweit gegen Behörden Geldbußen verhängt werden können. [7]Auch wenn die Aufsichtsbehörden bereits Geldbußen verhängt oder eine Verwarnung erteilt haben, können sie ihre anderen Befugnisse ausüben oder andere Sanktionen nach Maßgabe dieser Verordnung verhängen.

EG 151 - Sonderregelungen für Dänemark und Estland

[1]Nach den Rechtsordnungen Dänemarks und Estlands sind die in dieser Verordnung vorgesehenen Geldbußen nicht zulässig.

²Die Vorschriften über die Geldbußen können so angewandt werden, dass die Geldbuße in Dänemark durch die zuständigen nationalen Gerichte als Strafe und in Estland durch die Aufsichtsbehörde im Rahmen eines Verfahrens bei Vergehen verhängt wird, sofern eine solche Anwendung der Vorschriften in diesen Mitgliedstaaten die gleiche Wirkung wie die von den Aufsichtsbehörden verhängten Geldbußen hat. ³Daher sollten die zuständigen nationalen Gerichte die Empfehlung der Aufsichtsbehörde, die die Geldbuße in die Wege geleitet hat, berücksichtigen. ⁴In jeden Fall sollten die verhängten Geldbußen wirksam, verhältnismäßig und abschreckend sein.

EG 152 - Regelungskompetenz der Mitgliedstaaten

¹Soweit diese Verordnung verwaltungsrechtliche Sanktionen nicht harmonisiert oder wenn es in anderen Fällen – beispielsweise bei schweren Verstößen gegen diese Verordnung – erforderlich ist, sollten die Mitgliedstaaten eine Regelung anwenden, die wirksame, verhältnismäßige und abschreckende Sanktionen vorsieht. ²Es sollte im Recht der Mitgliedstaaten geregelt werden, ob diese Sanktionen strafrechtlicher oder verwaltungsrechtlicher Art sind.

EG 153 - Schutz der freien Meinungsäußerung und Informationsfreiheit

¹Im Recht der Mitgliedstaaten sollten die Vorschriften über die freie Meinungsäußerung und Informationsfreiheit, auch von Journalisten, Wissenschaftlern, Künstlern und/oder Schriftstellern, mit dem Recht auf Schutz der personenbezogenen Daten gemäß dieser Verordnung in Einklang gebracht werden. ²Für die Verarbeitung personenbezogener Daten ausschließlich zu journalistischen Zwecken oder zu wissenschaftlichen, künstlerischen oder literarischen Zwecken sollten Abweichungen und Ausnahmen von bestimmten Vorschriften dieser Verordnung gelten, wenn dies erforderlich ist, um das Recht auf Schutz der personenbezogenen Daten mit dem Recht auf Freiheit der Meinungsäußerung und Informationsfreiheit, wie es in Artikel 11 der Charta garantiert ist, in Einklang zu bringen. ³Dies sollte

insbesondere für die Verarbeitung personenbezogener Daten im audiovisuellen Bereich sowie in Nachrichten- und Pressearchiven gelten. ⁴Die Mitgliedstaaten sollten daher Gesetzgebungsmaßnahmen zur Regelung der Abweichungen und Ausnahmen erlassen, die zum Zwecke der Abwägung zwischen diesen Grundrechten notwendig sind. ⁵Die Mitgliedstaaten sollten solche Abweichungen und Ausnahmen in Bezug auf die allgemeinen Grundsätze, die Rechte der betroffenen Person, den Verantwortlichen und den Auftragsverarbeiter, die Übermittlung von personenbezogenen Daten an Drittländer oder an internationale Organisationen, die unabhängigen Aufsichtsbehörden, die Zusammenarbeit und Kohärenz und besondere Datenverarbeitungssituationen erlassen. ⁶Sollten diese Abweichungen oder Ausnahmen von Mitgliedstaat zu Mitgliedstaat unterschiedlich sein, sollte das Recht des Mitgliedstaats angewendet werden, dem der Verantwortliche unterliegt. ⁷Um der Bedeutung des Rechts auf freie Meinungsäußerung in einer demokratischen Gesellschaft Rechnung zu tragen, müssen Begriffe wie Journalismus, die sich auf diese Freiheit beziehen, weit ausgelegt werden.

EG 154 - Zugang zu amtlichen Dokumenten

¹Diese Verordnung ermöglicht es, dass bei ihrer Anwendung der Grundsatz des Zugangs der Öffentlichkeit zu amtlichen Dokumenten berücksichtigt wird. ²Der Zugang der Öffentlichkeit zu amtlichen Dokumenten kann als öffentliches Interesse betrachtet werden. ³Personenbezogene Daten in Dokumenten, die sich im Besitz einer Behörde oder einer öffentlichen Stelle befinden, sollten von dieser Behörde oder Stelle öffentlich offengelegt werden können, sofern dies im Unionsrecht oder im Recht der Mitgliedstaaten, denen sie unterliegt, vorgesehen ist. ⁴Diese Rechtsvorschriften sollten den Zugang der Öffentlichkeit zu amtlichen Dokumenten und die Weiterverwendung von Informationen des öffentlichen Sektors mit dem Recht auf Schutz personenbezogener Daten in Einklang bringen und können daher die notwendige Übereinstimmung mit dem Recht auf Schutz personenbezogener Daten gemäß dieser Verordnung regeln. ⁵Die Bezugnahme auf Behörden und öffentliche Stellen

sollte in diesem Kontext sämtliche Behörden oder sonstigen Stellen beinhalten, die vom Recht des jeweiligen Mitgliedstaats über den Zugang der Öffentlichkeit zu Dokumenten erfasst werden. [6]Die Richtlinie 2003/98/EG* des Europäischen Parlaments und des Rates lässt das Schutzniveau für natürliche Personen in Bezug auf die Verarbeitung personenbezogener Daten gemäß den Bestimmungen des Unionsrechts und des Rechts der Mitgliedstaaten unberührt und beeinträchtigt diesen in keiner Weise, und sie bewirkt insbesondere keine Änderung der in dieser Verordnung dargelegten Rechte und Pflichten. [7]Insbesondere sollte die genannte Richtlinie nicht für Dokumente gelten, die nach den Zugangsregelungen der Mitgliedstaaten aus Gründen des Schutzes personenbezogener Daten nicht oder nur eingeschränkt zugänglich sind, oder für Teile von Dokumenten, die nach diesen Regelungen zugänglich sind, wenn sie personenbezogene Daten enthalten, deren Weiterverwendung durch Rechtsvorschriften als nicht mit dem Recht über den Schutz natürlicher Personen in Bezug auf die Verarbeitung personenbezogener Daten vereinbar anzusehen ist.

Richtlinie 2003/98/EG des Europäischen Parlaments und des Rates vom 17. November 2003 über die Weiterverwendung von Informationen des öffentlichen Sektors (ABl. L 345 vom 31.12.2003, S. 90-96).

EG 155 - Beschäftigtendaten

Im Recht der Mitgliedstaaten oder in Kollektivvereinbarungen (einschließlich 'Betriebsvereinbarungen') können spezifische Vorschriften für die Verarbeitung personenbezogener Beschäftigtendaten im Beschäftigungskontext vorgesehen werden, und zwar insbesondere Vorschriften über die Bedingungen, unter denen personenbezogene Daten im Beschäftigungskontext auf der Grundlage der Einwilligung des Beschäftigten verarbeitet werden dürfen, über die Verarbeitung dieser Daten für Zwecke der Einstellung, der Erfüllung des Arbeitsvertrags einschließlich der Erfüllung von durch Rechtsvorschriften oder durch Kollektivvereinbarungen festgelegten Pflichten, des Managements, der Planung und der Organisation der Arbeit, der

Gleichheit und Diversität am Arbeitsplatz, der Gesundheit und Sicherheit am Arbeitsplatz sowie für Zwecke der Inanspruchnahme der mit der Beschäftigung zusammenhängenden individuellen oder kollektiven Rechte und Leistungen und für Zwecke der Beendigung des Beschäftigungsverhältnisses.

EG 156 - Archiv-, Forschungs-, Statistikzwecke

[1]Die Verarbeitung personenbezogener Daten für im öffentlichen Interesse liegende Archivzwecke, zu wissenschaftlichen oder historischen Forschungszwecken oder zu statistischen Zwecken sollte geeigneten Garantien für die Rechte und Freiheiten der betroffenen Person gemäß dieser Verordnung unterliegen. [2]Mit diesen Garantien sollte sichergestellt werden, dass technische und organisatorische Maßnahmen bestehen, mit denen insbesondere der Grundsatz der Datenminimierung gewährleistet wird. [3]Die Weiterverarbeitung personenbezogener Daten zu im öffentlichen Interesse liegende Archivzwecken, zu wissenschaftlichen oder historischen Forschungszwecken oder zu statistischen Zwecken erfolgt erst dann, wenn der Verantwortliche geprüft hat, ob es möglich ist, diese Zwecke durch die Verarbeitung von personenbezogenen Daten, bei der die Identifizierung von betroffenen Personen nicht oder nicht mehr möglich ist, zu erfüllen, sofern geeignete Garantien bestehen (wie z. B. die Pseudonymisierung von personenbezogenen Daten). [4]Die Mitgliedstaaten sollten geeignete Garantien in Bezug auf die Verarbeitung personenbezogener Daten für im öffentlichen Interesse liegende Archivzwecke, zu wissenschaftlichen oder historischen Forschungszwecken oder zu statistischen Zwecken vorsehen. [5]Es sollte den Mitgliedstaaten erlaubt sein, unter bestimmten Bedingungen und vorbehaltlich geeigneter Garantien für die betroffenen Personen Präzisierungen und Ausnahmen in Bezug auf die Informationsanforderungen sowie der Rechte auf Berichtigung, Löschung, Vergessenwerden, zur Einschränkung der Verarbeitung, auf Datenübertragbarkeit sowie auf Widerspruch bei der Verarbeitung personenbezogener Daten zu im öffentlichen Interesse liegende Archivzwecken, zu wissenschaftlichen oder historischen Forschungszwecken oder zu statistischen Zwecken vorzusehen. [6]Im Rahmen der betreffenden

Bedingungen und Garantien können spezifische Verfahren für die Ausübung dieser Rechte durch die betroffenen Personen vorgesehen sein - sofern dies angesichts der mit der spezifischen Verarbeitung verfolgten Zwecke angemessen ist - sowie technische und organisatorische Maßnahmen zur Minimierung der Verarbeitung personenbezogener Daten im Hinblick auf die Grundsätze der Verhältnismäßigkeit und der Notwendigkeit. [7]Die Verarbeitung personenbezogener Daten zu wissenschaftlichen Zwecken sollte auch anderen einschlägigen Rechtsvorschriften, beispielsweise für klinische Prüfungen, genügen.

EG 157 - Register

[1]Durch die Verknüpfung von Informationen aus Registern können Forscher neue Erkenntnisse von großem Wert in Bezug auf weit verbreiteten Krankheiten wie Herz- Kreislauferkrankungen, Krebs und Depression erhalten. [2]Durch die Verwendung von Registern können bessere Forschungsergebnisse erzielt werden, da sie auf einen größeren Bevölkerungsanteil gestützt sind. [3]Im Bereich der Sozialwissenschaften ermöglicht die Forschung anhand von Registern es den Forschern, entscheidende Erkenntnisse über den langfristigen Zusammenhang einer Reihe sozialer Umstände zu erlangen, wie Arbeitslosigkeit und Bildung mit anderen Lebensumständen. [4]Durch Register erhaltene Forschungsergebnisse bieten solide, hochwertige Erkenntnisse, die die Basis für die Erarbeitung und Umsetzung wissensgestützter politischer Maßnahmen darstellen, die Lebensqualität zahlreicher Menschen verbessern und die Effizienz der Sozialdienste verbessern können. [5]Zur Erleichterung der wissenschaftlichen Forschung können daher personenbezogene Daten zu wissenschaftlichen Forschungszwecken verarbeitet werden, wobei sie angemessenen Bedingungen und Garantien unterliegen, die im Unionsrecht oder im Recht der Mitgliedstaaten festgelegt sind.

EG 158 - Archivzwecke

[1]Diese Verordnung sollte auch für die Verarbeitung personenbezogener Daten zu Archivzwecken gelten, wobei darauf

hinzuweisen ist, dass die Verordnung nicht für , verstorbene Personen gelten sollte. ²Behörden oder öffentliche oder private Stellen, die Aufzeichnungen von öffentlichem Interesse führen, sollten gemäß dem Unionsrecht oder dem Recht der Mitgliedstaaten rechtlich verpflichtet sein, Aufzeichnungen von bleibendem Wert für das allgemeine öffentliche Interesse zu erwerben, zu erhalten, zu bewerten, aufzubereiten, zu beschreiben, mitzuteilen, zu fördern, zu verbreiten sowie Zugang dazu bereitzustellen. ³Es sollte den Mitgliedstaaten ferner erlaubt sein vorzusehen, dass personenbezogene Daten zu Archivzwecken weiterverarbeitet werden, beispielsweise im Hinblick auf die Bereitstellung spezifischer Informationen im Zusammenhang mit dem politischen Verhalten unter ehemaligen totalitären Regimen, Völkermord, Verbrechen gegen die Menschlichkeit, insbesondere dem Holocaust, und Kriegsverbrechen.

EG 159 - Forschungszwecke

¹Diese Verordnung sollte auch für die Verarbeitung personenbezogener Daten zu wissenschaftlichen Forschungszwecken gelten. ²Die Verarbeitung personenbezogener Daten zu wissenschaftlichen Forschungszwecken im Sinne dieser Verordnung sollte weit ausgelegt werden und die Verarbeitung für beispielsweise die technologische Entwicklung und die Demonstration, die Grundlagenforschung, die angewandte Forschung und die privat finanzierte Forschung einschließen. ³Darüber hinaus sollte sie dem in Artikel 179 Absatz 1 AEUV festgeschriebenen Ziel, einen europäischen Raum der Forschung zu schaffen, Rechnung tragen. ⁴Die wissenschaftlichen Forschungszwecke sollten auch Studien umfassen, die im öffentlichen Interesse im Bereich der öffentlichen Gesundheit durchgeführt werden. ⁵Um den Besonderheiten der Verarbeitung personenbezogener Daten zu wissenschaftlichen Forschungszwecken zu genügen, sollten spezifische Bedingungen insbesondere hinsichtlich der Veröffentlichung oder sonstigen Offenlegung personenbezogener Daten im Kontext wissenschaftlicher Zwecke gelten. ⁶Geben die Ergebnisse wissenschaftlicher Forschung insbesondere im Gesundheitsbereich Anlass zu weiteren Maßnahmen im Interesse der betroffenen Person, sollten die allgemeinen

Vorschriften dieser Verordnung für diese Maßnahmen gelten.

EG 160 - Forschungszwecke, Genealogie

[1]Diese Verordnung sollte auch für die Verarbeitung personenbezogener Daten zu historischen Forschungszwecken gelten. [2]Dazu sollte auch historische Forschung und Forschung im Bereich der Genealogie zählen, wobei darauf hinzuweisen ist, dass diese Verordnung nicht für verstorbene Personen gelten sollte.

EG 161 - Wissenschaftliche Forschung

Für die Zwecke der Einwilligung in die Teilnahme an wissenschaftlichen Forschungstätigkeiten im Rahmen klinischer Prüfungen sollten die einschlägigen Bestimmungen der Verordnung (EU) Nr. 536/2014 des Europäischen Parlaments und des Rates gelten.

EG 162 - Statistische Zwecke

[1]Diese Verordnung sollte auch für die Verarbeitung personenbezogener Daten zu statistischen Zwecken gelten. [2]Das Unionsrecht oder das Recht der Mitgliedstaaten sollte in den Grenzen dieser Verordnung den statistischen Inhalt, die Zugangskontrolle, die Spezifikationen für die Verarbeitung personenbezogener Daten zu statistischen Zwecken und geeignete Maßnahmen zur Sicherung der Rechte und Freiheiten der betroffenen Personen und zur Sicherstellung der statistischen Geheimhaltung bestimmen. [3]Unter dem Begriff "statistische Zwecke" ist jeder für die Durchführung statistischer Untersuchungen und die Erstellung statistischer Ergebnisse erforderliche Vorgang der Erhebung und Verarbeitung personenbezogener Daten zu verstehen. [4]Diese statistischen Ergebnisse können für verschiedene Zwecke, so auch für wissenschaftliche Forschungszwecke, weiterverwendet werden. [5]Im Zusammenhang mit den statistischen Zwecken wird vorausgesetzt, dass die Ergebnisse der Verarbeitung zu statistischen Zwecken keine personenbezogenen Daten, sondern aggregierte Daten sind und diese Ergebnisse oder personenbezogenen Daten nicht für Maßnahmen oder Entscheidungen gegenüber einzelnen natürlichen Personen

verwendet werden.

EG 163 - Amtliche Statistiken

[1]Die vertraulichen Informationen, die die statistischen Behörden der Union und der Mitgliedstaaten zur Erstellung der amtlichen europäischen und der amtlichen nationalen Statistiken erheben, sollten geschützt werden. [2]Die europäischen Statistiken sollten im Einklang mit den in Artikel 338 Absatz 2 AEUV dargelegten statistischen Grundsätzen entwickelt, erstellt und verbreitet werden, wobei die nationalen Statistiken auch mit dem Recht der Mitgliedstaaten übereinstimmen müssen. [3]Die Verordnung (EG) Nr. 223/2009 des Europäischen Parlaments und des Rates enthält genauere Bestimmungen zur Vertraulichkeit europäischer Statistiken.

EG 164 - Berufsgeheimnisse

[1]Hinsichtlich der Befugnisse der Aufsichtsbehörden, von dem Verantwortlichen oder vom Auftragsverarbeiter Zugang zu personenbezogenen Daten oder zu seinen Räumlichkeiten zu erlangen, können die Mitgliedstaaten in den Grenzen dieser Verordnung den Schutz des Berufsgeheimnisses oder anderer gleichwertiger Geheimhaltungspflichten durch Rechtsvorschriften regeln, soweit dies notwendig ist, um das Recht auf Schutz der personenbezogenen Daten mit einer Pflicht zur Wahrung des Berufsgeheimnisses in Einklang zu bringen. [2]Dies berührt nicht die bestehenden Verpflichtungen der Mitgliedstaaten zum Erlass von Vorschriften über das Berufsgeheimnis, wenn dies aufgrund des Unionsrechts erforderlich ist.

EG 165 - Kirchen, religiöse Vereinigungen

Im Einklang mit Artikel 17 AEUV achtet diese Verordnung den Status, den Kirchen und religiöse Vereinigungen oder Gemeinschaften in den Mitgliedstaaten nach deren bestehenden verfassungsrechtlichen Vorschriften genießen, und beeinträchtigt ihn nicht.

EG 166 - Delegierte Rechtsakte durch die Kommission

[1]Um die Zielvorgaben dieser Verordnung zu erfüllen, d. h. die Grundrechte und Grundfreiheiten natürlicher Personen und insbesondere ihr Recht auf Schutz ihrer personenbezogenen Daten zu schützen und den freien Verkehr personenbezogener Daten innerhalb der Union zu gewährleisten, sollte der Kommission die Befugnis übertragen werden, gemäß Artikel 290 AEUV Rechtsakte zu erlassen. [2]Delegierte Rechtsakte sollten insbesondere in Bezug auf die für Zertifizierungsverfahren geltenden Kriterien und Anforderungen, die durch standardisierte Bildsymbole darzustellenden Informationen und die Verfahren für die Bereitstellung dieser Bildsymbole erlassen werden. [3]Es ist von besonderer Bedeutung, dass die Kommission im Zuge ihrer Vorbereitungsarbeit angemessene Konsultationen, auch auf der Ebene von Sachverständigen, durchführt. [4]Bei der Vorbereitung und Ausarbeitung delegierter Rechtsakte sollte die Kommission gewährleisten, dass die einschlägigen Dokumente dem Europäischen Parlament und dem Rat gleichzeitig, rechtzeitig und auf angemessene Weise übermittelt werden.

EG 167 - Delegierte Durchführungsbefugnisse der Kommission

[1]Zur Gewährleistung einheitlicher Bedingungen für die Durchführung dieser Verordnung sollten der Kommission Durchführungsbefugnisse übertragen werden, wenn dies in dieser Verordnung vorgesehen ist. [2]Diese Befugnisse sollten nach Maßgabe der Verordnung (EU) Nr. 182/2011 des Europäischen Parlaments und des Rates ausgeübt werden. [3]In diesem Zusammenhang sollte die Kommission besondere Maßnahmen für Kleinstunternehmen sowie kleine und mittlere Unternehmen erwägen.

EG 168 - Standardvertragsklauseln

[1]Für den Erlass von Durchführungsrechtsakten bezüglich Standardvertragsklauseln für Verträge zwischen Verantwortlichen und Auftragsverarbeitern sowie zwischen Auftragsverarbeitern; Verhaltensregeln; technische Standards und Verfahren für die

Zertifizierung; Anforderungen an die Angemessenheit des Datenschutzniveaus in einem Drittland , einem Gebiet oder bestimmten Sektor dieses Drittlands oder in einer internationalen Organisation; Standardschutzklauseln; Formate und Verfahren für den Informationsaustausch zwischen Verantwortlichen, Auftragsverarbeitern und Aufsichtsbehörden im Hinblick auf verbindliche interne Datenschutzvorschriften; Amtshilfe; sowie Vorkehrungen für den elektronischen Informationsaustausch zwischen Aufsichtsbehörden und zwischen Aufsichtsbehörden und dem Ausschuss sollte das Prüfverfahren angewandt werden.

EG 169 - Sofort geltende Durchführungsrechtsakte

Die Kommission sollte sofort geltende Durchführungsrechtsakte erlassen, wenn anhand vorliegender Beweise festgestellt wird, dass ein Drittland, ein Gebiet oder ein bestimmter Sektor in diesem Drittland oder eine internationale Organisation kein angemessenes Schutzniveau gewährleistet, und dies aus Gründen äußerster Dringlichkeit erforderlich ist.

EG 170 - Subsidiaritäts- und Verhältnismäßigkeitsprinzip

[1]Da das Ziel dieser Verordnung, nämlich die Gewährleistung eines gleichwertigen Datenschutzniveaus für natürliche Personen und des freien Verkehrs personenbezogener Daten in der Union, von den Mitgliedstaaten nicht ausreichend verwirklicht werden kann, sondern vielmehr wegen des Umfangs oder der Wirkungen der Maßnahme auf Unionsebene besser zu verwirklichen ist, kann die Union im Einklang mit dem in Artikel 5 des Vertrags über die Europäische Union (EUV) verankerten Subsidiaritätsprinzip tätig werden. [2]Entsprechend dem in demselben Artikel genannten Grundsatz der Verhältnismäßigkeit geht diese Verordnung nicht über das für die Verwirklichung dieses Ziels erforderliche Maß hinaus.

EG 171 - Richtlinie 95/46/EG, Fortgeltung von Einwilligungen

¹Die Richtlinie 95/46/EG* sollte durch diese Verordnung aufgehoben werden. ²Verarbeitungen, die zum Zeitpunkt der Anwendung dieser Verordnung bereits begonnen haben, sollten innerhalb von zwei Jahren nach dem Inkrafttreten dieser Verordnung mit ihr in Einklang gebracht werden. ³Beruhen die Verarbeitungen auf einer Einwilligung gemäß der Richtlinie 95/46/EG*, so ist es nicht erforderlich, dass die betroffene Person erneut ihre Einwilligung dazu erteilt, wenn die Art der bereits erteilten Einwilligung den Bedingungen dieser Verordnung entspricht, so dass der Verantwortliche die Verarbeitung nach dem Zeitpunkt der Anwendung der vorliegenden Verordnung fortsetzen kann. ⁴Auf der Richtlinie 95/46/EG* beruhende Entscheidungen bzw. ⁵Beschlüsse der Kommission und Genehmigungen der Aufsichtsbehörden bleiben in Kraft, bis sie geändert, ersetzt oder aufgehoben werden.

siehe Seite 77

EG 172 - Stellungnahme des Europäischen Datenschutzbeauftragten

Der Europäische Datenschutzbeauftragte wurde gemäß Artikel 28 Absatz 2 der Verordnung (EG) Nr. 45/2001 konsultiert und hat am 7. März 2012 eine Stellungnahme abgegeben.

EG 173 - Richtlinie 2002/58/EG

¹Diese Verordnung sollte auf alle Fragen des Schutzes der Grundrechte und Grundfreiheiten bei der Verarbeitung personenbezogener Daten Anwendung finden, die nicht den in der Richtlinie 2002/58/EG des Europäischen Parlaments und des Rates bestimmte Pflichten, die dasselbe Ziel verfolgen, unterliegen, einschließlich der Pflichten des Verantwortlichen und der Rechte natürlicher Personen. ²Um das Verhältnis zwischen der vorliegenden Verordnung und der Richtlinie 2002/58/EG* klarzustellen, sollte die Richtlinie entsprechend geändert

werden. ³Sobald diese Verordnung angenommen ist, sollte die Richtlinie 2002/58/EG einer Überprüfung unterzogen werden, um insbesondere die Kohärenz mit dieser Verordnung zu gewährleisten.

* *Richtlinie 2002/58/EG des Europäischen Parlaments und des Rates vom 12. Juli 2002 über die Verarbeitung personenbezogener Daten und den Schutz der Privatsphäre in der elektronischen Kommunikation (Datenschutzrichtlinie für elektronische Kommunikation) (ABl. L 201 vom 31.7.2002, S. 37-47).*

www.ingramcontent.com/pod-product-compliance
Lightning Source LLC
Chambersburg PA
CBHW020631220526
45464CB00001B/104